I0002834

Inventa tus propios juegos de computadora con Python
3ª edición

Traducido por Alfredo Carella

Alejandro Pernin

Francisco Palm

Escrito por Al Sweigart

Si ha descargado este libro de un archivo torrent, probablemente se encuentre desactualizado. Diríjase a http://inventwithpython.com/es para descargar la última versión.

Para Caro, con más amor que el que nunca supe que tenía.

Nota para los padres y los compañeros programadores

Gracias por leer este libro. Mi motivación para escribirlo viene de una brecha que detecté en la literatura contemporánea para niños interesados en aprender a programar. Yo comencé a programar en lenguaje BASIC a los 9 años con un libro similar a este.

La generación actual de libros de programación para niños que he visto se divide en dos categorías. La primera son libros que no enseñan programación sino "software de creación de juegos", o una versión simplificada para hacer la programación "fácil" (tanto que ya no es programación). La segunda categoría consiste en los libros que abordan la programación como un libro de referencia de matemática: sólo principios y conceptos muy poco aplicables para el lector. Este libro toma un enfoque diferente: mostrar el código fuente de los juegos desde el principio y explicar los principios de programación a partir de ejemplos.

Este libro también está disponible bajo la licencia Creative Commons, la cual permite hacer copias y distribuir este libro (o fragmentos del mismo) con mi plena autorización siempre y cuando se me reconozca como autor y se use sin propósitos comerciales. (Ver la página de derechos de autor.) Quiero que este libro sea un regalo para el mundo que tanto me ha dado.

¿Qué hay de nuevo en la tercera edición?

La tercera edición no agrega nuevos contenidos a la segunda edición. Sin embargo, la escritura ha sido simplificada a modo de reducir en un 20% la cantidad de páginas. Las explicaciones han sido ampliadas en los casos en que ha sido necesario, y se han eliminado ambigüedades.

El capítulo 9 ha sido dividido en los capítulos 9 y 9½ para mantener la numeración de los capítulos preexistentes.

El código fuente ha sido intencionalmente mantenido igual que el de la segunda edición para evitar posibles confusiones. Si ya has leído la segunda edición, no hay razón para que leas este libro. Sin embargo, si recién empiezas a programar o tienes un amigo que quiere aprender programación, esta tercera edición hará que el proceso sea más fácil, agradable y divertido.

¿Para quién es este libro?

La programación no es difícil. Lo difícil es encontrar materiales de aprendizaje que te enseñen a hacer cosas interesantes programando. Otros libros de computadoras tratan muchos temas que la mayoría de los programadores novatos no necesita. Este libro te enseñará a programar tus propios juegos de computadora. Adquirirás una habilidad útil y podrás hacer juegos divertidos para demostrarlo! Este libro es para:

- Principiantes que quieran aprender a programar por sí mismos, incluso si no tienen ninguna experiencia en programación.
- Niños y adolescentes que quieran aprender a programar a través de la creación de juegos.
- Adultos y los profesores que quieran enseñar a otros a programar.
- Cualquier persona, joven o viejo, que quiera aprender a programar a través de un lenguaje de programación de uso profesional.

TABLA DE CONTENIDO

Capítulo 1

INSTALANDO PYTHON

Temas Tratados En Este Capítulo:
- Descargar e instalar el intérprete de Python
- Cómo usar este libro
- La página web de este libro en http://inventwithpython.com/es

---

¡Hola! Este libro te enseñará a programar creando videojuegos. Una vez que aprendas cómo funcionan los juegos en este libro, serás capaz de crear tus propios juegos. Todo lo que necesitas es una computadora, un software llamado el intérprete de Python, y este libro. El intérprete de Python es libre para descargar de Internet.

Cuando era niño, un libro como este me enseñó cómo escribir mis primeros programas y juegos. Era divertido y fácil. Ahora, siendo un adulto, sigo divirtiéndome programando y me pagan por hacerlo. Pero incluso si no te conviertes en un programador cuando crezcas, programar es una habilidad divertida y útil para tener.

Las computadoras son máquinas increíbles, y aprender a programarlas no es tan difícil como la gente cree. Si puedes leer este libro, puedes programar una computadora. Un **programa de computadora** es un conjunto de instrucciones que la computadora puede entender, igual que un libro de cuentos es un conjunto de oraciones que el lector entiende. Ya que los videojuegos no son más que programas de computadora, también están compuestos por instrucciones.

Para dar instrucciones a una computadora, escribes un programa en un lenguaje que la computadora comprende. Este libro enseña un lenguaje de programación llamado Python. Hay muchos otros lenguajes de programación, incluyendo BASIC, Java, JavaScript, PHP y C++.

Cuando era niño, era común aprender BASIC como un primer lenguaje. Sin embargo, nuevos lenguajes de programación tales como Python han sido inventados desde entonces. ¡Python es aún más fácil de aprender que BASIC! Pero sigue siendo un lenguaje de programación muy útil utilizado por programadores profesionales. Muchos adultos usan Python en su trabajo y cuando programan por diversión.

Los juegos que crearás a partir de este libro parecen simples comparados con los juegos para Xbox, PlayStation, o Nintendo. Estos juegos no tienen gráficos sofisticados porque están pensados para enseñar conceptos básicos de programación. Son deliberadamente sencillos de modo que puedas enfocarte en aprender a programar. Los juegos no precisan ser complicados para ser divertidos.

Descargar e Instalar Python

Necesitarás instalar un software llamado el intérprete de Python. **El programa intérprete** entiende las instrucciones que escribirás en lenguaje Python. De ahora en adelante me referiré al "software intérprete de Python" simplemente como "Python".

> **¡Nota importante!** Asegúrate de instalar Python 3, y no Python 2. Los programas en este libro usan Python 3, y obtendrás errores si intentas ejecutarlos con Python 2. Esto es tan importante que he agregado la caricatura de un pingüino en la Figura 1-1 para decirte que instales Python 3 así no te pierdes este mensaje.

Figura 1-1: Un pingüino extravagante te dice que instales Python 3.

Si usas Windows, descarga el instalador de Python (el archivo tendrá la extensión .msi) y haz doble clic sobre él. Sigue las instrucciones que el instalador muestra en pantalla:

1. Selecciona Instalar para Todos los Usuarios y haz clic en **Next** (Siguiente).

2. Elige *C:\Python34* como carpeta de instalación haciendo clic en **Next** (Siguiente).

3. Haz clic en **Next** (Siguiente) para omitir la sección de configuración de Python.

Si usas Mac OS X, descarga el archivo *.dmg* indicado para tu versión de OS X del sitio web y haz doble clic sobre él. Sigue las instrucciones que el instalador muestra en pantalla:

1. Cuando el paquete DMG se abra en una nueva ventana, haz doble clic sobre el archivo *Python.mpkg*. Es posible que necesites ingresar la clave de administrador.

2. Haz clic en **Continue** (Continuar) para pasar la sección Bienvenido y en **Agree** (Aceptar) para aceptar la licencia.

3. Selecciona HD Macintosh (o como sea que se llame tu disco rígido) y haz clic en **Install** (Instalar).

Si usas Ubuntu, puedes instalar Python del Centro de Software de Ubuntu siguiendo estos pasos:

1. Abre el Centro de Software de Ubuntu.

2. Escribe *Python* en el cuadro de búsqueda en la esquina superior derecha de la ventana.

3. Elige **IDLE (using Python 3.4)**, o la que sea la última versión en este momento.

4. Haz clic en **Install** (Instalar). Tal vez necesites la clave de administrador para completar la instalación.

Iniciando IDLE

La sigla IDLE (**I**nteractive **D**eve**L**opment **E**nvironment en inglés) significa Entorno Interactivo de Desarrollo. El entorno de desarrollo es como un software procesador de palabras para escribir programas de Python. Iniciar IDLE es diferente para cada sistema operativo.

Sobre Windows, haz clic en el botón Inicio en la esquina inferior izquierda, teclea "IDLE" y selecciona **IDLE (Python GUI)**.

Sobre Mac OS X, abre la ventana de Finder y haz clic en **Applications**. Luego haz clic en **Python 3.4**. Luego clic sobre el ícono de IDLE.

Sobre Ubuntu o Linux, abre una terminal y teclea "idle3". También puede ser posible hacer clic en **Applications** en el borde superior de la pantalla. Luego haz clic sobre **Programming** y después **IDLE 3**.

La ventana que aparece la primera vez que ejecutas IDLE es **la consola interactiva**, como se muestra en la Figura 1-2. Puedes ingresar instrucciones de Python en la consola interactiva a a la derecha del prompt >>> y Python las ejecutará. Luego de mostrar los resultados de la instrucción, un nuevo prompt >>> estará esperando por tu próxima instrucción.

Figure 1-2: La consola interactiva del programa IDLE en Windows, OS X, y Ubuntu Linux.

Cómo Usar este Libro

La mayoría de los capítulos en este libro comenzará con una muestra de ejecución del programa presentado en el capítulo en cuestión. Esta demostración revela cómo se ve el programa cuando lo ejecutas. El texto introducido por el usuario se **muestra en negrita**.

Teclea tú mismo el código del programa en el editor de archivos de IDLE, en lugar de descargarlo o copiarlo y pegarlo. Recordarás mejor cómo programar si te tomas el tiempo para escribir tú mismo el código.

Números de Línea y Espacios

Al teclear el código de este libro, **no escribas** los números de línea que aparecen al principio de cada línea. Por ejemplo, si ves esto en el libro:

```
9. número = random.randint(1, 20)
```

o necesitas teclear el "9." a la izquierda, o el espacio a continuación. Sólo tecléalo así:

```
número = random.randint(1, 20)
```

Esos números están ahí sólo para que este libro pueda referir a líneas específicas del programa. No son parte del código fuente de un programa real.

Aparte de los números de línea, escribe el código exactamente como aparece. Ten en cuenta que algunas de las líneas de código están indentadas por cuatro u ocho espacios. Cada caracter en IDLE ocupa el mismo ancho, de modo que puedes contar el número de espacios contando el número de caracteres en las líneas arriba o abajo.

Por ejemplo, los espacios indentados aquí están marcados con un ▪ cuadrado negro para que puedas verlos:

```
while intentos < 10:
••••if número == 42:
••••••••print('Hola')
```

Ajuste de Texto en Este Libro

Algunas instrucciones son demasiado largas para caber en una línea de la página por lo que continuarán en la línea siguiente. Al tipear este código, escríbelo todo en una línea sin pulsar INTRO. Puedes darte cuenta cuándo comienza una nueva instrucción mirando los números de línea a la izquierda del código. El ejemplo mostrado a continuación contiene sólo dos líneas:

```
1. print(¡Esta es la primera instrucción! xxxxxxxxxxxxxxxxxxxxxxxxxxxxxxxxxxxx
xxxxxxxxxxx')
2. print('Esta es la segunda instrucción, no la tercera.')
```

La primera instrucción continúa en el siguiente renglón y da el aspecto de que hubiera tres instrucciones en total. Esto es sólo porque las páginas de este libro no son lo suficientemente anchas para contener la primera instrucción en una sola línea de texto.

Buscando Ayuda Online

El sitio web de este libro es http://inventwithpython.com/es. Puedes encontrar varios recursos relacionados con este libro allí. Varios enlaces de este libro utilizan el dominio invpy.com para direcciones URL acortadas.

El sitio web en http://reddit.com/r/inventwithpython es un lugar estupendo para para hacer preguntas de programación relacionadas con este libro. Publica preguntas generales sobre Python en los sitios web LearnProgramming y LearnPython en http://reddit.com/r/learnprogramming y http://reddit.com/r/learnpython respectivamente. http://translate.google.com puede realizar la traducción de Inglés para usted.

Asimismo, envíame por correo electrónico tus preguntas de programación a *al@inventwithpython.com.*

Ten presente que hay formas inteligentes para hacer preguntas de programación que ayudan otros a ayudarte. Asegúrate de leer las secciones de Preguntas Frecuentes que estos sitios web tienen acerca de la forma correcta de publicar preguntas. Cuando hagas preguntas de programación, haz lo siguiente:

- Si estás escribiendo a mano los programas de este libro y obtienes un error, primero busca errores tipográficos con la herramienta diff en http://invpy.com/es/diff. Copia y pega tu código en la herramienta diff para encontrar las diferencias entre el código del libro y tu programa.

- Explica lo que estás intentando hacer cuando expliques el error. Esto permitirá a quien te ayuda saber si estás equivocándote por completo.

- Copia y pega el mensaje de error completo y tu código.

- Busca en la web para ver si alguien ya ha formulado (y respondido) tu pregunta.

- Explica lo que ya has intentado hacer para resolver tu problema. Esto muestra a la gente que ya has hecho algo de trabajo para tratar de entender las cosas por tí mismo.

- Sé amable. No exijas ayuda o presiones a quienes te ayudan para que respondan rápido.

Preguntar a alguien, "¿Por qué no está funcionando mi programa?" no le brinda ninguna información. Comunica a la persona qué es lo que estás intentando hacer, exactamente qué mensaje de error obtienes y qué versión de sistema operativo estás usando.

Resumen

Este capítulo te ha ayudado a comenzar con el software Python mostrándote el sitio web http://python.org, de donde puedes descargarlo gratis. Luego de instalar y lanzar el software Python IDLE, estarás listo para aprender a programar a comenzando en el próximo capítulo.

El sitio web de este libro en http://inventwithpython.com/es contiene más información sobre cada uno de los capítulos, incluyendo un sitio web de trazado en línea y una herramienta diff que puede ayudarte a entender los programas de este libro.

Capítulo 2

LA CONSOLA INTERACTIVA

> Temas Tratados En Este Capítulo:
> * Enteros y Números de Punto Flotante
> * Expresiones
> * Valores
> * Operadores
> * Evaluación de Expresiones
> * Almacenamiento de Valores en Variables

Antes de poder crear juegos, necesitas aprender algunos conceptos básicos de programación. No crearás juegos en este capítulo, pero aprender estos conceptos es el primer paso para programar videojuegos. Comenzaremos por aprender cómo usar la consola interactiva de Python.

Operaciones Matemáticas Sencillas

Abre IDLE usando los pasos en el Capítulo 1, y haz que Python resuelva algunas operaciones matemáticas sencillas. La consola interactiva puede funcionar como una calculadora. Escribe 2 + 2 en la consola interactiva y presiona la tecla INTRO en tu teclado. (En algunos teclados, esta tecla se llama RETURN.) La Figura 2-1 muestra cómo IDLE responde con el número 4.

```
Python 3.4.0 Shell
File  Edit  Shell  Debug  Options  Windows  Help
Python 3.4.0 (v3.4.0:04f714765c13, Mar 16 2014, 19:25:23) [MS
C v.1600 64 bit (AMD64)] on win32
Type "copyright", "credits" or "license()" for more informati
on.
>>> 2 + 2
4
>>> |
                                                       Ln: 5 Col: 4
```

Figura 2-1: Escribe 2+2 en la consola interactiva.

Este problema matemático es una simple instrucción de programación. El signo + le dice a la computadora que sume los números 2 y 2. La Tabla 2-1 presenta los otros operadores matemáticos disponibles en Python. El signo - restará números. El asterisco * los multiplicará. La barra / los dividirá.

Tabla 2-1: Los diferentes operadores matemáticos en Python.

Operador	Operación
+	suma
-	resta
*	multiplicación
/	división

Cuando se usan de esta forma, +, -, *, y / se llama **operadores**. Los operadores le dicen a Python qué hacer con los números que los rodean.

Enteros y Números de Punto Flotante

Los enteros (o **ints** para abreviar) son precisamente números enteros como 4, 99, y 0. **Los números de punto flotante** (o **floats** para abreviar) son fracciones o números con punto decimal como 3.5, 42.1 y 5.0. En Python, el número 5 is an integer, pero 5.0 es un float. A estos números se los llama **valores**.

Expresiones

Estos problemas matemáticos son ejemplos de expresiones. Las computadoras pueden resolver millones de estos problemas en segundos. **Las expresiones** se componen de valores (los números) conectadas por operadores (los símbolos matemáticos). Prueba escribir algunos de estos problemas matemáticos en la consola interactiva, presiona la tecla INTRO después de cada uno.

```
2+2+2+2+2
8*6
10-5+6
2   +       2
```

Luego de introducir estas instrucciones, la consola interactiva se verá como la Figura 2-2.

Figura 2-2: Así se ve la ventana de IDLE luego de introducir las instrucciones.

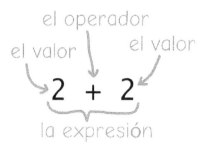

Figura 2-3: Una expresión se compone de valores y operadores.

En el ejemplo 2   +   2, se ve que puede haber cualquier cantidad de espacios entre los valores y los operadores. Pero cada instrucción que escribas en la consola interactiva debe comenzar una línea.

Evaluación de Expresiones

Cuando una computadora resuelve la expresión 10 + 5 y obtiene el valor 15, ha **evaluado** la expresión. Evaluar una expresión *la reduce a un único valor*, igual que resolver un problema de matemática lo reduce a un único número: la respuesta. Ambas expresiones 10 + 5 y 10 + 3 + 2 son evaluadas a 15.

Las expresiones pueden ser de cualquier tamaño, pero siempre serán evaluadas a un valor único. Incluso valores únicos son expresiones: La expresión 15 se evalúa al valor 15. Por ejemplo, la expresión 8 * 3 / 2 + 2 + 7 - 9 se evalúa al valor 12.0 a través de los siguientes pasos:

```
8 * 3 / 2 + 2 + 7 - 9
          ▼
  24 / 2 + 2 + 7 - 9
          ▼
    12.0 + 2 + 7 - 9
          ▼
      14.0 + 7 - 9
          ▼
        21.0 - 9
          ▼
          12.0
```

No puedes ver todos estos pasos en la consola interactiva. La consola los realiza y sólo te muestra los resultados:

```
>>> 8 * 3 / 2 + 2 + 7 - 9
12.0
```

Observa que el operador división / se evalúa a un valor float, como ocurre cuando 24 / 2 devuelve 12.0. Las operaciones matemáticas con valores flotantes también devuelven valores flotantes, como cuando 12.0 + 2 devuelve 14.0.

Notice that the / division operator evaluates to a float value, as in 24 / 2 evaluating to 12.0. Math operations with float values also evaluate to float values, as in 12.0 + 2 evaluating to 14.0.

Errores de Sintaxis

Si escribes 5 + en la consola interactiva, obtendrás un mensaje de error.

```
>>> 5 +
SyntaxError: invalid syntax
```

Este ocurre porque 5 + no es una expresión. Las expresiones conectan valores mediante operadores. Pero el operador + espera un valor después del signo +. Cuando este valor no se encuentra, aparece un mensaje de error.

SyntaxError significa que Python no entiende la instrucción porque la has escrito de forma incorrecta. Una gran parte de programar computadoras se trata no sólo de decirle a la computadora qué hacer, sino también de saber cómo decírselo.

Pero no te preocupes por cometer errores. Los errores no dañan tu computadora. Simplemente vuelve a escribir la instrucción correctamente en la consola interactiva luego del siguiente indicador >>> de consola.

Almacenamiento de Valores en Variables

Puedes guardar el valor al cual al cual una expresión es evaluada para poder usarlo más adelante en el programa, almacenándolo en una **variable**. Piensa una variable como una caja capaz de contener un valor.

Una **instrucción de asignación** guardará un valor dentro de una variable. Escribe el nombre de una variable seguido por el signo = (llamado **operador de asignación**), y luego el valor a almacenar en la variable. Por ejemplo, ingresa spam = 15 en la consola interactiva:

```
>>> spam = 15
>>>
```

La caja de la variable spam tendrá guardado el valor 15, como se muestra en la Figura 2-4. El nombre "spam" es la etiqueta en la caja (para que Python pueda distinguir las variables) y el valor está escrito en una pequeña nota dentro de la caja.

Cuando presiones INTRO no recibirás ninguna respuesta. En Python, si no aparece ningún mensaje de error significa que la instrucción se ha ejecutado correctamente. El indicador de consola >>> aparecerá para que puedas tipear la próxima instrucción.

Figura 2-4: Las variables son como cajas que pueden contener valores.

A diferencia de las expresiones, **las sentencias** no son evaluadas a ningún valor. Es por eso que no se muestra ningún valor en la siguiente línea de la consola interactiva a continuación de spam = 15. Puede ser confuso diferenciar cuáles instrucciones son expresiones y cuáles son sentencias. Sólo recuerda que las expresiones son evaluadas a un valor único. Cualquier otro tipo de instrucción es una sentencia.

Las variables almacenan valores, no expresiones. Por ejemplo, considera la expresión en las sentencias spam = 10 + 5 y spam = 10 + 7 - 2. Ambas son evaluadas a 15. El resultado final es el mismo: Las dos sentencias de asignación almacenan el valor 15 en la variables spam.

La primera vez que una variables es usada en una sentencia de asignación, Python creará esa variable. Para comprobar qué valor contiene una variable dada, escribe el nombre de la variable en la consola interactiva:

```
>>> spam = 15
>>> spam
15
```

La expresión spam se evalúa al valor dentro de la variable spam: 15. Puedes usar variables en expresiones. Prueba escribir lo siguiente en la consola interactiva:

```
>>> spam = 15
>>> spam + 5
20
```

Haz fijado el valor de la variable spam en 15, por lo que escribir spam + 5 es como escribir la expresión 15 + 5. Aquí se muestran los pasos para la evaluación de spam + 5:

```
spam + 5
      ▼
 15  + 5
      ▼
     20
```

No puedes usar una variable antes de que sea creada por una sentencia de asignación. Python responderá con NameError porque todavía no existe una variable con ese nombre. Escribir mal el nombre de una variable también causa este error:

```
>>> spam = 15
>>> spma
Traceback (most recent call last):
  File "<pyshell#8>", line 1, in <module>
    spma
NameError: name 'spma' is not defined
```

El error aparece porque hay una variable llamada spam, pero ninguna llamada spma.

Puedes cambiar el valor almacenado en una variable escribiendo otra sentencia de asignación. Por ejemplo, prueba escribir lo siguiente en la consola interactiva:

```
>>> spam = 15
>>> spam + 5
20
>>> spam = 3
>>> spam + 5
8
```

La primera vez que escribes spam + 5, la expresión se evalúa a 20 porque has guardado 15 dentro de spam. Sin embargo, cuando escribes spam = 3, el valor 15 es reemplazado, o **sobrescrito**, con el valor 3. Ahora cuando escribes spam + 5, la expresión se evalúa a 8 porque el valor de spam es ahora 3. La sobrescritura se muestra en la Figura 2-5.

Figura 2-5: El valor 15 en spam es sobrescrito por el valor 3.

Puedes incluso usar el valor en la variable spam para asignar un nuevo valor a spam:

```
>>> spam = 15
>>> spam = spam + 5
20
```

La sentencia de asignación spam = spam + 5 es como decir, "el nuevo valor de la variable spam será el valor actual de spam más cinco". Continúa incrementando el valor de spam en 5 varias veces escribiendo lo siguiente en la consola interactiva:

```
>>> spam = 15
>>> spam = spam + 5
>>> spam = spam + 5
>>> spam = spam + 5
>>> spam
30
```

Usando Más De Una Variable

Crea tantas variables como necesites en tus programas. Por ejemplo, asignemos diferentes valores a dos variables llamadas eggs y bacon, de esta forma:

```
>>> bacon = 10
>>> eggs = 15
```

Ahora la variable bacon almacena el valor 10, y eggs almacena el valor 15. Cada variable es una caja independiente con su propio valor, como en la Figura 2-6.

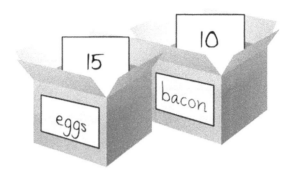

Figura 2-6: Las variables "bacon" y "eggs" almacenan valores dentro de ellas.

Intenta escribir spam = bacon + eggs en la consola interactiva, luego comprueba el nuevo valor de spam:

```
>>> bacon = 10
>>> eggs = 15
>>> spam = bacon + eggs
>>> spam
25
```

El valor de spam es ahora 25. Cuando sumas bacon y eggs estás sumando sus valores, que son 10 y 15 respectivamente. Las variables contienen valores, no expresiones. La variable spam recibió el valor 25, y no la expresión bacon + eggs. Luego de la sentencia de asignación spam = bacon + eggs, cambiar bacon o eggs no afecta a spam.

Resumen

En este capítulo has aprendido los conceptos básicos para escribir instrucciones en Python. Python necesita que le digas exactamente qué hacer de forma estricta. Las computadoras no tienen sentido común y sólo entienden instrucciones específicas.

Las expresiones son valores (tales como 2 ó 5) combinados con operadores (tales como + o -). Python puede evaluar expresiones, es decir, reducirlas a un valor único. Puedes almacenar valores dentro de las variables de modo que tu programa sea capaz de recordarlas y usarlas más adelante.

Hay muchos otros tipos de operadores y valores en Python. En el próximo capítulo, repasaras algunos conceptos más y escribirás tu primer programa. Aprenderás a trabajar con texto en expresiones. Python no está limitado a números; ¡es más que sólo una calculadora!

Capítulo 3
ESCRIBIENDO PROGRAMAS

Temas Tratados En Este Capítulo:
- Flujo de ejecución
- Cadenas
- Concatenación de cadenas
- Tipos de datos (como cadenas o enteros)
- Usando el editor de archivos para escribir programas
- Guardar y ejecutar programas en IDLE
- La función print()
- La función input()
- Comentarios
- Sensibilidad a mayúsculas

Suficiente matemática por ahora. Ahora veamos qué puede hacer Python con texto. En este capítulo, aprenderás cómo almacenar texto en variables, combinar textos, y mostrar texto en pantalla.

Casi todos los programas muestran texto al usuario, y el usuario ingresa texto en tus programas a través del teclado. En este capítulo crearás tu primer programa. Este programa muestra el saludo "¡Hola Mundo!" y te pregunta tu nombre.

Cadenas

En Python, los valores de texto se llaman **cadenas**. Los valores cadena pueden usarse igual que valores enteros o float. Puedes almacenar cadenas en variables. En código, las cadenas comienzan y terminan con una comilla simple ('). Prueba introducir este código en la consola interactiva:

```
>>> spam = 'hola'
```

Las comillas simples le dicen a Python dónde comienza y termina la cadena, pero no son parte del texto del valor de cadena. Ahora bien, si escribes spam en la consola interactiva, podrás ver el contenido de la variable spam. Recuerda, Python evalúa las variables al valor almacenado dentro de las mismas. En este caso, la cadena 'hola':

```
>>> spam = 'hola'
>>> spam
```

```
'hola'
```

Las cadenas pueden contener cualquier caracter del teclado y pueden ser tan largas como quieras. Todos estos son ejemplos de cadenas:

```
'hola'
'¡Oye tú!'
'GATITOS'
'7 manzanas, 14 naranjas, 3 limones'
'Si no está relacionado con elefantes es irrelefante.'
'Hace mucho tiempo, en una galaxia muy, muy lejana...'
'O*&#wY%*&OCfsdYO*&gfC%YO*&%3yc8r2'
```

Concatenación de cadenas

Las cadenas pueden combinarse con operadores para generar expresiones, al igual que los números enteros y floats. Puedes combinar dos cadenas con el operador +. Esto es **concatenación de cadenas**. Prueba ingresando '¡Hola' + 'Mundo!' into the interactive shell:

```
>>> '¡Hola' + 'Mundo!'
'¡HolaMundo!'
```

La expresión se evalúa a un valor único de cadena, '¡HolaMundo!'. No hay un espacio entre las palabras porque no había espacios en ninguna de las cadenas concatenadas, a diferencia del siguiente ejemplo:

```
>>> '¡Hola ' + 'Mundo!'
'¡Hola Mundo!'
```

El operador + funciona de forma diferente sobre valores enteros y cadenas, ya que son distintos tipos de datos. Todos los valores tienen un tipo de datos. El tipo de datos del valor 'Hola' es una cadena. El tipo de datos del valor 5 es un entero. El tipo de datos le dice a Python qué deben hacer los operadores al evaluar expresiones. El operador + concatena valores de tipo cadena, pero suma valores de tipo entero (o float).

Escribir Programas en el Editor de Archivos de IDLE

Hasta ahora has estado escribiendo instrucciones, una a la vez, en la consola interactiva de IDLE. Cuando escribes programas, sin embargo, escribes varias instrucciones y haces que se ejecuten a la vez. ¡Escribamos ahora tu primer programa!

IDLE tiene otra parte llamada **el editor de archivos**. Haz clic en el menú **File** (Archivo) en la parte superior de la ventana de la consola interactiva. Luego selecciona **New Window** (Nueva

Ventana). Aparecerá una ventana vacía para que escribas el código de tu programa, como se ve en la Figura 3-1.

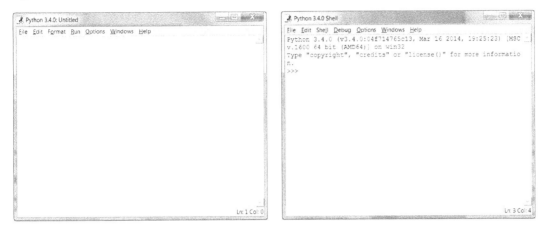

Figura 3-1: La ventana del editor de archivos (izquierda) y la consola interactiva (derecha).

Las dos ventanas se ven parecidas, pero sólo recuerda esto: **La ventana de la consola interactiva** tendrá el símbolo de sistema >>>. **La ventana del editor de archivos** no lo tendrá.

¡Hola Mundo!

Es tradición entre programadores hacer que su primer programa muestre "¡Hola Mundo!" en la pantalla. Ahora crearás tu propio programa Hola Mundo.

Al ingresar tu programa, no escribas los números a la izquierda del código. Están allí sólo para que este libro pueda referirse al código por número de línea. La esquina inferior derecha de la ventana del editor de archivos te indicará dónde está el cursor intermitente. La Figura 3-2 muestra que el cursor se encuentra sobre la línea 1 y sobre la columna 0.

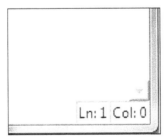

Figura 3-2: La parte inferior derecha de la ventana del editor de archivos te indica en qué línea está el cursor.

hola.py

Ingresa el siguiente texto en la nueva ventana del editor de archivos. Este es el **código fuente del programa**. Contiene las instrucciones que Python seguirá cuando el programa se ejecute.

> **¡NOTA IMPORTANTE!** Los programas de este libro sólo podrán ejecutarse sobre Python 3, no Python 2. Al iniciar la ventana IDLE, dirá algo como "Python 3.4.2" en la parte superior. Si tienes Python 2 instalado, es posible instalar también Python 3 a la vez. Para descargar Python 3, dirígete a https://python.org/download/.

```
hola.py
1. # Este programa saluda y pregunta por mi nombre.
2. print('¡Hola mundo!')
3. print('¿Cómo te llamas?')
4. miNombre = input()
5. print('Es un placer conocerte, ' + miNombre)
```

El programa IDLE escribirá diferentes tipos de instrucciones en diferentes colores. Cuando hayas terminado de escribir el código, la ventana debería verse así:

Figura 3-3: La ventana del editor de archivos se verá así luego de haber ingresado el código.

Guardando el programa.

Una vez que hayas ingresado tu código fuente, guárdalo haciendo clic en **File** (Archivo) ▶ **Save As** (Guardar Como). O pulsa Ctrl-S para guardar usando un acceso directo del teclado. La Figura 3-4 muestra la ventana Guardar Como que se abrirá. Escribe *hola.py* en el campo de texto **Nombre** y haz clic en **Guardar**.

Figura 3-4: Guardando el programa.

Deberías guardar tus programas a menudo. De esta manera, si el ordenador se bloquea o accidentalmente sales de IDLE no perderás mucho trabajo.

Abriendo tus Programas Guardados

Para cargar un programa guardado, haz clic en **File** (Archivo) ▶ **Open** (Abrir). Elige el archivo en la ventana que aparece y haz clic en el botón **Open** (Abrir). Tu programa *hola.py* se abrirá en la ventana del Editor de Archivos.

Es hora de ejecutar el programa. Haz clic en **File** (Archivo) ▶ **Run** (Ejecutar) ▶ **Run Module** (Ejecutar Módulo) o simplemente pulsa F5 desde la ventana del editor de archivos. Tu programa se ejecutará en la ventana de la consola interactiva.

Escribe tu nombre cuando el programa lo pida. Esto se verá como en la Figura 3-5:

Figura 3-5: La consola interactiva luego de ejecutar hola.py.

Cuando escribas tu nombre y pulses INTRO, el programa te saludará por tu nombre. ¡Felicitaciones! Haz escrito tu primer programa y ya eres un programador. Pulsa F5 de nuevo para volver a ejecutar el programa y esta vez escribe otro nombre.

Si has obtenido un error, compara tu código con el de este libro usando la herramienta online diff en http://invpy.com/es/diff/hola. Copia y pega tu código del editor de archivos en la página web y haz clic en el botón **Comparar**. Esta herramienta resaltará cualquier diferencia entre tu código y el código en este libro, como en la Figura 3-6.

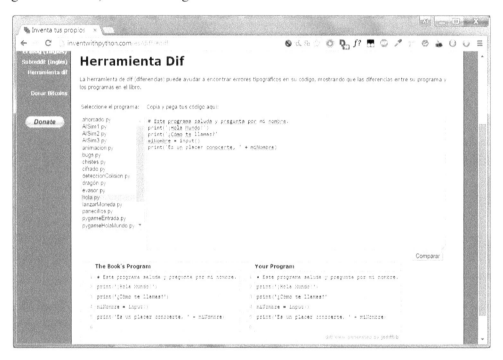

Figure 3-6: La herramienta diff en http://invpy.com/es/diff.

Mientras escribes código, si obtienes un NameError que se ve así:

```
¡Hola mundo!
¿Cómo te llamas?
Alberto
Traceback (most recent call last):
  File "C:/Python26/test1.py", line 4, in <module>
    miNombre = input()
  File "<string>", line 1, in <module>
NameError: name 'Alberto' is not defined
```

...quiere decir que estás usando Python 2, en lugar de Python 3. Instala una versión de Python 3 de http://python.org. Luego, re-ejecuta el programa con Python 3.

Cómo Funciona el Programa "Hola Mundo"

Cada línea de código es una instrucción interpretada por Python. Estas instrucciones constituyen el programa. Las instrucciones de un programa de computadora son como los pasos en una receta de un libro de cocina. Cada instrucción se ejecuta en orden, comenzando por la parte superior del programa y en dirección descendente hasta el final de la lista de instrucciones.

El paso del programa en el cual Python se encuentra se llama **ejecución**. Cuando el programa comienza, la ejecución se encuentra en la primera instrucción. Luego de ejecutarla, la ejecución baja hasta la próxima instrucción.

Veamos cada línea de código para entender qué es lo que hace. Comenzaremos por la línea número 1.

Comentarios

```
1. # Este programa saluda y pregunta por mi nombre.
```

Esta instrucción es un **comentario**. Cualquier texto a continuación del signo # (llamado **símbolo almohadilla**) es un comentario. Los comentarios no son para Python, sino para tí, el programador. Python ignora los comentarios. Los comentarios son notas del programador acerca de lo que el código hace. Puedes escribir lo que quieras en un comentario. Para facilitar la lectura del código fuente, este libro muestra los comentarios en texto de color gris claro.

Los programadores usualmente colocan un comentario en la parte superior de su código para dar un título a su programa.

Funciones

Una **función** es una especie de mini-programa dentro de tu programa. Las funciones contienen instrucciones que se ejecutan cuando la función es llamada. Python ya tiene algunas funciones integradas. Dos funciones, print() e input(), son descriptas a continuación. Lo maravilloso acerca de las funciones es que sólo necesitas saber lo que la función hace, pero no cómo lo hace.

Una **llamada a una función** es un fragmento de código que dice a Python que ejecute el código dentro de una función. Por ejemplo, tu programa llama a la función print() para mostrar una cadena en la pantalla. La función print() toma la cadena que tú escribes entre los paréntesis como entrada y muestra el texto en la pantalla.

Para mostrar ¡Hola mundo! en la pantalla, escribe el nombre de la función print, seguido por un paréntesis de apertura, seguido por la cadena '¡Hola mundo!' y un paréntesis de cierre.

La función `print()`

```
2. print('¡Hola mundo!')
3. print('¿Cómo te llamas?')
```

Las líneas 2 y 3 son llamadas a la función `print()`. Un valor entre los paréntesis de la llamada a una función es un **argumento**. El argumento en la llamada a la función `print()` de la línea 2 es `'¡Hola mundo!'`. El argumento en la llamada a `print()` de la línea 3 es `'¿Cómo te llamas?'`. Esto se llama **pasar** el argumento a la función `print()`.

En este libro, los nombres de funciones tienen paréntesis al final. Esto deja en claro que `print()` hace referencia a una función llamada `print()`, y no a una variable llamada `print`. Esto es como el uso de comillas alrededor del número `'42'` para indicar a Python that que estás refiriéndote a la cadena `'42'` y no al entero 42.

La función `input()`

```
4. miNombre = input()
```

La línea 4 es una sentencia de asignación con una variable (`miNombre`) y una llamada a una función (`input()`). Cuando `input()` es llamada, el programa espera a que el usuario ingrese texto. La cadena de texto que el usuario ingresa se convierte en el valor al que se evalúa la llamada a la función. Las llamadas a funciones pueden usarse en expresiones, en cualquier lugar en que pueda usarse un valor.

El valor al cual se evalúa la llamada a la función es llamado **valor de retorno**. (De hecho, "el valor devuelto por la llamada a una función" significa lo mismo que "el valor al que se evalúa la llamada a la función".) En este caso, el valor devuelto por la función `input()` es la cadena que el usuario ha escrito (su nombre). Si el usuario ha ingresado "Alberto", la llamada a la función `input()` se evalúa a la cadena `'Alberto'`. La evaluación se ve así:

```
miNombre = input()
           ▼
miNombre = 'Alberto'
```

Así es como el valor de cadena `'Alberto'` es almacenado en la variable `miNombre`.

Uso de Expresiones en Llamadas a Funciones

```
5. print('Es un placer conocerte, ' + miNombre)
```

La última línea es otra llamada a la función `print()`. La expresión `'Es un placer conocerte, ' + miNombre` entre los paréntesis de `print()`. Sin embargo, los argumentos son siempre valores individuales. Python evaluará primero esta expresión y luego pasará este valor como argumento. Si `'Alberto'` está almacenado en `miNombre`, la evaluación ocurre así:

```
print(Es un placer conocerte, ' + miNombre)
                       ▼
print(Es un placer conocerte, ' + 'Alberto')
                       ▼
print(Es un placer conocerte, Alberto')
```

Así es como el programa saluda al usuario por su nombre.

Terminando el Programa

Una vez que el programa ejecuta la última línea, **termina** y se **sale** del programa. Esto quiere decir que el programa deja de ejecutarse. Python olvida todos los valores almacenados en variables, incluyendo la cadena almacenada en `miNombre`. Si ejecutas el programa de nuevo y escribes un nombre diferente, el programa pensará que esa otra cadena es tu nombre.

```
¡Hola mundo!
¿Cómo te llamas?
Carolyn
Es un placer conocerte, Carolyn
```

Recuerda, la computadora hace exactamente lo que la programas para hacer. Las computadoras son tontas y sólo siguen tus instrucciones al pie de la letra. A la computadora no le importa si escribes tu nombre, el nombre de otra persona, o sólo algo absurdo. Escribe lo que quieras. La computadora lo tratará de la misma forma:

```
¡Hola mundo!
¿Cómo te llamas?
popó
Es un placer conocerte, popó
```

Nombres de Variables

Dar nombres descriptivos a las variables facilita entender qué es lo que hace un programa. Imagina si estuvieses mudándote a una nueva casa y hubieses colocado a cada una de tus cajas la etiqueta "Cosas". ¡Eso no sería útil en lo absoluto!

En lugar de `miNombre`, podrías haber llamado a esta variable `abrahamLincoln` o `nOmBrE`. A Python no le importa. Ejecutará el programa de la misma forma.

Los nombres de variables son sensibles a mayúsculas. **Sensible a mayúsculas** significa que el mismo nombre de variable con diferente capitalización se considera una variable diferente. De modo que spam, SPAM, Spam, y sPAM son cuatro variables diferentes en Python. Cada una de ellas contiene su propio valor independiente. Es una mala idea tener variables con diferente capitalización en tu programa. En lugar de ello, usa nombres descriptivos para tus variables.

Los nombres de variables se escriben habitualmente en minúscula. Si hay más de una palabra en el nombre de la variable, escribe en mayúscula la primera letra de cada palabra después de la primera. Esto hace que tu código sea más legible. Por ejemplo, el nombre de variable loQueHeDesayunadoEstaMañana es mucho más fácil de leer que loquehedesayunadoestamañana. Esto es una **convención**: una forma opcional pero estándar de hacer las cosas en Python.

Es preferible usar nombres cortos antes que largos a las variables: desayuno o comidaEstaMañana son más fáciles de leer que loQueHeDesayunadoEstaMañana.

Los ejemplos en este libro de la consola interactiva usan nombres de variables como spam, eggs, ham, y bacon. Esto es porque los nombres de variables en estos ejemplos no importan. Sin embargo, todos los programas de este libro usan nombres descriptivos. Tus programas también deberían usar nombres de variables descriptivos.

Resumen

Luego de haber aprendido acerca de cadenas y funciones, puedes empezar a crear programas que interactúan con usuarios. Esto es importante porque texto es la principal vía de comunicación entre el usuario y la computadora. El usuario ingresa texto a través el teclado mediante la función input(), y la computadora muestra texto en la pantalla usando la función print().

Las cadenas son simplemente valores de un nuevo tipo de datos. Todos los valores tienen un tipo de datos, y hay muchos tipos de datos en Python. El operador + se usa para unir cadenas.

Las funciones se usan para llevar a cabo alguna instrucción complicada como parte de nuestro programa. Python tiene muchas funciones integradas acerca de las cuales aprenderás en este libro. Las llamadas a funciones pueden ser usadas en expresiones en cualquier lugar donde se usa un valor.

La instrucción de tu programa en que Python se encuentra se denomina ejecución. En el próximo capítulo, aprenderás más acerca de cómo hacer que la ejecución proceda de otras formas que simplemente en forma descendente a través del programa. Una vez que aprendas esto, podrás comenzar a crear juegos.

Capítulo 4

ADIVINA EL NÚMERO

Temas Tratados En Este Capítulo:
- Sentencias `import`
- Módulos
- Sentencias `while`
- Condiciones
- Bloques
- Booleanos
- Operadores de comparación
- La diferencia entre = y ==
- Sentencias `if`
- La palabra reservada `break`
- Las funciones `str()`, `int()` y `float()`
- La función `random.randint()`

En este capítulo crearás el juego "Adivina el Número". La computadora pensará un número aleatorio entre 1 y 20, y te pedirá que intentes adivinarlo. La computadora te dirá si cada intento es muy alto o muy bajo. Tú ganas si adivinas el número en seis intentos o menos.

Este es un buen juego para codificar ya que usa números aleatorios y bucles, y recibe entradas del usuario en un programa corto. Aprenderás cómo convertir valores a diferentes tipos de datos, y por qué es necesario hacer esto. Dado que este programa es un juego, nos referiremos al usuario como **el jugador**. Pero llamarlo "usuario" también sería correcto.

Muestra de ejecución de "Adivina el Número"

Así es como el programa se muestra al jugador al ejecutarse. El texto que el jugador ingresa está en **negrita**.

```
¡Hola! ¿Cómo te llamas?
Alberto
Bueno, Alberto, estoy pensando en un número entre 1 y 20.
Intenta adivinar.
10
Tu estimación es muy alta.
Intenta adivinar.
2
```

```
Tu estimación es muy baja.
Intenta adivinar.
4
¡Buen trabajo, Alberto! ¡Has adivinado mi número en 3 intentos!
```

Código Fuente de Adivina el Número

Abre una nueva ventana del editor de archivos haciendo clic en **File** (Archivo) ▶ **New Window** (Nueva Ventana). En la ventana vacía que aparece, escribe el código fuente y guárdalo como *adivinaElNúmero.py*. Luego ejecuta el programa pulsando F5. Cuando escribas este código en el editor de archivos, asegúrate de prestar atención a la cantidad de espacios delante de algunas de las líneas. Algunas líneas están indentadas por cuatro u ocho espacios.

> **¡NOTA IMPORTANTE!** Los programas de este libro sólo podrán ejecutarse sobre Python 3, no Python 2. Al iniciar la ventana IDLE, dirá algo como "Python 3.4.2" en la parte superior. Si tienes Python 2 instalado, es posible instalar también Python 3 a la vez. Para descargar Python 3, dirígete a https://python.org/download/.

Si obtienes errores luego de copiar este código, compáralo con el código del libro usando la herramienta diff online en http://invpy.com/es/diff/adivinaElNúmero.

adivinaElNúmero.py

```
 1. # Este es el juego de adivinar el número.
 2. import random
 3.
 4. intentosRealizados = 0
 5.
 6. print('¡Hola! ¿Cómo te llamas?')
 7. miNombre = input()
 8.
 9. número = random.randint(1, 20)
10. print('Bueno, ' + miNombre + ', estoy pensando en un número entre 1 y 20.')
11.
12. while intentosRealizados < 6:
13.     print('Intenta adivinar.') # Hay cuatro espacios delante de print.
14.     estimación = input()
15.     estimación = int(estimación)
16.
17.     intentosRealizados = intentosRealizados + 1
18.
19.     if estimación < número:
20.         print('Tu estimación es muy baja.') # Hay ocho espacios delante de
print.
```

```
21.
22.     if estimación > número:
23.         print('Tu estimación es muy alta.')
24.
25.     if estimación == número:
26.         break
27.
28. if estimación == número:
29.     intentosRealizados = str(intentosRealizados)
30.     print('¡Buen trabajo, ' + miNombre + '! ¡Has adivinado mi número en ' +
intentosRealizados + ' intentos!')
31.
32. if estimación != número:
33.     número = str(número)
34.     print('Pues no. El número que estaba pensando era ' + número)
```

Sentencias `import`

```
1. # Este es el juego de adivinar el número.
2. import random
```

La primera línea es un comentario. Recuerda que Python ignorará todo lo que esté precedido por el signo #. Esto sólo nos indica qué es lo que hace el programa.

La segunda línea es una sentencia **import**. Recuerda, las sentencias son instrucciones que realizan alguna acción, pero no son evaluadas a un valor como las expresiones. Ya has visto sentencias antes: las sentencias de asignación almacenan un valor en una variable.

Aunque Python incluye muchas funciones integradas, algunas funciones existen en programas separados llamados **módulos**. Puedes usar estas funciones importando sus módulos en tu programa con una sentencia `import`.

La línea 2 importa el módulo llamado `random` de modo que el programa pueda llamar a `random.randint()`. Esta función generará un número aleatorio para que el usuario adivine.

```
4. intentosRealizados = 0
```

La línea 4 crea una nueva variable llamada `intentosRealizados`. Guardaremos en esta variable el número de veces que el jugador ha intentado adivinar el número. Ya que el jugador no ha realizado ningún intento a esta altura del programa, guardaremos aquí el entero 0.

```
6. print('¡Hola! ¿Cómo te llamas?')
```

```
7. miNombre = input()
```

Las líneas 6 y 7 son iguales a las líneas en el programa Hola Mundo que viste en el Capítulo 3. Los programadores a menudo reutilizan código de sus otros programas para ahorrarse trabajo.

La línea 6 es una llamada a la función `print()`. Recuerda que una función es como un mini-programa dentro de tu programa. Cuando tu programa llama a una función, ejecuta este mini-programa. El código dentro de la función `print()` muestra en la pantalla la cadena que ha recibido como argumento.

La línea 7 permite al usuario escribir su nombre y lo almacena en la variable `miNombre`. (Recuerda, la cadena podría no ser realmente el nombre del jugador. Es simplemente cualquier cadena que el jugador haya introducido. Las computadoras son tontas, y sólo siguen sus instrucciones sin importarles nada más.)

La Función `random.randint()`

```
9. número = random.randint(1, 20)
```

La línea 9 llama a una nueva función denominada `randint()` y guarda el valor que ésta devuelve en la variable `número`. Recuerda, las llamadas a funciones pueden ser parte de expresiones, ya que son evaluadas a un valor.

La función `randint()` es parte del módulo random, por lo que debes colocar `random.` delante de ella (¡no olvides colocar el punto!) para decirle a Python que la función `randint()` está en el módulo random.

La función `randint()` devolverá un entero aleatorio en el intervalo comprendido (incluidos los bordes) entre los dos argumentos enteros que le pases. La línea 9 pasa 1 y 20 separados por una coma y entre los paréntesis que siguen al nombre de la función. El entero aleatorio devuelto por `randint()` es almacenado en una variable llamada `número`; este es el número secreto que el jugador intentará adivinar.

Sólo por un momento, vuelve a la consola interactiva y escribe `import random` para importar el módulo random. Luego escribe `random.randint(1, 20)` para ver a qué se evalúa la llamada a la función. Devolverá un entero entre 1 y 20. Repite el código nuevamente y la llamada a la función probablemente devolverá un entero diferente. La función `randint()` devuelve un entero aleatorio cada vez, de la misma forma en que tirando un dado obtendrías un número aleatorio cada vez:

```
>>> import random
>>> random.randint(1, 20)
12
```

```
>>> random.randint(1, 20)
18
>>> random.randint(1, 20)
3
>>> random.randint(1, 20)
18
>>> random.randint(1, 20)
7
```

Usa la función `randint()` cuando quieras agregar aleatoriedad a tus juegos. Y vas a usar aleatoriedad en muchos juegos. (Piensa en la cantidad de juegos de mesa que utilizan dados.)

También puedes probar diferentes intervalos de números cambiando los argumentos. Por ejemplo, escribe `random.randint(1, 4)` para obtener sólo enteros entre 1 y 4 (incluyendo 1 y 4). O prueba `random.randint(1000, 2000)` para obtener enteros entre 1000 y 2000.

Por ejemplo, escribe lo siguiente en la consola interactiva. Los resultados que obtienes cuando llamas a la función `random.randint()` serán seguramente diferentes (después de todo es aleatorio).

```
>>> random.randint(1, 4)
3
>>> random.randint(1000, 2000)
1294
```

Puedes cambiar ligeramente el código fuente del juego para hacer que el programa se comporte de forma diferente. Prueba cambiar las líneas 9 y 10 de:

```
 9. número = random.randint(1, 20)
10. print('Bueno, ' + miNombre + ', estoy pensando en un número entre 1 y 20.')
```

…a lo siguiente:

```
 9. número = random.randint(1, 100)
10. print('Bueno, ' + miNombre + ', estoy pensando en un número entre 1 y
100.')
```

Y ahora la computadora pensará en un entero comprendido entre 1 y 100 en lugar de entre 1 y 20. Cambiar la línea 9 cambiará el intervalo del número aleatorio, pero recuerda cambiar también la línea 10 para que el juego le diga al jugador el nuevo rango en lugar del viejo.

Recibiendo al Jugador

```
10.  print('Bueno, ' + miNombre + ', estoy pensando en un número entre 1 y 20.')
```

En la línea 10 la función `print()` recibe al jugador llamándolo por su nombre, y le dice que la computadora está pensando un número aleatorio.

Puede parecer que hay más de un argumento cadena en la línea 10, pero observa la línea con cuidado. El signo suma concatena las tres cadenas de modo que son evaluadas a una única cadena. Y esa única cadena es el argumento que se pasa a la función `print()`. Si miras detenidamente, verás que las comas están dentro de las comillas, por lo que son parte de las cadenas y no un separador.

Bucles

```
12.  while intentosRealizados < 6:
```

La línea 12 es una sentencia `while` (mientras), que indica el comienzo de un bucle `while`. **Los bucles** te permiten ejecuta código una y otra vez. Sin embargo, necesitas aprender algunos otros conceptos antes de aprender acerca de los bucles. Estos conceptos son bloques, booleanos, operadores de comparación, condiciones, y la sentencia `while`.

Bloques

Varias líneas de código pueden ser agrupadas en un bloque. Un **bloque** consiste en líneas de código que comparten mínima indentación posible. Puedes ver dónde comienza y termina un bloque de código mirando el número de espacios antes de las líneas. Esto se llama la **indentación** de la línea.

Un bloque comienza cuando la indentación de una línea se incrementa (usualmente en cuatro espacios). Cualquier línea subsiguiente que también esté indentada por cuatro espacios es parte del bloque. El bloque termina cuando hay una línea de código con la misma indentación que antes de empezar el bloque. Esto significa que pueden existir bloques dentro de otros bloques. La Figura 4-1 es un diagrama de código con los bloques delineados y numerados. Los espacios son cuadrados negros para que sean más fáciles de contar.

En la Figura 4-1, la línea 12 no tiene indentación y no se encuentra dentro de ningún bloque. La línea 13 tiene una indentación de cuatro espacios. Como esta indentación es mayor que la indentación de la línea anterior, ha comenzado un nuevo bloque. Este bloque tiene la etiqueta (1) en la Figura 4-1. Este bloque continuará hasta una línea sin espacios (la indentación original antes de que comenzara el bloque). Las líneas vacías son ignoradas.

La línea 20 tiene una indentación de ocho espacios. Ocho espacios es más que cuatro espacios, lo que comienza un nuevo bloque. Este bloque se señala con (2) en la Figura 4-1. Este bloque se encuentra dentro de otro bloque.

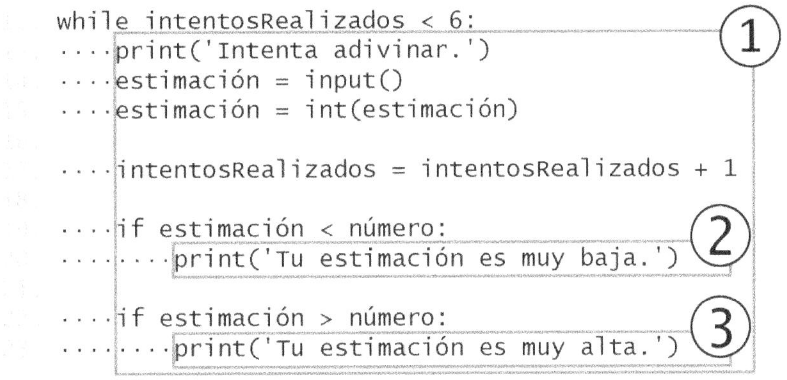

```
while intentosRealizados < 6:                              ①
····print('Intenta adivinar.')
····estimación = input()
····estimación = int(estimación)

····intentosRealizados = intentosRealizados + 1

····if estimación < número:                                ②
········print('Tu estimación es muy baja.')

····if estimación > número:                                ③
········print('Tu estimación es muy alta.')
```

Figura 4-1: Bloques y su indentación. Los puntos negros representan espacios.

La línea 22 sólo tiene cuatro espacios. Al ver que la indentación se ha reducido, sabes que el bloque ha terminado. La línea 20 es la única línea del bloque. La línea 22 está en el mismo bloque que las otras líneas con cuatro espacios.

La línea 23 incrementa la indentación a ocho espacios, de modo que otra vez comienza un nuevo bloque. Es el que tiene la etiqueta (3) en la Figura 4-1.

Para recapitular, la línea 12 no está en ningún bloque. Las líneas 13 a 23 pertenecen al mismo bloque (marcado como bloque 1). La línea 20 está en un bloque dentro de un bloque marcado con (2). Y la línea 23 es la única línea en otro bloque dentro de un bloque marcado con (3).

El Tipo de Datos Booleano

El tipo de datos Booleano tiene sólo dos valores: True (Verdadero) o False (Falso). Estos valores deben escribirse con "T" y "F" mayúsculas. El resto del nombre del valor debe estar en minúscula. Usarás valores Booleanos (llamados **bools** por brevedad) con operadores de comparación para formar condiciones. (Las condiciones serán explicadas más adelante.)

Por ejemplo:

```
>>> spam = True
```

```
>>> eggs = False
```

Los tipos de datos que han sido introducidos hasta ahora son enteros, floats, cadenas, y ahora bools.

Operadores de Comparación

La línea 12 tiene una sentencia while:

```
12. while intentosRealizados < 6:
```

La expresión que sigue a la palabra reservada while (la parte intentosRealizados < 6) contiene dos valores (el valor en la variable intentosRealizados, y el valor entero 6) conectados por un operador (el símbolo <, llamado el símbolo "menor que"). El símbolo < se llama un **operador de comparación**.

Los operadores de comparación comparan dos valores y se evalúan a un valor Booleano True o False. En la Tabla 4-1 se muestra una lista de todos los operadores de comparación.

Table 4-1: Operadores de comparación.

Signo del Operador	Nombre del Operador
<	Menor que
>	Mayor que
<=	Menor o igual a
>=	Mayor o igual a
==	Igual a
!=	Diferente a

Ya has leído acerca de los operadores matemáticos +, -, *, y /. Como cualquier operador, los operadores de comparación se combinan con valores ara formar expresiones tales como intentosRealizados < 6.

Condiciones

Una **condición** es una expresión que combina dos valores con un operador de comparación (tal como < o >) y se evalúa a un valor Booleano. Una condición es sólo otro nombre para una expresión que se evalúa a True o False. Las condiciones se usan en sentencias while (y en algunas otras situaciones, explicadas más adelante.)

Por ejemplo, la condición `intentosRealizados < 6` pregunta, "¿es el valor almacenado en `intentosRealizados` menor que el número 6?" Si es así, entonces la condición se evalúa a `True` (Verdadero). En caso contrario, la condición se evalúa a `False` (Falso).

En el caso del programa "Adivina el Número", en la línea 4 has almacenado el valor 0 en `intentosRealizados`. Como 0 es menor que 6, esta condición se evalúa al valor Booleano `True`. La evaluación ocurre así:

```
intentosRealizados < 6
            ▼
          0 < 6
            ▼
          True
```

Experimentando con Booleans, Operadores de Comparación y Condiciones

Escribe las siguientes expresiones en la consola interactiva para ver sus resultados Booleanos:

```
>>> 0 < 6
True
>>> 6 < 0
False
>>> 50 < 10
False
>>> 10 < 11
True
>>> 10 < 10
False
```

La condición 0 < 6 devuelve el valor Booleano True porque el número 0 es menor que el número 6. Pero como 6 no es menor que 0, la condición 6 < 0 se evalúa a False. 50 no es menor que 10, luego 50 < 10 es False. 10 es menor que 11, entonces 10 < 11 es True.

Observa que 10 < 10 se evalúa a False porque el número 10 no es más pequeño que el número 10. Son exactamente del mismo tamaño. Si Alicia fuera igual de alta que Berto, no dirías que Alicia es más alta que Berto o que Alicia más baja que Berto. Ambas afirmaciones serían falsas.

Ahora prueba introducir estas expresiones en la consola interactiva:

```
>>> 10 == 10
True
>>> 10 == 11
False
>>> 11 == 10
False
```

```
>>> 10 != 10
False
>>> 10 != 11
True
>>> 'Hola' == 'Hola'
True
>>> 'Hola' == 'Adios'
False
>>> 'Hola' == 'HOLA'
False
>>> 'Adios' != 'Hola'
True
```

La Diferencia Entre = y ==

Intenta no confundir el operador asignación (=) y el operador de comparación "igual a" (==). El signo igual (=) se usa en sentencias de asignación para almacenar un valor en una variable, mientras que el signo igual-igual (==) se usa en expresiones para ver si dos valores son iguales. Es fácil usar uno accidentalmente cuando quieres usar el otro.

Sólo recuerda que el operador de comparación "igual a" (==) está compuesto por dos caracteres, igual que el operador de comparación "diferente a" (!=) que también está compuesto por dos caracteres.

Cadenas y valores enteros no pueden ser iguales. Por ejemplo, prueba escribiendo lo siguiente en la consola interactiva:

```
>>> 42 == 'Hola'
False
>>> 42 != '42'
True
```

Creabdo Bucles con sentencias while

La sentencia while (mientras) indica el comienzo de un bucle. Los bucles pueden ejecutar el mismo código repetidas veces. Cuando la ejecución llega hasta una sentencia while, evalúa la condición junto a la palabra reservada while. Si la condición se evalúa a True, la ejecución se mueve dentro del bloque while. (En tu programa, el bloque while comienza en la línea 13.) Si la condición se evalúa a False, la ejecución se mueve hasta debajo del bloque while. (En "Adivina el Número", la primera línea luego del bloque while es la línea 28.)

Una sentencia while siempre incluye dos punos (el signo :) después de la condición.

```
12. while intentosRealizados < 6:
```

Si es falso...   Si es verdad...

```
12. while intentosRealizados < 6:
13.     print('Intenta adivinar.')
14.     estimación = input()
15.     estimación = int(estimación)            ...ir dentro del bloque.
16.
17.     intentosRealizados = intentosRealizados + 1
18.
19.     if estimación < número:
20.         print('Tu estimación es muy baja.')
21.
22.     if estimación > número:
23.         print('Tu estimación es muy alta.')
24.
25.     if estimación == número:
26.         break
27.
28. if estimación == número:
```

...ir más allá del bloque.

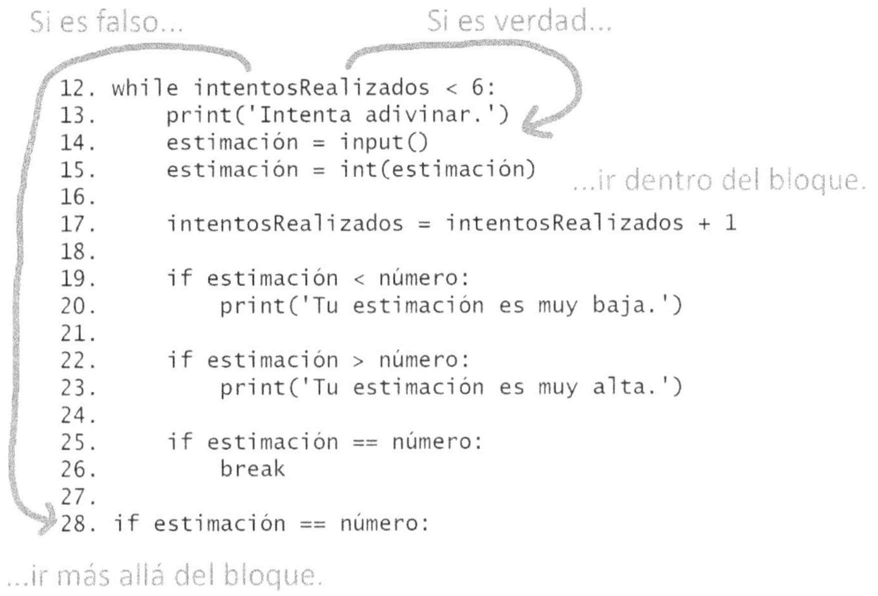

Figura 4-2: La condición del bucle while.

La Figura 4-2 muestra como transcurre la ejecución dependiendo de la condición. Si la condición se evalúa a True (lo cual hace la primera vez, porque el valor de intentosRealizados es 0), la ejecución entrará al bloque while en la línea 13 y continuará moviéndose hacia abajo. Una vez que el programa llegue al final del bloque while, en lugar de ir hacia abajo hasta la siguiente línea, la ejecución vuelve atrás hasta la línea de la sentencia while (línea 12) y reevalúa la condición. Como antes, si la condición es True la ejecución vuelve a entrar al bloque while. Cada vez que la ejecución recorre el bucle se llama una **iteración**.

Así es como funciona el bucle. Mientras que la condición sea True, el programa sigue ejecutando el código dentro del bloque while en forma repetida hasta la primera vez que la condición sea False. Piensa en la sentencia while como decir, "mientras esta condición sea verdadera, sigue iterando a través del código en este bloque".

El Jugador Adivina

```
13.     print('Intenta adivinar.') # Hay cuatro espacios delante de print.
14.     estimación = input()
```

Las líneas 13 a 17 piden al jugador que adivine cuál es el númeo secreto y le permiten formular su intento. Este número se almacena en una variable llamada estimación.

Conversión de Cadenas a Enteros con la función int(), float(), str(), bool()

```
15.        estimación = int(estimación)
```

En la línea 15, llamas a una función llamada int(). La función int() toma un argumento y devuelve un valor entero de ese argumento. Prueba escribir lo siguiente en la consola interactiva:

```
>>> int('42')
42
>>> 3 + int('2')
5
```

La llamada a int('42') devolverá el valor entero 42. La llamada int(42) hará lo mismo (a pesar de que no tiene mucho sentido obtener la forma de valor entero de un valor que ya es entero). Sin embargo, aunque la función int() acepta cadenas, no puedes pasarle cualquier cadena. Pasarle 'cuarenta-y-dos' a int() resultará en un error. La cadena que recibe int() debe estar compuesta por números.

```
>>> int('cuarenta-y-dos')
Traceback (most recent call last):
  File "<pyshell#5>", line 1, in <module>
int('cuarenta-y-dos')
ValueError: invalid literal for int() with base 10: 'cuarenta-y-dos'
```

La línea 3 + int('2') muestra una expresión que usa el valor de retorno de int() como parte de una expresión. Se evalúa al valor entero 5:

```
3 + int('2')
   ▼
3 + 2
   ▼
   5
```

Recuerda, la función input() devuelve **una cadena** de texto que el jugador ha escrito. Si el jugador escribe 5, la función input() devolverá el valor de cadena '5', no el valor entero 5. Python no puede usar los operadores de comparación < y > para comparar una cadena y un valor entero:

```
>>> 4 < '5'
Traceback (most recent call last):
  File "<pyshell#0>", line 1, in <module>
    4 < '5'
TypeError: unorderable types: int() < str()
```

```
14.        estimación = input()
15.        estimación = int(estimación)
```

En la línea 14 la variable estimación contenía originalmente el valor de cadena ingresado por el jugador. La línea 15 sobrescribe el valor de cadena en estimación con el valor entero devuelto por int(). Esto permite al código más adelante en el programa comparar si estimación es mayor, menor o igual al número secreto en la variable número.

Una última cosa: La llamada int(estimación) no cambia el valor de la variable estimación. El código int(estimación) es una expresión que se evalúa a la forma de valor entero de la cadena guardada en la variable estimación. Lo que cambia estimación es la sentencia de asignación: estimación = int(estimación)

El float(), str(), y bool() funciona de manera similar se volverá float, str, y las versiones de Boole de los argumentos que se pasan a ellos:

```
>>> float('42')
42.0
>>> float(42)
42.0
>>> str(42)
'42'
>>> str(42.0)
'42.0'
>>> str(False)
'False'
>>> bool('')
False
>>> bool('cualquier cadena no vacía')
True
```

Incrementando las Variables

```
17.        intentosRealizados = intentosRealizados + 1
```

Una vez que el jugador ha realizado un intento, el número de intentos debería incrementarse en uno.

En la primera iteración del bucle, `intentosRealizados` tiene el valor 0. Python tomará este valor y le sumará 1. 0 + 1 se evalúa a 1, el cual se almacena como nuevo valor de `intentosRealizados`. Piensa en la línea 17 como diciendo, "la variable `intentosRealizados` debería ser uno más que lo que es ahora".

Sumarle uno al valor entero o float de una variable es lo que se llama **incrementar** la variable. Restarle uno al valor entero o float de una variable es **decrementar** la variable.

Sentencias `if`

```
19.        if estimación < número:
20.            print('Tu estimación es muy baja.')  # Hay ocho espacios delante de
print.
```

La línea 19 es una sentencia `if`. La ejecución correrá el código en el siguiente bloque si la condición de la sentencia `if` se evalúa a `True`. Si la condición es `False`, entonces el código en el bloque `if` se omite. Mediante el uso de sentencias `if`, puedes hacer que el programa sólo ejecute ciertas partes del código cuando tú quieras.

La sentencia `if` funciona casi igual que una sentencia while. Pero a diferencia del bloque while, la ejecución no vuelve atrás hasta la sentencia `if` cuando termina de ejecutarse el bloque if. Simplemente continúa en la línea siguiente. En otras palabras, las sentencias `if` no generan un bucle. Mira la Figura 4-3 para ver una comparación de las dos sentencias.

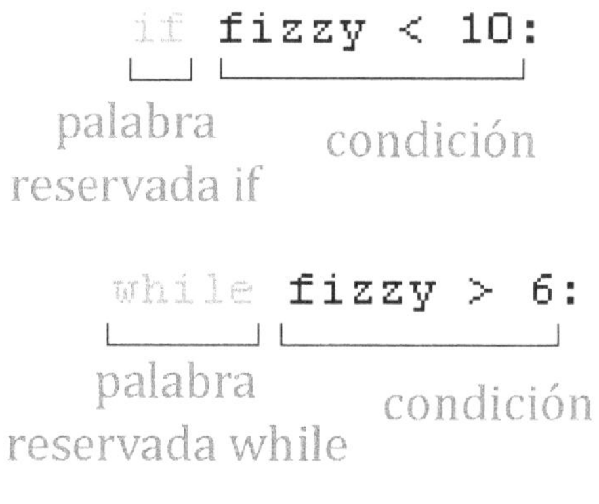

Figura 4-3: Sentencias `if` y `while`.

```
22.        if estimación > número:
23.            print('Tu estimación es muy alta.')
```

La línea 22 comprueba si la estimación del jugador es mayor que el entero aleatorio. Si esta condición es `True`, entonces la llamada a la función `print()` indica al jugador que su estimación es demasiado alta.

Abandonando los Bucles Anticipadamente con la sentencia break

```
25.        if estimación == número:
26.            break
```

La sentencia if en la línea 25 comprueba si la estimación es igual al entero aleatorio. Si lo es, el programa ejecuta la sentencia break de la línea 26.

Una sentencia **break** indica a la ejecución que salga inmediatamente del bucle `while` y se mueva a la primera línea a continuación del mismo. (Las sentencias break no se molestan en volver a revisar la condición del bucle `while`, sólo salen del bucle instantáneamente.)

La sentencia break es simplemente la palabra reservada break en sí misma, sin condición o dos puntos.

Si el jugador adivinó el número no es igual al número entero aleatorio, la ejecución alcanza la parte inferior del bloque `while`. Esto significa se repetirá la ejecución de nuevo a la parte superior y vuelva a comprobar el estado de la línea 12 (`intentosRealizados < 6`). Recuerdo que después de los `intentosRealizados = intentosRealizados + 1` línea de código se ejecuta, el nuevo valor de `intentosRealizados` es 1. Porque 1 <6 es cierto que la ejecución entra en el bucle de nuevo.

Si el jugador continúa realizando intentos demasiado altos o bajos, el valor de `intentosRealizados` cambiará a 2, luego 3, luego 4, luego 5, luego 6. Cuando `intentosRealizados` tiene almacenado el número 6, la condición de la sentencia while es `False`, dado que 6 no es menor que 6. Como la condición de la sentencia while es `False`, la ejecución se mueve a la primera línea después del bloque `while`, línea 28.

Comprobar si el Jugador ha Ganado

```
28.    if estimación == número:
```

La línea 28 no tiene indentación, lo que significa que el bloque `while` ha terminado y esta es la primera línea luego del mismo. La ejecución ha abandonado el bloque `while`, sea porque la condición de la sentencia while era `False` (cuando el jugador se quedó sin intentos) o porque se ejecutó la sentencia break (cuando el jugador adivina el número correctamente).

La línea 28 comprueba a ver si el jugador ha adivinado correctamente. Si es así, la ejecución entra al bloque if de la línea 29.

```
29.     intentosRealizados = str(intentosRealizados)
30.     print('¡Buen trabajo, ' + miNombre + '! ¡Has adivinado mi número en ' +
intentosRealizados + ' intentos!')
```

Las líneas 29 y 30 sólo se ejecutan si la condición en la sentencia if de la línea 28 es True (es decir, si el jugador ha adivinado correctamente el número de la computadora).

La línea 29 llama a la nueva función str(), que devuelve la forma cadena de intentosRealizados. Este código obtiene la forma cadena del entero en intentosRealizados ya que sólo cadenas pueden ser concatenadas con otras cadenas.

Comprobar si el Jugador ha Perdido

```
32. if estimación != número:
```

La línea 32 usa el operador comparación != para comprobar si el último intento del jugador no es igual al número secreto. Si esta condición se evalúa a True, la ejecución se mueve dentro del bloque if de la línea 33.

Las líneas 33 y 34 están dentro del bloque if, y sólo se ejecutan si la condición de la línea 32 es True.

```
33.     número = str(número)
34.     print('Pues no. El número que estaba pensando era ' + número)
```

En este bloque, el programa indica al jugador cuál era el número secreto que no ha podido adivinar correctamente. Esto requiere concatenar cadenas, pero número almacena un valor entero. La línea 33 reemplazará número con una forma cadena, de modo que pueda ser concatenada con la cadena 'Pues no. El número que estaba pensando era ' de la línea 34.

En este punto, la ejecución ha alcanzado el final del código, y el programa termina. ¡Felicitaciones! ¡Acabas de programar tu primer juego de verdad!

Puedes cambiar la dificultad del juego modificando el número de intentos que el jugador recibe. Para dar al jugador sólo cuatro intentos, cambia esta línea::

```
12. while intentosRealizados < 6:
```

...por esta otra:

```
12.  while intentosRealizados < 4:
```

El código más adelante en el bloque while incrementa la variable intentosRealizados en 1 en cada iteración. Al imponer la condición intentosRealizados < 4, te aseguras de que el código dentro del bucle sólo se ejecuta cuatro veces en lugar de seis. Esto hace al juego mucho más difícil. Para hacer el juego más fácil, cambia la condición a intentosRealizados < 8 o intentosRealizados < 10. Esto permitirá que el bucle se ejecute algunas veces *más* y acepte *más* intentos del jugador.

Sentencias de Control de Flujo

En capítulos anteriores, la ejecución del programa comenzaba por la instrucción de más arriba e iba directo hacia abajo, ejecutando cada instrucción en orden. Pero con las sentencias while, if, else, y break, puedes hacer que la ejecución repita u omita instrucciones basándose en condiciones. Este tipo de sentencia se llama **sentencia de control de flujo**, ya que modifican el "flujo" de la ejecución a medida que esta se desplaza por tu programa.

Resumen

Si alguien te preguntase **"¿Qué es exactamente programar de todos modos?"**, ¿qué podrías decirle? Programar es simplemente la acción de escribir código para programas, es decir, crear programas que puedan ser ejecutados por una computadora.

"Pero ¿qué es exactamente un programa?" Cuando ves a alguien usando un programa de computadora (por ejemplo, jugando tu juego "Adivina el Número"), todo lo que ves es texto apareciendo en la pantalla. El programa decide exactamente qué texto mostrar en la pantalla (**las salidas** del programa), basado en instrucciones y en el texto que el jugador ha escrito mediante el teclado (**las entradas** del programa). Un programa es sólo una colección de instrucciones que actúan sobre las entradas provistas por el usuario.

"¿Qué tipo de instrucciones?" Hay sólo unos pocos tipos diferentes de instrucciones, de verdad.

1. Expresiones. Las expresiones son valores conectados por operadores. Todas las expresiones son evaluadas a un único valor, así como 2 + 2 se evalúa a 4 o 'Hola' + ' ' + 'Mundo' se evalúa a 'Hola Mundo'. Cuando las expresiones están al lado de las palabras reservadas if y while, pueden recibir también el nombre de condiciones.
2. **Sentencias de asignación**. Las sentencias de asignación almacenan valores en variables para que puedas recordar los valores más adelante en el programa.
3. **Sentencias de control de flujo** if, while, **y** break. Las sentencias de control de flujo pueden hacer que el flujo omita instrucciones, genere un bucle sobre un bloque de

instrucciones o salga del bucle en el que se encuentra. Las llamadas a funciones también cambian el flujo de ejecución moviéndose al comienzo de una función.

4. **Las funciones** `print()` e `input()`. Estas funciones muestran texto en la pantalla y reciben texto del teclado. Esto se llama **E/S** (o en inglés I/O), porque tiene que ver con las Entradas y Salidas del programa.

Y eso es todo, sólo estas cuatro cosas. Por supuesto, hay muchos detalles acerca de estos cuatro tipos de instrucciones. En este libro aprenderás acerca de nuevos tipos de datos y operadores, nuevas sentencias de controlo de flujo, y muchas otras funciones que vienen con Python. También hay diferentes tipos de E/S tales como entradas provistas por el ratón o salidas de sonido y gráficos en lugar de sólo texto.

En cuanto a la persona que usa tus programas, sólo se preocupa acerca del último tipo, E/S. El usuario escribe con el teclado y luego ve cosas en la pantalla u oye sonidos de los altavoces. Pero para que la computadora pueda saber qué imágenes mostrar y qué sonidos reproducir, necesita un programa, y los programas son sólo un manojo de instrucciones que tú, el programador, has escrito.

Capítulo 5

CHISTES

Temas Tratados En Este Capítulo:
- Caracteres de escape
- Utilizando comillas simples y comillas dobles para las cadenas.
- Utilizando el argumento palabra clave final (end) de print() para evitar nuevas lineas

Aprovechar print() al Máximo

La mayoría de los juegos en este libro tendrán un texto simple de entrada y salida. La entrada es escrita por el usuario desde el teclado e introducida a la computadora. La salida es el texto mostrado en la pantalla. En Python, la función print() se puede usar para mostrar salidas de texto en la pantalla. Pero hay más para aprender sobre cómo funcionan las cadenas y el print() en Python.

El programa de este capítulo le cuenta chistes al usuario.

Ejecución de Muestra de Chistes

```
¿Qué sale de la cruza entre un mono y un pato?
¡Un monopatín!
¿Porqué vuelan los pájaros pa'l sur?
¡Porque caminando tardarían muchísimo!
¿En qué se parecen una familia, un bombero y un barco?
No sé... ¿en qué se parecen?
En que el bombero y el barco tienen casco.
¿Y la familia? -Bien, gracias.
```

Source Code of Jokes

Escribe el siguiente código fuente en el editor de archivos y guárdalo como *chistes.py*.

> **¡NOTA IMPORTANTE!** Los programas de este libro sólo podrán ejecutarse sobre Python 3, no Python 2. Al iniciar la ventana IDLE, dirá algo como "Python 3.4.2" en la parte superior. Si tienes Python 2 instalado, es posible instalar también Python 3 a la vez. Para descargar Python 3, dirígete a https://python.org/download/.

Si obtienes errores después de escribir este código, compáralo con el código del libro con la
herramienta diff en línea en http://invpy.com/es/diff/chistes.

```python
                                                                    chistes.py
1.  print('¿Qué sale de la cruza entre un mono y un pato?')
2.  input()
3.  print('¡Un monopatín!')
4.  print()
5.  print('¿Porqué vuelan los pájaros pa\'l sur?')
6.  input()
7.  print('¡Porque caminando tardarían muchísimo!')
8.  print()
9.  print('¿En qué se parecen una familia, un bombero y un barco?')
10. input()
11. print("No sé... ¿en qué se parecen?")
12. input()
13. print('En que el bombero y el barco tienen casco.')
14. input()
15. print('¿Y la familia?', end='')
16. print(' -Bien, gracias.')
```

Cómo Funciona el Código

```python
1.  print('¿Qué sale de la cruza entre un mono y un pato?')
2.  input()
3.  print('¡Un monopatín!')
4.  print()
```

Las líneas de la 1 a la 4 tienen tres llamadas a la función print(). No quieres que el jugador lea
de inmediato el remate del chiste, así que hay una llamada a la función print() después del
primer print(). El jugador puede leer la primera línea, presionar INTRO, y entonces leer el
remate del chiste.

El usuario todavía puede escribir una cadena y pulsar INTRO, pero esta cadena devuelta no está
siendo almacenada en ninguna variable. El programa tan solo lo olvidará y se moverá a la
siguiente línea de código.

La última llamada a la función print() no tiene argumento de cadena. Esto le indica al programa
que solamente escriba una línea en blanco. Las líneas en blanco pueden ser útiles para evitar que
el texto quede unido.

Caracteres de Escape

```
5. print('¿Porqué vuelan los pájaros pa\'l sur?')
6. input()
7. print('¡Porque caminando tardarían muchísimo!')
8. print()
```

En el primer `print()` de arriba, ha una barra invertida justo antes de la comillas simple (esto es, el apóstrofo). Nota que \ es una barra inversa, y / es una barra inclinada. Esta barra inversa indica que la letra que está a su derecha es una caracter de escape. Un **caracter de escape** te permite imprimir caracteres que son difíciles de introducir en el código fuente. En esta llamada a `print()` el caracter de escape es una comilla simple.

El caracter de escape comilla simple está allí porque de otra manera Python pensaría que la comilla indica el final de la cadena. Pero esta comilla necesita *formar parte de* la cadena. La comilla simple de escape le indica a Python que la comilla simple es literalmente una parte de la cadena en lugar de indicar el final del valor de la cadena.

Algunos Otros Caracteres de Escape

¿Qué pasa si realmente quisieras escribir una barra invertida?. Esta línea de código no funcionaría:

```
>>> print('Él se fue volando en un helicóptero verde\turquesa.')
Él se fue volando en un helicóptero verde     urquesa.
```

Esto es porque la "t" en "turquesa" fue vista como un caracter de escape debido a que estaba después de una barra inversa. El caracter de escape t simula la pulsación de la tecla TAB de tu teclado. Hay caracteres de escape para que las cadenas puedan tener caracteres que no se pueden escribir.

En lugar de eso, prueba con esta línea:

```
>>> print('Él se fue volando en un helicóptero verde\\turquesa.')
Él se fue volando en un helicóptero verde\turquesa.
```

La tabla 5-1 es una lista de caracteres de escape en Python.

Tabla 5-1: Caracteres de Escape

Caracter de Escape	Lo Que Imprime
\\	Barra inversa (\)
\'	Comilla simple (')
\"	Comilla doble (")
\n	Salto de línea
\t	Tabulador

Comillas Simples y Dobles

La cadenas en Python no tienen que estar siempre entre comillas simples. También puedes ponerlas entre comilas dobles. Estas dos líneas imprimen lo mismo:

```
>>> print('Hola mundo')
Hola mundo
>>> print("Hola mundo")
Hola mundo
```

Pero no puedes mexzclar las comillas. Esta línea devolverá un error si intentas utilizarla:

```
>>> print('Hola mundo")
SyntaxError: EOL while scanning single-quoted string
```

Me gusta utilizar las comillas simples, así no tengo que pulsar la tecla shift (mayúsculas) para escribirlas. Es más fácil de escribir, y a Python le da igual de cualquier manera.

Del mismo modo en que necesitas el caracter de escape \' para obtener una comilla simple en una cadena rodeada de comillas simples, se necesita un caracter de escape \" para imprimir una comilla doble en una cadena rodeada de comillas dobles. Por ejemplo, mira estas dos líneas:

```
>>> print('Le pedí prestado el carro a Pedro pa\'ir al pueblo. El dijo,
"Seguro."')
Le pedí prestado el carro a Pedro pa'ir al pueblo. El dijo, "Seguro."

>>> print("Él dijo, \"No puedo creer que lo dejaste llevarse el carro pa'l
pueblo\"")
Él dijo, "No puedo creer que lo dejaste llevarse el carro pa'l pueblo"
```

En las cadenas de comillas simples no necesitas escapar las comillas dobles, y en las cadenas de comillas dobles no necesitas escapar las comillas simples. El intérprete de Python tiene inteligencia suficiente para saber que si una cadena comienza con un tipo de comillas, el otro tipo de comillas no significa que la cadena está terminada.

El Argumento de Palabra end

```
 9.  print('¿En qué se parecen una familia, un bombero y un barco?')
10.  input()
11.  print("No sé... ¿en qué se parecen?")
12.  input()
13.  print('En que el bombero y el barco tienen casco.')
14.  input()
15.  print('¿Y la familia?', end='')
16.  print(' -Bien, gracias.')
```

¿Te diste cuenta del segundo parámetro en el print de la línea 15?. Normalmente, `print()` añade un salto de línea al final de la cadena que imprime. Por esta razón, una función `print()` en blanco tan solo imprimirá una nueva línea. Pero la función `print()` tiene la opción de un segundo parámetro (que tiene nombre "end" (fin)).

La cadena en blanco dada se llama **argumento de palabra clave**. El parámetro final tiene un nombre específico, y para pasar un argumento a ese parámetro en particular necesitamos utilizar la sintáxis end=.

Pasando una cadena en blanco usando end, la función `print()` no añadirá un salto de linea al final de la cadena, en lugar de esto añadirá una cadena en blanco. Por esta razón ' -Bien, gracias.' aparece junto a la línea anterior, en lugar de sobre una nueva línea. No hubo salto de línea después de la cadena '¿Y la familia?'.

Resumen

Este capítulo explora las diferentes formas en las que se puede utilizar la función `print()`. Los caracteres de escape se utilizan para los caracteres que son difíciles o imposibles de escribir en código usando el teclado. Los caracteres de escape se escriben en las cadenas comienzando con una barra inversa \ seguida de una sola letra para el carácter de escape. Por ejemplo, \n sería un salto de línea. Para incluir una barra invertida en una cadena, deberás utilizar el carácter de escape \\.

La función `print()` añade automáticamente un carácter de salto de línea al final de la cadena que se pasa para imprimr en pantalla. La mayor parte del tiempo, es un atajo útil. Pero a veces no quieres un carácter de salto de línea al final. Para cambiar esto, puedes pasar el argumento de palabra clave end con una cadena en blanco. Por ejemplo, para imprimir "spam" en la pantalla sin un carácter de salto de línea, podrías hacer el llamado `print('spam', end='')`.

Al añadir este nivel de control sobre el texto que mostraremos en la pantalla, puedes tener formas más flexibles para hacerlo.

Capítulo 6

REINO DE DRAGONES

Temas Tratados En Este Capítulo:
- La función `time.sleep()`
- Creando nuestras propias funciones con la palabra reservada `def`
- La palabra reservada `return`
- Los operadores Booleanos `and`, `or` y `not`
- Tablas de verdad
- Entorno de variables (Global y Local)
- Parámetros y Argumentos
- Diagramas de Flujo

Las Funciones

Ya hemos usado dos funciones en nuestros programas anteriores: `input()` y `print()`. En los programas anteriores, hemos llamado a estas funciones para ejecutar el código dentro de ellas. En este capítulo, escribiremos nuestras propias funciones para que sean llamadas por programas. Una función es como un mini-programa dentro de nuestro programa.

El juego que crearemos para presentar las funciones se llama "Reino de Dragones", y permite al jugador elegir entre dos cuevas, en una de las cuales encontrará un tesoro y en la otra su perdición.

Cómo Jugar a Reino de Dragones

En este juego, el jugador está en una tierra llena de dragones. Todos los dragones viven en cuevas junto a sus grandes montones de tesoros encontrados. Algunos dragones son amigables, y compartirán sus tesoros contigo. Otros son codiciosos y hambrientos, y se comerán a cualquiera que entre a su cueva. El jugador se encuentra frente a dos cuevas, una con un dragón amigable y la otra con un dragón hambriento. El jugador tiene que elegir entre las dos.

Abre una nueva ventana del editor de archivos haciendo clic en el menú **File** (Archivo) ▶ **New Window** (Nueva Ventana). En la ventana vacía que aparece escribe el código fuente y guárdalo como *dragón.py*. Luego ejecuta el programa pulsando F5.

Prueba de Ejecución de Reino de Dragones

```
Estás en una tierra llena de dragones. Frente a tí
hay dos cuevas. En una de ellas, el dragón es generoso y amigable
y compartirá su tesoro contigo. El otro dragón
es codicioso y está hambriento, y te devorará inmediatamente.
¿A qué cueva quieres entrar? (1 ó 2)
1
Te aproximas a la cueva...
Es oscura y espeluznante...
¡Un gran dragon aparece súbitamente frente a tí! Abre sus fauces y...
¡Te engulle de un bocado!
¿Quieres jugar de nuevo? (sí or no)
no
```

El Código Fuente de Reino de Dragones

> **¡NOTA IMPORTANTE!** Los programas de este libro sólo podrán ejecutarse sobre Python 3, no Python 2. Al iniciar la ventana IDLE, dirá algo como "Python 3.4.2" en la parte superior. Si tienes Python 2 instalado, es posible instalar también Python 3 a la vez. Para descargar Python 3, dirígete a https://python.org/download/.

Si obtienes errores luego de copiar este código, compáralo con el código del libro usando la herramienta diff online en http://invpy.com/es/diff/dragón.

```
dragón.py
1.  import random
2.  import time
3.
4.  def mostrarIntroducción():
5.      print('Estás en una tierra llena de dragones. Frente a tí')
6.      print('hay dos cuevas. En una de ellas, el dragón es generoso y')
7.      print('amigable y compartirá su tesoro contigo. El otro dragón')
8.      print('es codicioso y está hambriento, y te devorará inmediatamente.')
9.      print()
10.
11. def elegirCueva():
12.     cueva = ''
13.     while cueva != '1' and cueva != '2':
14.         print('¿A qué cueva quieres entrar? (1 ó 2)')
15.         cueva = input()
16.
17.     return cueva
```

```
18.
19. def explorarCueva(cuevaElegida):
20.     print('Te aproximas a la cueva...')
21.     time.sleep(2)
22.     print('Es oscura y espeluznante...')
23.     time.sleep(2)
24.     print('¡Un gran dragon aparece súbitamente frente a tí! Abre sus fauces
y...')
25.     print()
26.     time.sleep(2)
27.
28.     cuevaAmigable = random.randint(1, 2)
29.
30.     if cuevaElegida == str(cuevaAmigable):
31.         print('¡Te regala su tesoro!')
32.     else:
33.         print('¡Te engulle de un bocado!')
34.
35. jugarDeNuevo = 'sí'
36. while jugarDeNuevo == 'sí' or jugarDeNuevo == 's':
37.
38.     mostrarIntroducción()
39.
40.     númeroDeCueva = elegirCueva()
41.
42.     explorarCueva(númeroDeCueva)
43.
44.     print('¿Quieres jugar de nuevo? (sí o no)')
45.     jugarDeNuevo = input()
```

Cómo Funciona el Código

Veamos el código fuente en más detalle.

```
1. import random
2. import time
```

El programa importa dos módulos. El módulo random proveerá la función `random.randint()` como lo hizo en el juego "Adivina el Número". También precisarás funciones relacionadas con tiempo, que están incluidas en el módulo `time`, de modo que también importaremos este módulo.

Sentencias def

```
 4. def mostrarIntroducción():
 5.     print('Estás en una tierra llena de dragones. Frente a tí')
 6.     print('hay dos cuevas. En una de ellas, el dragón es generoso y')
 7.     print('amigable y compartirá su tesoro contigo. El otro dragón')
 8.     print('es codicioso y está hambriento, y te devorará inmediatamente.')
 9.     print()
```

La línea 4 es una sentencia def. La **sentencia def** crea, es decir, una nueva función que puede ser llamada más adelante en el programa. Luego de *haber definido* esta función, puedes llamarla de la misma forma en que llamas a otras funciones. Cuando *llamas* a esta función, el código dentro del bloque def se ejecuta.

La Figura 6-1 muestra las partes de una sentencia def. Comienza con la palabra reservada def seguida por un nombre de función con paréntesis y luego dos puntos. El bloque a continuación de la sentencia def se llama el bloque def.

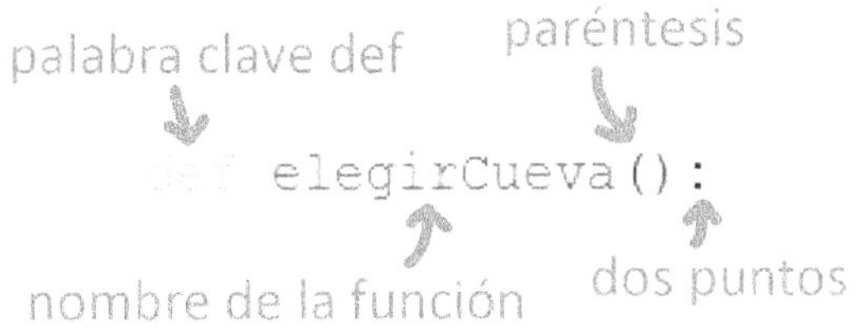

Figura 6-1: Las partes de una sentencia def.

Recuerda, la sentencia def no ejecuta el código. Sólo define qué código se ejecutará cuando llames a la función. Cuando la ejecución llega a una sentencia def, omite lo que sigue hasta la primera línea a continuación del bloque def.

Pero cuando la función mostrarIntroducción() es llamada (como en la línea 38), la ejecución entra a la función mostrarIntroducción() y se posiciona en la primera línea del bloque def.

```
38.     mostrarIntroducción()
```

Entonces todas las llamadas a print() se ejecutan, y se muestra la introducción "Estás en una tierra llena de dragones...".

Dónde Colocar las Definiciones de Funciones

La sentencia def y el bloque def de una función deben aparecer *antes* de llamar a la función. Esto es igual que cuando tienes que asignarle un valor a una variable antes de usar la variable. Si colocas la llamada a la función antes que la definición de la función, obtendrás un error. Por ejemplo, mira este código:

```
decirAdios()

def decirAdios():
    print('¡Adios!')
```

Si tratas de ejecutarlo, Python te dará un mensaje de error como este:

```
Traceback (most recent call last):
  File "C:\Python34\spam.py", line 1, in <module>
decirAdios()
NameError: name 'decirAdios' is not defined
```

Para arreglar esto, coloca la definición de la función antes de llamar a la función:

```
def sayGoodbye():
    print('Goodbye!')

sayGoodbye()
```

Definiendo la Función `elegirCueva()`

```
11. def elegirCueva():
```

La línea 11 define otra función llamada `elegirCueva()`. El código de esta función pregunta al jugador a qué cueva quiere entrar, 1 ó 2.

```
12.     cueva = ''
13.     while cueva != '1' and cueva != '2':
```

Esta función necesita asegurar que el jugador haya respondido 1 ó 2, y no otra cosa. Un bucle aquí seguirá preguntando al jugador hasta que escriba alguna de estas dos respuestas válidas. Esto se llama **validación de entrada**.

La línea 12 crea una nueva variable llamada cueva y guarda en ella una cadena vacía. Luego un bucle while comienza en la línea 13. La condición contiene un nuevo operador que no has visto

antes llamado and (y). Igual que los signos - o * son operadores matemáticos y los signos == o !=
son operadores de comparación, el operador and es un operador Booleano.

Operadores Booleanos

La lógica Booleana se ocupa de enunciados que son verdaderas (True) o falsos (False). Los
operadores Booleanos comparan dos valores Booleanos y se evalúan a un único valor Booleano.

Piensa en este enunciado, "Los gatos tienen bigotes y los perros tienen colas." "Los gatos tienen
bigotes" es verdadero y "los perros tienen colas" también es verdadero, luego el enunciado
completo "Los gatos tienen bigotes **y** los perros tienen colas" es verdadero.

Pero el enunciado "Los gatos tienen bigotes y los perros tienen alas" sería falso. Incluso si "los
gatos tienen bigotes" es verdadero, los perros no tienen alas, luego "los perros tienen alas" es
falso. En lógica Booleana, los enunciados sólo pueden ser completamente verdaderos o
completamente falsos. Debido a la conjunción "y", el enunciado completo es verdadero sólo **si
ambas partes** son verdaderas. Si una o ambas partes son falsas, entonces el enunciado completo
es falso.

Los operadores and y *or*

El operador and en Python es igual que la conjunción "y". Si los valores Booleanos a ambos
lados de la palabra reservada and son True, entonces la expresión se evalúa a True. Si alguno o
ambos valores Booleanos es False, la expresión se evalúa a False.

Prueba escribir las siguientes expresiones con el operador and en la consola interactiva:

```
>>> True and True
True
>>> True and False
False
>>> False and True
False
>>> False and False
False
>>> spam = 'Hola'
>>> 10 < 20 and spam == 'Hola'
True
```

El operador or es similar al operador and, excepto que se evaluará a True si *cualquiera de los dos*
valores Booleanos es True. La única vez en que el operador or se evalúa a False es si *los dos*
valores Booleanos son False.

Prueba escribir lo siguiente en la consola interactiva:

```
>>> True or True
True
>>> True or False
True
>>> False or True
True
>>> False or False
False
>>> 10 > 20 or 20 > 10
True
```

El Operador *not*

El operador not sólo actúa sobre un valor, en lugar de combinar dos valores. El operador not (no) se evalúa al valor Booleano opuesto. La expresión not True se evaluará a False y not False se evaluará a True.

Prueba escribir lo siguiente en la consola interactiva:

```
>>> not True
False
>>> not False
True
>>> not ('negro' == 'blanco')
True
```

Tablas de Verdad

Si alguna vez te olvidas cóno funcionan los operadores Booleanos, puedes mirar estas **tablas de verdad**:

Tabla 6-1: La tabla de verdad del operador and.

A	and	B	is	Enunciado completo
True	and	True	es	True
True	and	False	es	False
False	and	True	es	False
False	and	False	es	False

Tabla 6-2: La tabla de verdad del operador or.

A	or	B	es	Enunciado completo
True	or	True	es	True
True	or	False	es	True
False	or	True	es	True
False	or	False	es	False

Table 6-3: La tabla de verdad del operador not.

not A	es	Enunciado completo
not True	es	False
not False	es	True

Evaluando Operadores Booleanos

Miremos otra vez la línea 13:

```
13.        while cueva != '1' and cueva != '2':
```

La condición tiene dos partes conectadas por el operador Booleano and. La condición es True sólo si ambas partes son True.

La primera vez que se comprueba la condición de la sentencia while, cueva está definida como la cadena vacía, ''. La cadena vacía no es igual a la cadena '1', luego el lado izquierdo se evalúa a True. La cadena vacía tampoco es igual a la cadena '2', por lo que el lado derecho se evalúa a True.

Entonces la condición se transforma en True and True. Como ambos valores Booleanos son True, la condición finalmente se evalúa a True. Luego la ejecución del programa entra al bloque while.

Así es como se ve la evaluación de la condición (si el valor de cueva es la cadena vacía):

```
while cueva != '1' and cueva != '2':
                     ▼
while  ''  != '1'  and cueva != '2':
                     ▼
while      True     and cueva != '2':
                     ▼
while      True     and  ''  != '2':
                     ▼
```

```
while     True     and     True:
                    ▼
while             True:
```

Obteniendo la Entrada de Datos del Jugador

```
13.      while cueva != '1' and cueva != '2':
14.          print('¿A qué cueva quieres entrar? (1 ó 2)')
15.          cueva = input()
```

La línea 14 pregunta al jugador qué cueva quiere elegir. La línea 15 permite al jugador escribir la respuesta y pulsar INTRO. Esta respuesta es almacenada en cueva. Después de ejecutar este código, la ejecución vuelve a la parte superior de la sentencia while y vuelve a comprobar la condición.

Si el jugador ha ingresado 1 ó 2, entonces cueva será '1' or '2' (ya que input() siempre devuelve cadenas). Esto hace que la condición sea False, y la ejecución del programa continuará debajo del bucle while. Por ejemplo, si el usuario escribiese '1' la evaluación se vería así:

```
while cueva != '1' and cueva != '2':
                    ▼
while    '1' != '1' and cueva != '2':
                    ▼
while         False   and cueva != '2':
                    ▼
while         False   and   '1' != '2':
                    ▼
while         False   and       True:
                    ▼
while             False:
```

Pero si el jugador hubiese escrito 3 o 4 o HOLA, esa respuesta habría sido inválida. La condición seguiría siendo True y entrando al bloque while para preguntar de nuevo al jugador. El programa simplemente continúa preguntando hasta que el jugador responda 1 or 2. Esto garantiza que cuando la ejecución continúe avanzando la variable cueva contendrá una respuesta válida.

Retorno de Valores

```
17.      return cueva
```

Esta es una **sentencia return**, la cual sólo aparece dentro de bloques def. ¿Recuerdas como la función input() devuelve un valor de cadena que el jugador ha ingresado? La función `elegirCueva()` también devuelve un valor. La línea 17 devuelve la cadena almacenada en cueva, sea `'1'` o `'2'`.

Una vez ejecutada la sentencia `return`, la ejecución del programa sale inmediatamente del bloque `def`. (Esto es como cuando la sentencia `break` hace que la ejecución salga de un bloque `while`.) La ejecución del programa vuelve a la línea que contiene la llamada a la función. La llamada a la función será entonces evaluada al valor de retorno.

Ve ahora hacia abajo y observa la línea 40 por un momento:

```
40.        númeroDeCueva = elegirCueva()
```

Cuando `elegirCueva()` es llamada más adelante por el programa en la línea 40, el valor de retorno es almacenado en la variable `númeroDeCueva`. El bucle while garantiza que `elegirCueva()` devolverá sólo `'1'` o `'2'` como valor de retorno.

Entonces cuando la línea 17 devuelve una cadena, la llamada a la función en la línea 40 es evaluada a esa cadena, la cual se almacena en `númeroDeCueva`.

Entorno Global y Entorno Local

Las variables de tu programa son olvidadas en cuanto el programa termina. Lo mismo ocure con estas variables creadas mientras la ejecución está dentro de la llamada a una función. Las variables se crean cuando la función es llamada y se olvidan cuando la función devuelve un valor. Recuerda, las funciones son como mini-programas dentro de tu programa.

Cuando la ejecución está dentro de una función, no puedes modificar las variables fuera de la función, incluidas variables de otras funciones. Esto es porque esas variables existen en un "entorno" diferente. todas las variables existen en el entorno global o en el entorno local de la llamada a una función.

El entorno exterior a todas las funciones se llama **entorno global**. El entorno dentro de una función (por la duración de una llamada específica a la función) se llama **entorno local**.

El programa entero tiene un solo entorno global. Las variables definidas en el entorno global puede ser leídas fuera y dentro de las funciones, pero sólo pueden ser modificadas fuera de todas las funciones. Las variables creadas en la llamada a una función sólo pueden ser leídas o modificadas durante esa llamada a la función.

Puedes leer el valor de las variables globales desde el entorno local, pero intentar modificar una variable global desde el entorno local no funcionará. Lo que Python hace en ese caso es crear una variable local **con el mismo nombre** que la variable global. Sería posible, por ejemplo, tener una variable local llamada spam al mismo tienpo que existe una variable global llamada spam. Python las considerará dos variables distintas.

Mira el siguiente ejemplo para ver qué pasa cuando intentas modificar una variable global desde dentro de un entorno local. Los comentarios explican qué es lo que está ocurriendo:

```
def bacon():
    # Creamos una variable local llamada "spam"
    # en lugar de cambiar el valor de la
    # variable global "spam":
    spam = 99
    # El nombre "spam" se refiere ahora sólo a la
    # variable local por el resto de esta
    # función:
    print(spam)     # 99

spam = 42 # Una variable global llamada "spam":
print(spam) # 42
bacon() # Llama a la función bacon():
# La variable global no fue cambiada en bacon():
print(spam)     # 42
```

Al ser ejecutado, este código mostrará las siguientes salidas:

```
42
99
42
```

Dónde se crea una variables determina en qué entorno se encuentra. Cuando el programa Reino de Dragones ejecuta por primera vez la línea:

```
12.     cueva = ''
```

...la variable cueva se crea dentro de la función elegirCueva(). Esto significa que es creada en el entorno local de la función elegirCueva(). Será olvidada cuando elegirCueva() finalice, y será recreada si elegirCueva() es llamada por segunda vez. El valor de una variable local no es recordado entre una llamada a una función local y otra.

Parámetros

```
19. def explorarCueva(cuevaElegida):
```

La siguiente función que el programa define se llama `explorarCueva()`. Nota el texto `cuevaElegida` entre paréntesis. Esto es un **parámetro**: una variable local a la que se asigna el argumento pasado cuando esta función es llamada.

Recuerda cómo para algunas llamadas a funciones como `str()` o `randint()`, pasarías un argumento entre paréntesis:

```
>>> str(5)
'5'
>>> random.randint(1, 20)
14
```

También pasarás un argumento al llamar a `explorarCueva()`. Este argumento es almacenado en una nueva variable llamada `cuevaElegida`. Estas variables también se denominan parámetros.

Por ejemplo, aquí hay un pequeño programa que demuestra cómo se define una función con un parámetro:

```
def decirHola (nombre):
    print(Hola, ' + nombre + '. Tu nombre tiene ' + str(len(nombre)) +
'letras.')

sayHello('Alicia')
sayHello('Berto')
spam = 'Carolina'
sayHello(spam)
```

Si ejecutas este programa, verás algo así:

```
Hola, Alicia. Tu nombre tiene 6 letras.
Hola, Berto. Tu nombre tiene 5 letras.
Hola, Carolina. Tu nombre tiene 8 letras.
```

Cuando llamas a `decirHola()`, el argumento se asigna al parámetro `nombre`. Los parámetros son simplemente variables locales ordinarias. Como todas las variables locales, los valores en los parámetros serán olvidados cuando la llamada a la función retorne.

Mostrando los Resultados del Juego

Volviendo al código fuente del juego:

```
20.     print('Te aproximas a la cueva...')
21.     time.sleep(2)
```

El módulo time tiene una función llamada `sleep()` que pone al programa en pausa. La línea 21 pasa el valor entero 2 de modo que `time.sleep()` pondrá al programa en pausa por 2 segundos.

```
22.      print('Es oscura y espeluznante...')
23.      time.sleep(2)
```

Aquí el código imprime algo más de texto y espera por otros 2 segundos. Estas pequeñas pausas agregan suspenso al juego, en lugar de mostrar todo el texto a la vez. En el programa Chistes del capítulo anterior, has llamado a la función `input()` para poner el juego en pausa hasta que el jugador pulsara la tecla INTRO. Aquí, el jugador no tiene que hacer nada excepto esperar un par de segundos.

```
24.      print('¡Un gran dragon aparece súbitamente frente a tí! Abre sus fauces
y...')
25.      print()
26.      time.sleep(2)
```

¿Qué ocurre a continuación? ¿Y cómo decide el programa? Esto se explica en la siguiente sección.

Decidiendo Qué Cueva tiene el Dragón Amigable

```
28.      cuevaAmigable = random.randint(1, 2)
```

La línea 28 llama a la función `random.randint()` que devolverá 1 ó 2. Este valor entero se almacena en `cuevaAmigable` y representa la cueva con el dragón amigable.

```
30.      if cuevaElegida == str(cuevaAmigable):
31.          print('¡Te regala su tesoro!')
```

La línea 30 comprueba si la cueva elegida por el jugador en la variable `cuevaElegida` (`'1'` or `'2'`) es igual a la cueva del dragón amistoso.

Pero el valor en `cuevaAmigable` es un entero porque `random.randint()` devuelve enteros. No puedes comparar cadenas y enteros con el signo ==, porque **siempre** resultarán distintas. `'1'` no es igual a 1 y `'2'` no es igual a 2.

Entonces se pasa `cuevaAmigable` a la función `str()`, la cual devuelve el valor de cadena de `cuevaAmigable`. De esta manera los valores serán el mismo tipo de datos y pueden ser comparados en forma relevante. También podríamos haber usado el siguiente código para convertir `cuevaElegida` a un valor entero:

```
    if int(cuevaElegida) == cuevaAmigable:
```

Si la condición es `True`, la línea 31 comunica al jugador que ha ganado el tesoro.

```
32.     else:
33.         print('¡Te engulle de un bocado!')
```

La línea 32 es una sentencia **else** (si no). La palabra reservada else siempre viene a continuación del bloque `if`. El bloque else se ejecuta si la condición de la sentencia if fue `False`. Piensa en esto como la forma del programa de decir, "Si esta condición es verdadera entonces ejecuta el bloque `if`, en caso contrario ejecuta el bloque `else`."

Recuerda colocar los dos puntos (el signo :) luego de la palabra reservada `else`.

Donde Comienza la Parte Principal

```
35. jugarDeNuevo = 'sí'
36. while jugarDeNuevo == 'sí' or jugarDeNuevo == 's':
```

La línea 35 es la primera línea que no es una sentencia def ni pertenece a un bloque def. Esta línea es donde la parte principal del programa comienza. Las sentencias def anteriores sólo definen las funciones, pero sin ejecutarlas.

Las líneas 35 y 36 configuran un bucle que contiene al resto del juego. Al final del juego, el jugador puede escribir si desea jugar de nuevo. Si es así, la ejecución vuelve a entrar al bucle `while` para ejecutar todo el juego otra vez. En caso contrario, la condición de la sentencia `while` será `False` y la ejecución continuará hasta el final del programa y terminará.

La primera vez que la ejecución llega a esta sentencia `while`, la línea 35 ha acabado de asignar `'sí'` a la variable `jugarDeNuevo`. Esto significa que la condición será `True`. De esta forma se garantiza que la ejecución entrará al bucle al menos una vez.

Llamando a las Funciones en el Programa

```
38.     mostrarIntroducción()
```

La línea 38 llama a la función `mostrarIntroducción()`. Esta no es una función de Python, es la función que has definido anteriormente en la línea 4. Cuando se llama a esta función, la ejecución del programa salta a la primera línea en la función `mostrarIntroducción()` en la línea 5. Cuando todas las líneas en la función han sido ejecutadas, la ejecución vuelve a la línea 38 y continúa bajando.

```
40.      númeroDeCueva = elegirCueva()
```

La línea 40 también llama a una función que tú has definido. Recuerda que la función `elegirCueva()` permite al jugador elegir la cueva a la que desea entrar. Cuando se ejecuta `return cueva` en la línea 17, la ejecución del programa vuelve a la línea 40, y la llamada a `elegirCueva()` se evalúa al valor de retorno. Este valor de retorno es almacenado en una nueva variable llamada `númeroDeCueva`. Entonces la ejecución del programa continúa en la línea 42.

```
42.      explorarCueva(númeroDeCueva)
```

La línea 42 llama a tu función `explorarCueva()`, pasándole el valor en `númeroDeCueva` como argument. No sólo la ejecución salta a la línea 20, sino que el valor en `númeroDeCueva` se copia al parámetro `cuevaElegida` dentro de la función `explorarCueva()`. Esta es la función que mostrará `'¡Te regala su tesoro!'` o `'¡Te engulle de un bocado!'` dependiendo de la cueva que el jugador elija.

Preguntando al Jugador si quiere Jugar de Nuevo

```
44.      print('¿Quieres jugar de nuevo? (sí o no)')
45.      jugarDeNuevo = input()
```

Sin importar si el jugador gana o pierde, se le pregunta si quiere jugar de nuevo. La variable `jugarDeNuevo` almacena lo que haya ingresado el jugador. La línea 45 es la última línea del bloque `while`, de modo que el programa vuelve a la línea 36 para comprobar la condición del bucle `while`: `jugarDeNuevo == 'sí' or jugarDeNuevo == 's'`

Si el jugador ingresa la cadena `'sí'` o `'s'`, la ejecución entrará nuevamente al bucle en la línea 38.

Si el jugador ingresa `'no'` o `'n'`, o una tontería como `'Abraham Lincoln'`, entonces la condición será `False`. La ejecución del programa continúa a la línea a continuación del bloque `while`. Pero dado que no hay más líneas después del bloque `while`, el programa termina.

Una cosa a tener en cuenta: la cadena `'Sí'` no es igual a la cadena `'sí'`. Si el jugador ingresa la cadena `'Sí'`, entonces la condición de la sentencia `while` se evaluará a `False` y el programa terminará igualmente. Otros programas más adelante en este libro te mostrarán cómo evitar este problema.

¡Acabas de completar tu segundo juego! En Reino de Dragones, has usado mucho de cuanto aprendiste en el juego "Adivina el Número" y has aprendido unos cuantos trucos nuevos. Si no entendiste algunos de los conceptos en este programa, recorre cada línea del código fuente otra vez e intenta modificar el código fuente viendo cómo cambia el programa.

En el siguiente capítulo no crearás un juego, pero aprenderás cómo usar una funcionalidad de IDLE llamada depurador.

Diseñando el Programa

Reino de Dragones es un juego simple. El resto de los juegos en este libro serán un poco más complicados. A veces ayuda escribir en papel todo lo que quieres que tu juego o programa haga antes de comenzar a escribir el código. Esto se llama "diseñar el programa".

Por ejemplo, puede ayudar dibujar un diagrama de flujo. Un **diagrama de flujo** es una ilustración que muestra cada posible acción que puede ocurrir en el juego, y qué acciones llevan a qué otras acciones. La Figura 6-2 es un diagrama de flujo para Reino de Dragones.

Para ver qué pasa en el juego, coloca tu dedo sobre el recuadro "Inicio". Luego sigue una flecha desde ese recuadro hasta otro recuadro. Tu dedo es como la ejecución del programa. El programa termina cuando tu dedo llega al recuadro "Fin".

Cuando llegas al recuadro "Comprobar dragón amistoso o hambriento", puedes ir al recuadro "Jugador gana" o al recuadro "Jugador pierde". Esta bifurcación muestra cómo el programa puede hacer diferentes cosas. De cualquier forma, ambos caminos conducirán al recuadro "Ofrece jugar de nuevo".

Resumen

En el juego "Reino de Dragones", has creado tus propias funciones. Las funciones son un mini-programa dentro de tu programa. El código dentro de la función se ejecuta cuando la función es llamada. Al descomponer tu código en funciones, puedes organizar tu código en secciones más pequeñas y fáciles de entender.

Los argumentos son valores pasados al código de la función cuando la función es llamada. La propia llamada a la función se evalúa al valor de retorno.

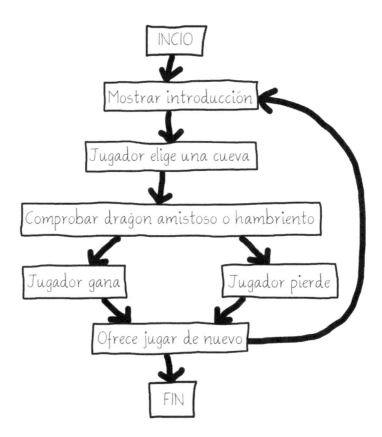

Figura 6-2: Diagrama de flujo para el juego Reino de Dragones.

También has aprendido acerca de entornos de variables. Las variables creadas dentro de una función existen en el entorno local, y las variables creadas fuera de todas las funciones existen en el entorno global. El código en el entorno global no puede usar las variables locales. Si una variable local tiene el mismo nombre que una variable en el entorno global, Python la considera una variables separada y asignar nuevos valores a la variable local no cambiará el valor de la variable global.

Los entornos de variables pueden parecer complicados, pero son útiles para organizar funciones como fragmentos de código separados del resto del programa. Dado que cada función tiene su propio entorno local, puedes estar seguro de que el código en una función no ocasionará errores en otras funciones.

Las funciones son tan útiles que casi todos los programas las usan. Entendiendo cómo funcionan las funciones, podemos ahorrarnos escribir muchas líneas de código y hacer que los errores sean más fáciles de arreglar.

Capítulo 7

Usando el Depurador

Los tópicos cubiertos en este capítulo:
- 3 tipos diferentes de errores
- Depurador de IDLE
- Entrar en, sobre, salir
- Ir y salir
- Puntos de quiebre

Bugs!

"En dos ocaciones me han preguntado 'Reza, Sr. Babbage ¿si pones en la máquina las figuras incorrectas, saldrán las respuestas correctas?' No consigo comprender correctamente el grado de confusión de ideas que puedan provocar dicha pregunta."

-Charles Babbage, originador del concepto de una computadora programable, siglo 19.

Si ingresas el código erróneo, la computadora no dará el programa correcto. Un programa de computadora siempre hará lo que tu le digas, pero lo que tu le digas al programa que haga puede que no sea lo que tu quieres que haga. Estos errores son bugs de un programa de computadora. Los bugs ocurren cuando el programador no pensó cuidadosamente lo que el programa hace. Hay tres tipos de bugs que pueden ocurrir en tu programa:

- **Errores de Sintaxis**, estos provienen de errores de tipografía. Cuando el intérprete de Python vé un error de sintaxis, es porque tu código no se encuentra escrito correctamente en lenguaje Python. Un programa en Python aún con tan sólo un error de sintaxis no correrá.
- **Errores de Ejecución**, estos ocurren mientras el programa está corriendo. El programa funcionará hasta que alcanza la línea de código con el error y luego el programa terminará con un mensaje de error (eso se le llama **colapsar**, del ingés "crashing"). El intérprete mostrará un "traceback" (rastreo) y mostrará la línea donde ocurre el problema.
- **Errores de Semántica** son los más difíciles de solucionar. Estos errores no 'crashean' un programa, pero este no hará lo que el programador espera. Por ejemplo, si el programador desea la variable `total` sea la suma de los valores en las variables a, b y c pero escribe `total = a * b * c`, entonces el valor en total será erróneo. Esto podría colapsar el

programa más adelante, pero no es inmediatamente obvio donde el error de semántica ocurre.

Hallar los bugs en un programa puede ser árduo ¡si es que siquiera los notas! Cuando corres tu programa, puedes descubrir que a veces ciertas funciones no son llamadas cuando deberían serlo, o tal vez son llamadas demasiadas veces. Puedes condicionar un ciclo while incorrectamente, ocacionando un número de ciclos incorrecto. (Un ciclo que nunca termina en tu programa es llamado **ciclo infinito**. Para parar este pgorama, puedes presionar **Ctrl-C** en la consola interactiva.) Cualquiera de estos pueden ocurrir accidentalmente en tu código si no eres cuidadoso.

De hecho, desde la consola interactiva, vé y crea un ciclo infinito al escribir el siguiente código (debes apretar INTRO dos veces para indicarle a la consola que has terminado de tipear el código del ciclo):

```
>>> while True:
...     print('¡¡¡Presiona Ctrl-C para parar este ciclo infinito!!!')
...
```

Ahora presione y mantenga la tecla Ctrl y presiona la tecla C para parar el programa. La consola interactiva se verá así:

```
¡¡¡Presiona Ctrl-C para parar este ciclo infinito!!!
¡¡¡Presiona Ctrl-C para parar este ciclo infinito!!!
¡¡¡Presiona Ctrl-C para parar este ciclo infinito!!!
¡¡¡Presiona Ctrl-C para parar este ciclo infinito!!!
¡¡¡Presiona Ctrl-C para parar este ciclo infinito!!!
Traceback (most recent call last):
  File "<pyshell#1>", line 1, in <module>
    while True: print('¡¡¡Presiona Ctrl-C para parar este ciclo infinito!!!')
KeyboardInterrupt
```

El Depurador

Puede ser difícil darse cuenta cómo el código está causando un bug. Las líneas de código se ejecutan rápidamente y los valores en las variables cambian frecuentemente. Un **depurador** es un programa que te permite correr tu programa una línea de código a la vez en el mismo orden que Python. En depurador támbien muestra en cada paso cuales son los valores almacenados en las variables.

Iniciando el Depurador

Luego de abrir el archivo *dragón.py*, presona **Debug ▶ Debugger** para hacer aparecer el Debug Control (Control de Depuración) (Figura 7-1).

Figura 7-1: Ventana de Control de Depuración.

Figura 7-2: Coriendo Reino de Dragones bajo el depurador.

Ahora cuando corras el juego Reino de Dragones presionando F5, el depurador IDLE se activará. Esto es conocido como correr un programa "bajo un depurador". En la Ventana de Debug Control (Control de Depuración), selecciona los campos **Source** y **Globals**.

Cuando corres programas en Python con el depurador activado, el programa se frenará antes de ejecutar la primer línea de código. Si presionas sobre la barra del título del editor del archivo (y has seleccionado el campo **Source** en la ventana del Control de Depuración), la primera línea de codigo estará resaltada en gris. La ventana del Control de Depuración muestra que la ejecución se encuentra en la línea 1, la cual es `import random`.

Paso a Paso

El depurador te permite ejecutar una línea de código a la vez, llamado **paso a paso** (stepping en inglés). Para ejecutar una sola instrucción, presiona el botón **Step** en la ventana del Depurador. Vé y hazlo ahora. Python ejecutará la instrucción import random, y luego parará antes de ejecutar la próxima instrucción. La ventana de control ahora mostrará que la ejecucción ahora se encuentra en la línea 2, en import time. Presiona el botón **Quit** (Salir) para terminar el programa por ahora.

Aquí hay un resumen de lo que pasa cuando presionas el botón Step mientras corres el juego Reino de Dragones bajo el depurador. Presiona F5 para correr Reino de Dragones otra vez, luego sigue estas instrucciones:

1. Presiona el botón **Step** dos veces para ejecutar las dos líneas de `import`.
2. Presiona el botón **Step** otras tres veces para ejecutar las tres declaraciones `def`.
3. Presiona el botón **Step** otra vez para definir la variable `jugarDeNuevo`.
4. Presiona **Go** para correr el resto del programa, o presiona **Quit** para terminar el mismo.

La ventana del Control de Depuración mostrará que linea *está por ser* ejecutada cuando presiones Step. El depurador salteó la línea 3 debido a que es una línea en blanco. Notar que sólo se puede avanzar con el depurador, no puedes retroceder.

Área Globales

El área de Globales en la ventana de control del depurador es donde se guardan todas las variables globales. Recuerda, las variables globales son aquellas creadas fuera de cualquier función (es decir, de alcalce global).

Debido a que las tres sentencias def ejecutan y definen funciones, aparecerán en el area de globales.

EÍ texto junto a los nombres de las funciones se verá como "<function explorarCueva at 0x012859B0>". Los nombres de módulos también tienen texto de aspecto confuso junto a ellos, tales como "<module 'random' from 'C:\\Python31\\lib\\random.pyc'>". Esta información detallada es útil para los programadores avanzados, pero no necesitas saber que significa para depurar tus programas. Tan sólo con ver que las funciones y los módulos se encuentran en el área de globales te dirá que la función fue definida o el módulo importado.

También puedes ingorar las líneas __builtins__, __doc__, and __name__. (Son variables que aparecen en todo programa en Python.)

Cuando la variable jugarDeNuevo es creada, aparecerá en la sección Global. A su lado aparecerá el valor alojado en ella, la cadena 'si'. El depurador te permite ver los valores de todas las variables en el programa mientras el mismo corre. Esto es útil para solucionar bugs en tu programa.

Área Locales

Existe también un área Local, la cuál muestra el ámbito local de las variables y sus valores. El área local sólo tendrá variables cuando la ejecución del programa se encuentre dentro de una función. Cuando la ejecución se encuentre en el ámbito global, esta área estará en blanco.

Los botones Ir y Quitar (Go y Quit)

Si te cansas de presionar el botón **Step** repetitivamente y solo quieres correr el programa normalmente, presiona el botón **Go** en la parte superior de la ventana de Control del Depurador. Esto le dirá al programa que corra normalmente en vez de paso a paso.

Para terminar el programa completamente, sólo presiona el botón **Quit** en la parte superior de la ventana de control. El programa terminará inmediatamente. Esto es útil si necesitas empezar a depurar de nuevo desde el comienzo del programa.

Entrar en, por encima, y salir

Ejecuta el programa Reino de Dragones con el depurador. Ejecuta el programa paso a paso hasta que el depurador se encuentre en la línea 38. Como se muestra en la Figura 7-3, esta es la línea de la función mostrarIntroduccion(). El modo de paso a paso que has estado realizando se llama **Entrar En** (Stepping Into en ingles), porque el depurador entrará en la función cuando la misma es llamada. Esto es diferente a "Por Encima" (step over), que se explicará luego.

Figura 7-3: Continua el paso a paso hasta la línea 38.

Cuando la ejecución se pause en la línea 5, presionando **Step** ("Paso" en inglés) una vez más se ingresará en la función `print()`. La función `print()` es una de las funciones incorporadas de Python, así que no es muy útil ingresar en ella con el depurador. Las funciones propias de Python como `print()`, `input()`, `str()`, o `random.randint()` ya fueron revisadas por errores. Puedes asumir que no son las partes causantes de bugs en tu programa.

Así que no quieres perder tiempo ingresando en el interior de la función `print()`. Entonces en vez de presionar **Step** para ingresar en el código de la función `print()`, presiona **Over**. Esto pasará por encima el código dentro de la función `print()`. El código dentro de `print()` será ejecutado a velocidad normal, y luego el depurador se pausará una vez que la ejecución vuelva de `print()`.

Pasar por encima es una manera conveniente de evitar pasar por código dentro de una función. El depurador ahora estará pausado en la línea 40, la línea con `númeroDeCueva = elegirCueva()`.

Presiona **Step** una vez mas para ingresar en la función `elegurCueva()`. Continua el paso a paso hasta la línea 15, la llamada a `input()`. El programa esperará hasta que ingreses una respuesta en la shell interactiva, tal como lo haría corriendo el programa normalmente. Si intentas presionando Step, nada pasará porque el programa esperará una respuesta del teclado.

Vé a la consola interactiva y tipea cuál cueva deseas explorar. El cursor parpadeante debe estar en la línea inferior en la consola interactva antes de que puedas tipear. Caso contrario el texto que ingreses no aparecerá.

Una vez que presiones INTRO, el depurador continuará el paso sobre las líneas. Presiona el botón **Out** en la ventana de control. A esto se le llama **Salir** (Stepping Out) porque hará que el depurador corra cuantas líneas sean necesarias hata salir de la función en la que se ecuentra. Luego de que sale, la ejecución debe estar en la línea siguiente a la línea que llamó la función.

Por ejemplo, al presionar **Out** dentro de la función mostrarIntroducción() en la línea 6, se correrá hasta que la función retorne a la línea posterior a la llamada a mostrarIntroducción().

Si no te encuentras dentro de una función, presionar **Out** hará que el depurador ejecute todas las líneas restantes del programa. Este es el mismo comportamiento a presionar el botón **Go**.

Aquí un resumen de lo que cada botón hace:

- **Go** - Ejecuta el resto del código normalmente, o hasta que alcanza un punto de quiebre (break, que será descripto luego).
- **Step** - Ejecuta una línea de código. Si la línea es una llamada a una función, el depurador ingresará dentro de la función.
- **Over** - Ejecuta una línea de código. Si la línea es una llamada a una función, el depurador no ingresará dentro de la función.
- **Out** - Ejecuta líneas de código hasta que el depurador salga de la función en la que estaba cuando se presionó **Out**. Esto sale de la función.
- **Quit** - Termina el programa inmediatamente.

Encuentra el Bug

El depurador puede ayudarte a encontrar la causa de bugs en tu programa. Por ejemplo, aquí hay un pequeño programa con un bug. El programa brinda un problema de suma aleatoria para que el usuario resuelva. En la consola interactiva, presiona en File, luego en New Window para abrir un nuevo editor de archivos. Tipea este programa en dicha ventana, y guarda el programa como *bugs.py*.

```
bugs.py
1 import random
2 numero1 = random.randint(1, 10)
3 numero2 = random.randint(1, 10)
4 print('¿Cuánto es ' + str(numero1) + ' + ' + str(numero2) + '?')
5 respuesta = input()
6 if respuesta == numero1 + numero2:
```

```
7.        print('¡Correcto!')
8. else:
9.        print('¡Nops! La respuesta es ' + str(numero1 + numero2))
```

Tipea el programa exáctamente como se muestra, incluso si ya sabes cuál es el bug. Luego intenta corer el programa presionando F5. Este es una simple pregunta aritmetica que te pide sumar dos números aleatorios. Aquí es lo que es posible que veas al correr el programa:

```
¿Cuánto es 5 + 1?
6
¡Nops! La respuesta es 6
```

¡Eso es un bug! El programa no colisiona pero no está trabajando correctamente. El programa dice que el usuario está equivocado incluso si ingresa la respuesta correcta.

Correr el programa en un depurador ayudará a encontrar la causa del bog. En la parte superior de la consola interactiva, presiona **Debug ▶ Debugger** para mostrar el control del depurador. En ella, selecciona las cuatro casillas (Stack, Source, Locals, y Globals). Esto hará que la ventana de control provea la mayor cantidad de información. Luego presiona F5 en la ventana del editor para correr el programa. Esta vez correra bajo el depurador.

```
1. import random
```

El depurador comenzará en la línea import random. Nada especial sucede aquí, así que presiona **Step** para ejecutarlo. Verás que el módulo random es agregado al área de globales (Globals).

```
2. numero1 = random.randint(1, 10)
```

Presiona **Step** otra vez para ejecutar la línea 2. Una nueva ventana de edición aparecera con el archivo *random.py* . Has ingresado dentro de la función randint() dentro del módulo random. Las funciones incorporadas en Python no serán fuente de tus errores, así que puedes presionar Out para salir de la función randint() y volver a tu programa. Luego cierra la ventana de *random.py*.

```
3. numero2 = random.randint(1, 10)
```

La próxima vez, puedes presionar **Over** para saltar la función randint() en vez de ingresar en ella. La línea 3 también es una llamada a randint(). Evita ingresar en su código presionando **Over**.

```
4. print('¿Cuánto es ' + str(numero1) + ' + ' + str(numero2) + '?')
```

La línea 4 es una llamada a `print()` para mostrarle al jugador los números aleatorios. ¡Tu sabes que números el programa mostrará incluso antes de que los imprima! Tan sólo mira el área de globales en la ventana de contro. Puedes ver las variables `numero1` y `numero2`, y a su lado los valores enteros guardados en ellas.

La variable `numero1` posee el valor 4 y la variable `numero2` el valor 8. Cuando presiones **Step**, el programa mostrará la cadena en la llamada `print()` con estosvalores. La función `str()` concatenará las versiones cadena de estos enteros. Cuando corrí el depurador, se vió como la Figura 7-4. (Tus valores aleatorios probablemente sean diferentes.)

Figura 7-4: numero1 establecido en 4 y numero2 en 8.

```
5.  respuesta = input()
```

Presionando **Step** desde la línea 5 ejecutará `input()`. El depurador esperará hasta que el jugador ingrese una respuesta al programa. Ingresa la respuesta correcta (en mi caso, 19) en la consola interactiva. El depurador continuará y se moverá a la línea 6.

```
6.  if respuesta == numero1 + numero2:
7.      print('¡Correcto!')
```

La línea 6 es un condicional `if`. La condición es que el valor en la `respuesta` debe coincidir con la suma de `numero1` y `numero2`. Si la condicion es `True`, el depurador se moverá a la línea 7. Si es

`False`, el depurador se moverá a la línea 9. Presiona **Step** una vez mas para descubrir adonde se moverá.

```
8.  else:
9.      print('¡Nops! La respuesta es ' + str(numero1 + numero2))
```

¡El depurador ahora se encuentra en la línea 9! ¿Que sucedió? La condición en el if debe haber sido `False`. Mira los valores en `numero1`, `numero2`, y `respuesta`. Nota que `numero1` y `numero2` son enteros, así que su suma también debe ser un entero. Pero respuesta es una cadena.

Esto significa que `respuesta == numero1 + numero2` debio ser evaluado como `'12' == 12`. Una valor cadena y un valor entero siempre serán no iguales, así que la condición se evalua como `False`.

Este es el bug en el programa. El bug está en que usamos una respuesta cuando debimos usar `int(respuesta)`. Cambia la línea 6 para usar `int(respuesta) == numero1 + numero2` en vez de `respuesta == numero1 + numero2`, y corre el programa.

```
¿Cuanto es 2 + 3?
5
¡Correcto!
```

Esta vez, el programa funcionó correctamente. Córrelo una vez más e ingresa una respuesta errónea a propósito. Esto comprobará el programa completamente. ¡Ahora habrás depurado este programa! Recuerda, la computadora correrá tus programas exactamente como los tipeaste, incluso si lo que tipeaste no es lo que querias.

Puntos de Quiebre

Ejecutar el código una línea a la vez puede ser demasiado lento. Con frecuencia quieres correr el programa normalmente hasta que alcance cierta línea. Un **punto quiebre** se establece en una línea donde quieres que el depurador tome el control una vez que la ejecución alcanzó dicha línea. Si crees que hay un programa en tu código, digamos, en la línea 17, tan sólo estableces un punto de quiebre en esa línea (o tal vez unas líneas atrás).

Cuando la ejecución alcance esa línea, el depurador "romperá hacia el depurador". Luego podrás correr las líneas una a la vez para ver que sucede. Presionar **Go** ejecutará el programa normalmente hasta que alcance otro punto quiebre o el final del programa.

Para establecer un punto quiebre, en el editor de texto haz click derecho sobre una línea y selecciona **Set Breakpoint** en el menú. Ahora el editor resaltará la línea en amarillo. Puedes establecer tantos puntos quiebre como desees. Para remover uno, clickea en la línea y selecciona **Clear Breakpoint** en el menú que aparece.

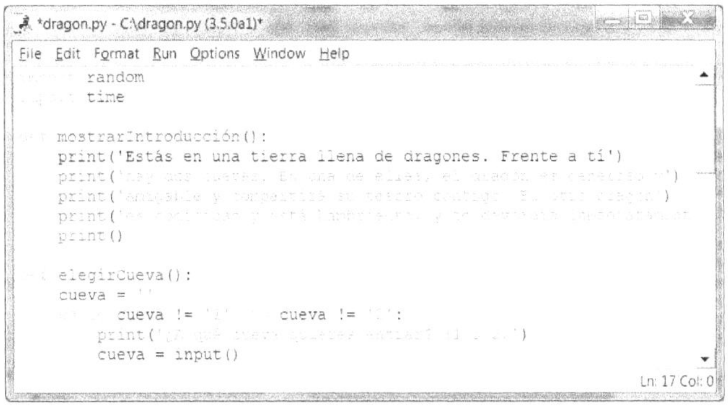

Figura 7-5: El editor con dos puntos quiebre establecidos.

Ejemplos de Puntos Quiebre

Aquí una programa que simula lanzamientos de moneda llamando un `random.randint(0,1)`. La función al retornar 1 será "cara" y 0 será "cruz". La variable `lanzamientos` registrará cuantos lanzamientos se efectuaron. La variable cara registrará cuantos han salido cara.

El programa hará "lanzamientos de moneda" mil veces. Esto le tomaría a una persona más de una hora. ¡Pero la computadora puede hacerlo en un segundo! Escribe el siguiente código en el editor y guardalo como *lanzarMoneda.py*. También puedes descargar este código desde http://invpy.com/es/lanzarMoneda.py.

Si obtienes errores luego de escribir este código, compáralo con el código del libro con la herramienta online diff en http://invpy.com/es/diff/lanzarMoneda.

```
lanzarMoneda.py
1. import random
2. print('Lanzaré una moneda 1000 veces. Adivina cuantas veces caerá Cara. (Presiona enter para comenzar)')
3. input()
4. lanzamientos = 0
5. caras = 0
6. while lanzamientos < 1000:
7.     if random.randint(0, 1) == 1:
8.         caras = caras + 1
9.     lanzamientos = lanzamientos + 1
10.
11.     if lanzamientos == 900:
12.         print('900 lanzamientos y hubo ' + str(caras) + ' caras.')
```

```
13.      if lanzamientos == 100:
14.          print('En 100 lanzamientos, cara salió ' + str(caras) + ' veces.')
15.      if lanzamientos == 500:
16.          print('La mitad de los lanzamientos y cara salió ' + str(caras) + '
veces.')
17.
18.  print()
19.  print('De 1000 lanzamientos, al final cara salió ' + str(caras) + '
veces!')
20.  print('¿Estuviste cerca?')
```

El programa corre bastante rápido. Toma más tiempo esperar a que el usuario presione INTRO que realizar los lanzamientos. Digamos que deseamos ver los lanzamientos de moneda uno a uno. En la consola interactiva, presiona **Debug ▶ Debugger** para abrir la ventana de control del depurador. Luego presiona F5 para correr el programa.

El programa comienza dentro del depurador en la línea 1. Presiona **Step** tres veces en la ventana de control para ejecutar las primeras tres líneas (estas son, líneas 1, 2 y 3). Notaras que los botones se deshabilitaran porque la función input() fue llamada y la consola interactiva está esperando al usuario. Clickea en la ventana de la consola y presiona INTRO. (Asegúrate de presionar debajo del texto en la consola interactiva, de lo contrario puede que IDLE no reciba tu tecla.)

Puedes presionar **Step** un par de veces mas, pero te encontrarás que tardará un tiempo atravesar todo el programa. En vez, establece un punto de quiebre en las líneas 12, 14 y 16. El editor resaltará estas tres líneas como se muestra en la Figura 7-6.

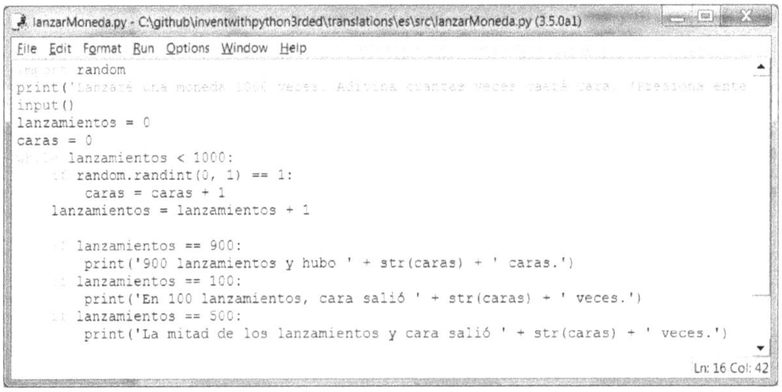

Figura 7-6: Tres puntos quiebre establecidos.

Luego de establecer los puntos quiebre, presiona **Go** en la ventana de control. El programa correrá a velocidad normal hasta toparse con el siguiente punto quiebre. Cuando lanzamientos se encuentra en 100, el condicional del if en la línea 13 es True. Esto causa que la línea 14 (donde tenemos un break point) se ejecute, lo que le dice al depurador que frene el programa y tome el control. Mira la ventana de control del depurador en la sección de Globales para ver cuál es el valor de `lanzamientos` y `caras`.

Presiona nuevamente **Go** y el programa continuará hasta el siguiente punto quiebre en la línea 16. Otra vez, mira cómo los valores en `lanzamientos` y `caras` han cambiado.

Si presionas **Go** otra vez, la ejecución continuará hasta el último punto quiebre en la línea 12.

Resumen

Escribir un programa es sólo la primer parte de programar. La siguiente parte es cerciorarse que lo escrito realmente funciona. Los depuradores te permiten atravesar el código una línea a la vez. Puedes examinar qué lineas se ejecutan en qué orden, y qué valores contienen las variables. Cuando esto es demasiado lento, puedes establecer puntos de quiebre para frenar el depurador sólo en las línas que deseas.

Utilizar el depurador es una gran forma de entender exactamente lo que el programa está haciendo. Mientras que este libro explica todo el código dentro del mismo, el depurador puede ayudarte a encontrar más por tu cuenta.

Capítulo 8
DIAGRAMAS DE FLUJO

> Temas Tratados En Este Capítulo:
> - Cómo jugar al Ahorcado
> - Arte ASCII
> - Diseño de un Programa mediante Diagramas de Flujo.

En este capítulo, diseñarás el juego del Ahorcado. Este juego es más complicado que nuestro juego anterior, pero también más divertido. Como este juego es avanzado, deberías planearlo cuidadosamente antes creando un diagrama de flujo (explicado más adelante). En el siguiente capítulo, escribiremos el código para el Ahorcado.

Cómo jugar al Ahorcado

El Ahorcado es un juego para dos personas, usualmente jugado con lápiz y papel. Un jugador piensa en una palabra y dibuja un espacio en la página por cada letra de la palabra. Entonces el segundo jugador intenta adivinar letras de la palabra.

Si adivina correctamente, el primer jugador escribe la letra en el espacio correspondiente. Si la letra no está en la palabra, el primer jugador dibuja una parte del cuerpo del ahorcado. Si el segundo jugador consigue adivinar todas las letras de la palabra antes de que el dibujo del ahorcado esté completo, gana. ¡Pero si no consigue adivinar la palabra a tiempo el segundo jugador pierde!

Prueba de ejecución del Ahorcado

Aquí hay un ejemplo de lo que el jugador podría ver al ejecutar el programa Ahorcado que escribiremos en el próximo capítulo. El texto que el jugador ingresa se muestra en negrita.

```
A H O R C A D O
  +---+
  |   |
  |
  |
  |
  |
=========
Letras incorrectas:
```

```
 _ _ _ _
Adivina una letra.
o

   +---+
   |   |
       |
       |
       |
       |
=========
Letras incorrectas:
_ o _ o
Adivina una letra.
l

   +---+
   |   |
   O   |
       |
       |
       |
=========
Letras incorrectas: l
_ o _ o
Adivina una letra.
r

   +---+
   |   |
   O   |
   |   |
       |
       |
=========
Letras incorrectas: lr
_ o _ o
Adivina una letra.
n

   +---+
   |   |
   O   |
   |   |
       |
       |
=========
Letras incorrectas: lr
_ o n o
Adivina una letra.
o
```

```
Ya has probado esa letra. Elige otra.
Adivina una letra.
m
¡Sí! ¡La palabra secreta es "mono"! ¡Has ganado!
¿Quieres jugar de nuevo? (sí o no)
no
```

Arte ASCII

Los gráficos para el Ahorcado son caracteres del teclado impresos en la pantalla. Este tipo de gráficos se llama **arte ASCII** (se pronuncia "asqui"), y fue una especie de precursor a emojii. Aquí hay un gato dibujado con arte ASCII:

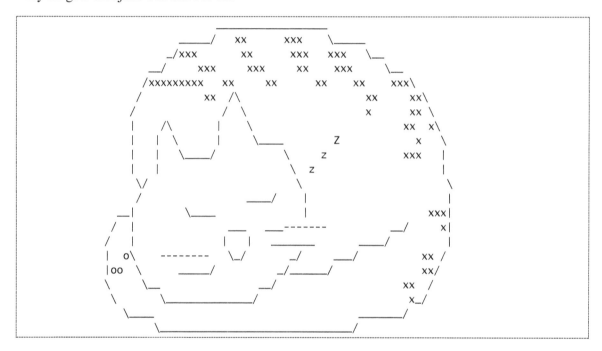

Diseño de un Programa mediante Diagramas de Flujo

Este juego es un poco más complicado que los que hemos visto hasta ahora, de modo que tómate un momento para pensar cómo está implementado. Primero necesitarás crear un diagrama de flujo (como el que hay al final del capítulo Reino de Dragones) para ayudar a visualizar lo que este programa hará. Este capítulo explicará lo que son los diagramas de flujo y por qué son útiles. El siguiente capítulo explicará el código fuente para el juego del Ahorcado.

Un **diagrama de flujo** es un diagrama que muestra una serie de pasos como recuadros conectados por flechas. Cada recuadro representa un paso, y las flechas muestran qué pasos llevan a qué otros pasos. Coloca tu dedo sobre el recuadro "Inicio" del diagrama de flujo y recorre el programa siguiendo las flechas a los otros recuadros hasta que llegues al recuadro "Fin".

La Figura 8-1 es un diagrama de flujo completo para el Ahorcado. Sólo puedes moverte de un recuadro a otro en la dirección de la flecha. Nunca puedes volver hacia atrás a menos que haya una segunda flecha apuntando en dirección opuesta, como en el recuadro "El jugador ya ha probado esa letra".

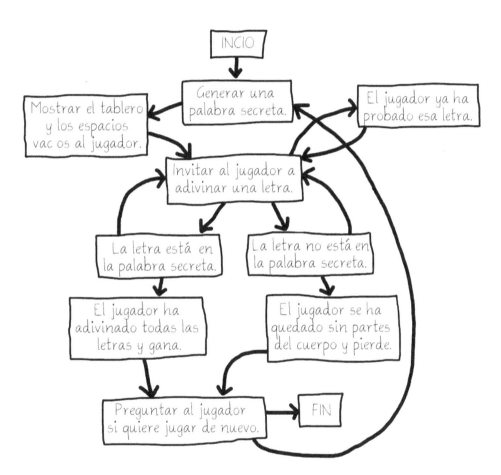

Figura 8-1: El diagrama de flujo completo del juego del Ahorcado.

Por supuesto, no es estrictamente *necesario* que hagas un diagrama de flujo. Podrías simplemente comenzar escribiendo código. Pero a menudo una vez que comiences a programar pensarás en cosas que es necesario agregar o cambiar. Podrías terminar teniendo que borrar una gran parte de tu código, lo que sería un desperdicio de esfuerzo. Para evitar esto, siempre es mejor planear cómo el programa va a funcionar antes de comenzar a escribirlo.

Crear el Diagrama de Flujo

Tus diagramas de flujo no siempre tienen que verse exactamente como este. Siempre y cuando entiendas el diagrama de flujo que has hecho, será útil cuando comiences a escribir código. En la Figura 8-2 se muestra un diagrama de flujo que comienza con sólo un recuadro "Inicio" y un recuadro "Fin":

Figura 8-2: Comienza tu diagrama de flujo con los recuadros Inicio y Fin.

Ahora piensa en lo que ocurre cuando juegas al Ahorcado. Primero, la computadora piensa en una palabra secreta. Luego el jugador intentará adivinar las letras. Agrega recuadros para estos eventos, como se muestra en la Figura 8-3. Los recuadros que son nuevos para cada diagrama de flujo se dibujan con bordes en línea quebrada.

Las flechas muestran el orden en que el programa debería moverse. Es decir, primero el programa debería generar una palabra secreta, y luego de eso debería invitar al jugador a adivinar una letra.

Figura 8-3: Dibuja los dos primeros pasos del Ahorcado como recuadros con descripciones.

Pero el juego no termina después de que el jugador prueba una letra. Necesita comprobar si esa letra pertenece o no a la palabra secreta.

Creando Ramificaciones a partir de un Recuadro del Diagrama de Flujo

Hay dos posibilidades: la letra puede estar en la palabra o no. Esto significa que necesitas agregar dos nuevos recuadros al diagrama de flujo, uno por cada caso. Esto crea una ramificación en el diagrama de flujo, como se muestra en la Figura 8-4:

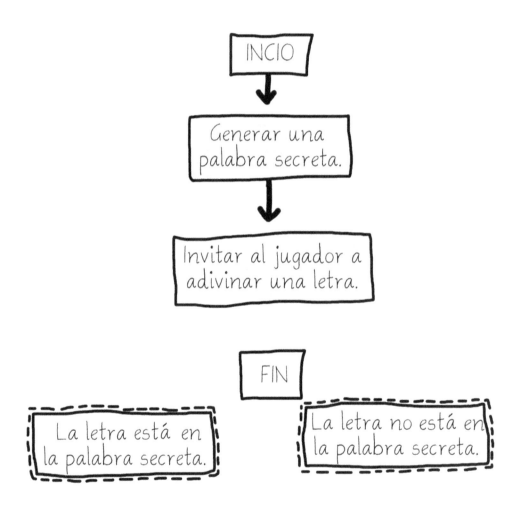

Figura 8-4: La rama consiste en dos flechas hacia recuadros diferentes.

Si la letra está en la pantalla secreta, comprueba si el jugador ha adivinado todas las letras y ha ganado. Si la letra no está en la palabra del juego, se agrega otra parte del cuerpo al ahorcado. Agrega recuadros para esos casos también.

No **necesitas** una flecha desde el casillero "La letra está en la palabra secreta" al casillero "El jugador se ha quedado sin partes del cuerpo y pierde", porque es imposible perder mientras el jugador acierte. También es imposible ganar mientras el jugador no acierte, de modo que tampoco precisamos dibujar esa otra flecha. El diagrama de flujo se ve ahora como la Figura 8-5.

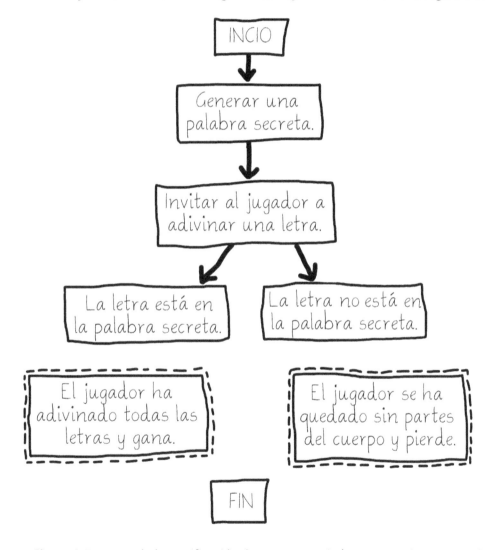

Figura 8-5: Luego de la ramificación, los pasos continúan por caminos separados.

Finalizar o Reiniciar el Juego

Una vez que el jugador ha ganado o perdido, pregúntale si desea jugar de nuevo con una nueva palabra secreta. Si el jugador no quiere jugar de nuevo, el programa termina. Si el programa no termina, pensamos una nueva palabra secreta. Esto se muestra en la Figura 8-6.

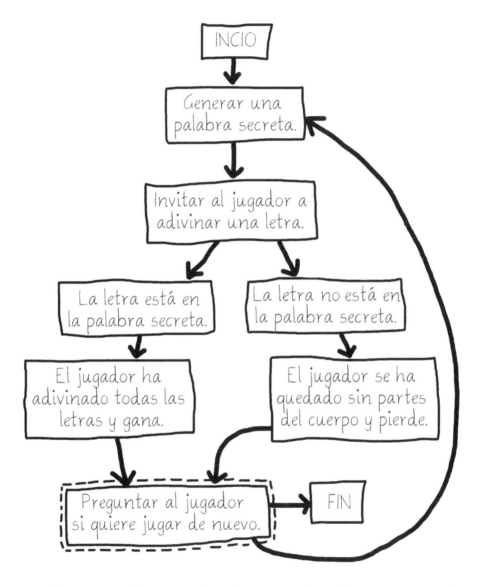

Figura 8-6: El diagrama de flujo se ramifica al preguntar al jugador si quiere jugar de nuevo.

Adivinando Nuevamente

El jugador no adivina una letra sólo una vez. Tiene que continuar probando letras hasta que gane o pierda. Necesitarás dibujar dos nuevas flechas, como se muestra en la Figura 8-7.

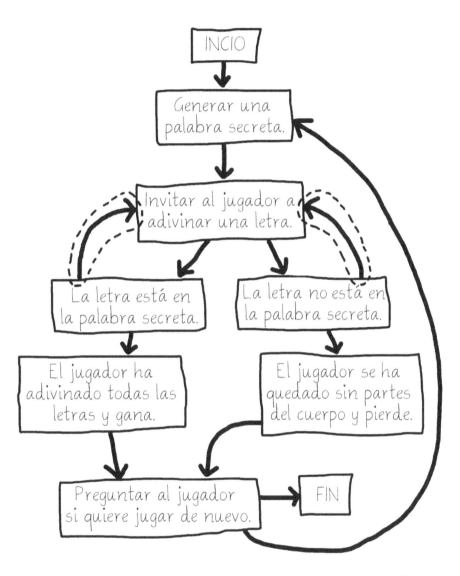

Figura 8-7: Las nuevas flechas (resaltadas) denotan que el jugador puede adivinar otra vez.

¿Qué ocurre si el jugador prueba la misma letra más de una vez? En lugar de ganar o perder en este caso, le permitiremos probar una nueva letra. Este nuevo recuadro se muestra en la Figura 8-8.

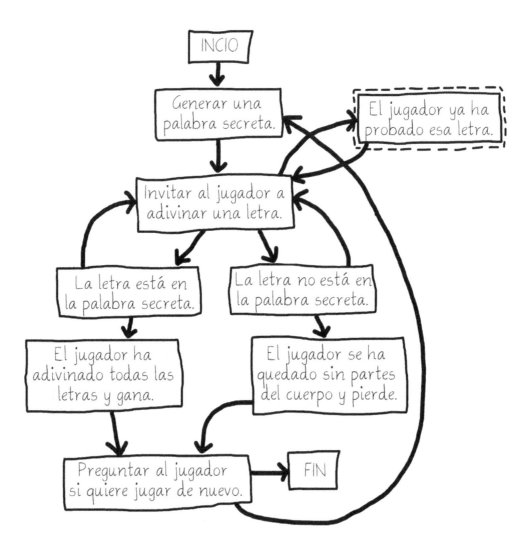

Figura 8-8: Agregamos un paso en caso de que el jugador pruebe una letra por segunda vez.

Ofreciendo Retroalimentación al Jugador

El jugador necesita saber qué está pasando en el juego. El programa debería mostrar el tablero del Ahorcado y la palabra secreta (con espacios en blanco en las letras que aún no ha adivinado). Estas ayudas visuales permitirán que el jugador sepa qué tan cerca está de ganar o perder el juego.

Esta información deberá ser actualizada cada vez que el jugador pruebe una letra. Agrega un recuadro "Mostrar el tablero y los espacios vacíos al jugador" al diagrama de flujo entre los recuadros "Generar una palabra secreta" e "Invitar al jugador a adivinar una letra". Estos recuadros se muestran en la Figura 8-9.

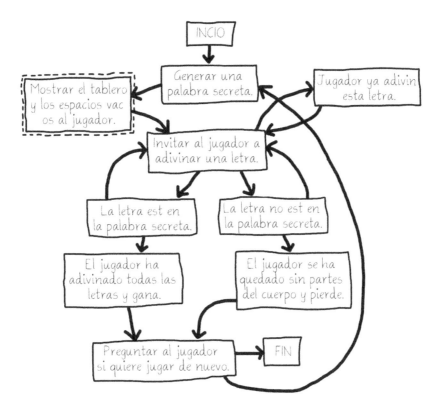

Figura 8-9: Agregamos "Mostrar el tablero y los espacios vacíos al jugador" para dar información al jugador.

¡Eso se ve bien! Este diagrama de flujo reproduce completamente todo lo que puede ocurrir en el Ahorcado y en qué orden. Cuando diseñes tus propios juegos, un diagrama de flujo puede ayudarte a recordar todo lo que necesitas codificar.

Resumen

Puede parecer muchísimo trabajo dibujar un diagrama de flujo del programa primero. Después de todo, ¡la gente quiere jugar juegos, no mirar diagramas de flujo! Pero es mucho más fácil hacer cambios y notar problemas pensando un poco sobre cómo funciona el programa antes de escribir el código.

Si te lanzas a escribir el código primero, puedes llegar a descubrir problemas que requieren que cambies el código que has escrito. Cada vez que cambias tu código, estás corriendo el riesgo de introducir nuevos errores por cambiar demasiado, o demasiado poco. Es mucho mejor saber qué es lo que quieres construir antes de construirlo.

Capítulo 9

EL AHORCADO

Temas Tratados en este Capítulo:
- Cadenas multi-línea
- Métodos
- Listas
- Los métodos de lista append() y reverse()
- Los métodos de cadena lower(), upper(), split(), startswith(), y endswith()
- Los operadores in y not in
- Las funciones range() y list()
- Las sentencias del
- Los bucles for
- Las sentencias elif

El juego de este capítulo introduce muchos conceptos nuevos, pero no te preocupes. Experimentarás antes con estos conceptos de programación en el terminal interactivo. Aprenderás sobre los métodos, que son funciones vinculadas a valores. Aprenderás también acerca de un nuevo tipo de lazo de repetición llamado el bucle for y un nuevo tipo de dato llamado lista. Una vez entiendas estos conceptos, será mucho mas fácil programar El Ahorcado.

Código Fuente de El Ahorcado

El juego de este capítulo es un poco más largo que el de los juegos anteriores, pero una buena parte de este es arte ASCII para las figuras de el ahorcado. Introduce lo siguiente en el editor de archivos y guárdalo como *ahorcado.py*.

ahorcado.py

```
 1. import random
 2. IMÁGENES_AHORCADO = ['''
 3.
 4.   +---+
 5.   |   |
 6.       |
 7.       |
 8.       |
 9.       |
10. =========''', '''
11.
```

```
12.      +---+
13.      |   |
14.      O   |
15.          |
16.          |
17.          |
18.  ========''', '''
19.
20.      +---+
21.      |   |
22.      O   |
23.      |   |
24.          |
25.          |
26.  ========''', '''
27.
28.      +---+
29.      |   |
30.      O   |
31.     /|   |
32.          |
33.          |
34.  ========''', '''
35.
36.      +---+
37.      |   |
38.      O   |
39.     /|\  |
40.          |
41.          |
42.  ========''', '''
43.
44.      +---+
45.      |   |
46.      O   |
47.     /|\  |
48.     /    |
49.          |
50.  ========''', '''
51.
52.      +---+
53.      |   |
54.      O   |
55.     /|\  |
56.     / \  |
57.          |
58.  ========''']
```

```
59. palabras = 'hormiga babuino tejon murcielago oso castor camello gato
almeja cobra pantera coyote cuervo ciervo perro burro pato aguila huron zorro
rana cabra ganso halcon leon lagarto llama topo mono alce raton mula salamandra
nutria buho panda loro paloma piton conejo carnero rata cuervo rinoceronte
salmon foca tiburon oveja mofeta perezoso serpiente araña cigüeña cisne tigre
sapo trucha pavo tortuga comadreja ballena lobo wombat cebra'.split()
60.
61. def obtenerPalabraAlAzar(listaDePalabras):
62.     # Esta función devuelve una cadena al azar de la lista de cadenas
pasada como argumento.
63.     índiceDePalabras = random.randint(0, len(listaDePalabras) - 1)
64.     return listaDePalabras[índiceDePalabras]
65.
66. def mostrarTablero(IMÁGENES_AHORCADO, letrasIncorrectas, letrasCorrectas,
palabraSecreta):
67.     print(IMÁGENES_AHORCADO[len(letrasIncorrectas)])
68.     print()
69.
70.     print('Letras incorrectas:', end=' ')
71.     for letra in letrasIncorrectas:
72.         print(letra, end=' ')
73.     print()
74.
75.     espaciosVacíos = '_' * len(palabraSecreta)
76.
77.     for i in range(len(palabraSecreta)): # completar los espacios vacíos
con las letras adivinadas
78.         if palabraSecreta[i] in letrasCorrectas:
79.             espaciosVacíos = espaciosVacíos[:i] + palabraSecreta[i] +
espaciosVacíos[i+1:]
80.
81.     for letra in espaciosVacíos: # mostrar la palabra secreta con espacios
entre cada letra
82.         print(letra, end=' ')
83.     print()
84.
85. def obtenerIntento(letrasProbadas):
86.     # Devuelve la letra ingresada por el jugador. Verifica que el jugador
ha ingresado sólo una letra, y no otra cosa.
87.     while True:
88.         print('Adivina una letra.')
89.         intento = input()
90.         intento = intento.lower()
91.         if len(intento) != 1:
92.             print('Por favor, introduce una letra.')
93.         elif intento in letrasProbadas:
94.             print('Ya has probado esa letra. Elige otra.')
```

```
95.            elif intento not in 'abcdefghijklmnñopqrstuvwxyz':
96.                print('Por favor ingresa una LETRA.')
97.            else:
98.                return intento
99.
100. def jugarDeNuevo():
101.     # Esta función devuelve True si el jugador quiere volver a jugar, en
caso contrario devuelve False.
102.     print('¿Quieres jugar de nuevo? (sí o no)')
103.     return input().lower().startswith('s')
104.
105.
106. print('A H O R C A D O')
107. letrasIncorrectas = ''
108. letrasCorrectas = ''
109. palabraSecreta = obtenerPalabraAlAzar(words)
110. juegoTerminado = False
111.
112. while True:
113.     mostrarTablero(IMÁGENES_AHORCADO, letrasIncorrectas, letrasCorrectas,
palabraSecreta)
114.
115.     # Permite al jugador escribir una letra.
116.     intento = obtenerIntento(letrasIncorrectas + letrasCorrectas)
117.
118.     if intento in palabraSecreta:
119.         letrasCorrectas = letrasCorrectas + intento
120.
121.         # Verifica si el jugador ha ganado.
122.         encontradoTodasLasLetras = True
123.         for i in range(len(palabraSecreta)):
124.             if palabraSecreta[i] not in letrasCorrectas:
125.                 encontradoTodasLasLetras = False
126.                 break
127.         if encontradoTodasLasLetras:
128.             print('¡Sí! ¡La palabra secreta es "' + palabraSecreta + '"!
¡Has ganado!')
129.             juegoTerminado = True
130.     else:
131.         letrasIncorrectas = letrasIncorrectas + intento
132.
133.         # Comprobar si el jugador ha agotado sus intentos y ha perdido.
134.         if len(letrasIncorrectas) == len(IMÁGENES_AHORCADO) - 1:
135.             mostrarTablero(IMÁGENES_AHORCADO, letrasIncorrectas,
letrasCorrectas, palabraSecreta)
136.             print('¡Te has quedado sin intentos!\nDespués de ' +
str(len(letrasIncorrectas)) + ' intentos fallidos y ' +
```

```
   str(len(letrasCorrectas)) + ' aciertos, la palabra era "' + palabraSecreta +
   '"')
137.            juegoTerminado = True
138.
139.     # Preguntar al jugador si quiere volver a jugar (pero sólo si el juego
     ha terminado).
140.     if juegoTerminado:
141.         if jugarDeNuevo():
142.             letrasIncorrectas = ''
143.             letrasCorrectas = ''
144.             juegoTerminado = False
145.             palabraSecreta = obtenerPalabraAlAzar(palabras)
146.         else:
147.             break
```

Cómo Funciona el Código

```
1. import random
```

El programa El Ahorcado selecciona aleatoriamente una palabra secreta a partir de una lista secreta de palabras. El módulo random provee está habilidad, por lo que la línea 1 lo importa.

```
2. IMÁGENES_AHORCADO = ['''
3.
4.    +---+
5.    |   |
6.        |
7.        |
8.        |
9.        |
10. =========''', '''
```

...el resto del código es demasiado largo para mostrarlo acá...

Esta nueva sentencia de asignación se extiende a lo largo de las líneas 2 a la 58 en el código fuente. Para ayudarte a entender los que este código significa, aprendamos acerca de cadenas multi-línea.

Cadenas Multi-Línea

Hasta ahora todas las cadenas han sido de una sola línea y tenían un carácter de comillas al principio y al final. Sin embargo, si utiliza comillas triples al comienzo y al final entonces la cadena puede ir a lo largo de varias líneas:

```
>>> burbuja = '''Querida Alicia,
Volveré a la casa de Carol al final del mes. Te veré luego.
Tu amigo,
Bob '''
>>> print(burbuja)
Querida Alicia,
Volveré a la casa de Carol al final del mes. Te veré luego.
Tu amigo,
Bob
```

Estas son **cadenas multi-línea**. En una cadena multi-línea, los caracteres de nueva línea son incluidos como parte de la cadena. No tienes que utilizar el caracter de escape \n, o las comillas de escape siempre que no utilices tres comillas juntas. Esto hace que el código sea fácil de leer para grandes cantidades de texto.

Variables Constantes

El nombre de variable IMÁGENES_AHORCADO está todo en mayúsculas. Esta es una convención en programación para variables constantes. Las **constantes** son variables que tienen por finalidad almacenar valores que nunca cambian desde la primera sentencia de asignación. Aunque puedes cambiar el valor de IMÁGENES_AHORCADO como con cualquier otra variable, un nombre con todas las mayúsculas te recuerda no hacerlo. Dado que la variable IMÁGENES_AHORCADO nunca necesita ser cambiada, es marcada como constante.

Como todas las convenciones, es tu decisión seguirla. Pero siguiendo esta convención le haces mas fácil a otras y otros programadores leer tu código. Sabrán que IMÁGENES_AHORCADO siempre tendrá el valor que se le asignó en la línea 2.

Listas

Un valor de **lista** puede contener otros valores dentro. Intenta introducir esto en el terminal interactivo:

```
>>> spam = ['Vida', 'El Universo', 'Todo', 42]
>>> spam
['Vida', 'El Universo', 'Todo', 42]
```

Este valor lista en spam contiene cuatro valores. Cuando escribes el valor lista en tu código, comienza con un [corchete y termina con otro corchete. Esto es igual a las cadenas que terminan y empiezan con un caracter de comillas.

Se separan con comas los valores individuales dentro de una lista. Estos valores son llamados elementos o **ítems**.

Índices

Intenta introducir animales = ['águila', 'alce', 'antílope', 'albert'] en el terminal interactivo para alamcenar una lista en la variable animales. Los corchetes son usados también para acceder al elemento dentro de una lista. Intenta introducir animales[0], animales[1], animales[2], animales[3] en un terminal interactivo para ver qué devuelven:

```
>>> animales = ['águila', 'alce', 'antílope', 'albert']
>>> animals[0]
'águila'
>>> animals[1]
'alce'
>>> animals[2]
'antílope'
>>> animals[3] # ¡el autor de este libro!
'albert'
```

El número entre los corchetes es el **índice**. En Python, el índice del primer elemento en una lista es 0. El segundo elemento está en el índice 1, el tercer elemento está en el índice 2 y así. Debido a que los índices comienzan en 0 y no en 1, decimos que las listas de Python tiene **índices de base cero**.

Las listas son buenas para almacenar varios valores sin usar una variable para cada uno. En otro caso, el código se vería como esto:

```
>>> animales1 = 'águila'
>>> animales2 = 'alce'
>>> animales3 = 'antílope'
>>> animales4 = 'albert'
```

Este código podría ser difícil de manejar si tiene ciento o miles de cadenas. Pero una lista puede fácilmente contener cualquier número de valores. Utilizando corchetes, puedes tratar los elementos en la lista como cualquie rotro valor. Intenta introducir animales[0] + animales[2] en el intérprete interactivo:

```
>>> animales[0] + animales[2]
'águilaantílope'
```

La evaluación sería como esto:

```
animales[0] + animales[2]
```

```
        ▼
'águila' + animals[2]
        ▼
'águila' + 'antílope'
        ▼
  'águilaantílope'
```

IndexError

Si intentas acceder a un índice que es demasiado grande, obtendrás un **IndexError** que colgará tu programa. Intenta introducir lo siguiente en el intérprete interactivo:

```
>>> animales = ['águila', 'alce', 'antílope', 'albert']
>>> animales[9999]
Traceback (most recent call last):
File "", line 1, in
animales[9999]
IndexError: list index out of range
```

Cambiando los Valores de los Elementos de una Lista con asignación por Índice

También puedes usar los corchetes para cambiar el valor de un elemento en una lista. Intenta introducir lo siguiente en el intérprete interactivo:

```
>>> animales = ['águila', 'alce', 'antílope', 'albert']
>>> animales[1] = 'ALCE'
>>> animales
['águila', 'ALCE', 'antílope', 'albert']
```

La nueva cadena `'ALCE'` sobreescribe el segundo elemento en la lista animales. De manera que `animales[1]` devolverá el segundo elemento de la lista en las expresiones, pero también puedes usarlo en el lado izquierdo de una sentencia de asignación para asignar un valor como el segundo elemento de la lista.

Concatenación de Listas

Puedes unir listas en una sola lista con el operador +, del mismo modo como puedes unir cadenas. Unir listas con el operador + es una concatenación de listas. Intenta introducir lo siguiente en el intérprete interactivo:

```
>>> [1, 2, 3, 4] + ['manzanas', 'naranjas'] + ['Alicia', 'Beto']
[1, 2, 3, 4, 'manzanas', 'naranjas', 'Alicia', 'Beto']
```

['manzanas'] + ['naranjas'] se evaluará a ['manzanas', 'naranjas']. Pero
['manzanas'] + 'naranjas' resultará en un error. No puedes sumar una lista y una cadena en
lugar de dos listas. Si quieres agregar valores que no son listas a una lista, usa el método
append() (descripto más adelante).

El Operador *in*

El operador in te puede decir si un valor está en una lista o no. Las expresiones que usan el
operador in devuelven un valor lógico: True si el valor está en la lista y False si no está. Intenta
introducir lo siguiente en el intérprete interactivo:

```
>>> animales = ['águila', 'alce', 'antílope', 'albert']
>>> 'antílope' in animales
True
```

La expresión 'antílope' en animales devuelve True porque la cadena 'antílope' es uno de los
valores en la lista animales. Estña localizado en el índice 2.

Pero si escribes la expresión 'atún' in animales, esto devolverá False porque la cadena
'atún' no existe en la lista.

```
>>> animales = ['águila', 'alce', 'antílope', 'albert']
>>> 'antílope' in animales
True
>>> 'atún' in animales
False
```

El operador in también funciona para las cadenas. Verifica si una cadena existe en otra. Intenta
introducir lo siguiente en el intérprete interactivo:

```
>>> 'hola' in 'Alicia le dice hola a Beto.'
True
```

Eliminando Elementos de Listas con Sentencias *del*

Una sentencia del eliminará un elemento en un índice determinado de una lista. Intenta introducir
lo siguiente en el intérprete interactivo:

```
>>> spam = [2, 4, 6, 8, 10]
>>> del spam[1]
>>> spam
[2, 6, 8, 10]
```

Nota que cuando eliminas un elemento en el índice 1, el elemento que estaba en el índice 2 ahora es el nuevo valor en el índice 1. El elemento que estaba en el índice 3 pasa a ser el nuevo valor en el índice 2. Todo lo que estaba por encima del elemento eliminado se mueve un índice hacia abajo.

Puedes escribir del spam[1] una y otra vez para seguir eliminando elementos de la lista:

```
>>> spam = [2, 4, 6, 8, 10]
>>> del spam[1]
>>> spam
[2, 6, 8, 10]
>>> del spam[1]
>>> spam
[2, 8, 10]
>>> del spam[1]
>>> spam
[2, 10]
```

La sentencia del es una sentencia, no una función ni un operador. No tiene paréntesis ni devuelve un valor.

Listas de Listas

Las listas pueden contener otros valores, incluyendo otras listas. Digamos que tienes una lista de comestibles, una lista de tareas domesticas, y una lista de tus pasteles favoritos. Puedes poner las tres listas en una sola lista. Intenta introducir lo siguiente en el intérprete interactivo:

```
>>> comestibles = ['huevos', 'leche', 'sopa', 'manzanas', 'pan']
>>> tareas = ['limpiar', 'cortar el césped', 'ir al supermercado']
>>> pastelesFavoritos = ['manzanas', 'zarzamora']
>>> listaDeListas = [comestibles, tareas, pastelesFavoritos]
>>> listaDeListas
[['huevos', 'leche', 'sopa', 'manzanas', 'pan'], ['limpiar', 'cortar el
césped', 'ir al supermercado'], ['manzanas', 'zarzamora']]
```

Para obtener un elemento dentro de una lista de listas, usarías dos conjuntos de corchetes como este: listaDeListas[1][2] que devolvería la cadena 'ir al supermercado'.

Esto es porque listaDeListas[1][2] devuelve ['limpiar', 'cortar el césped', 'ir al supermercado'][2]. Lo que finalmente devuelve 'ir al supermercado':

```
listaDeListas[1][2]
         ▼
```

```
[['huevos', 'leche', 'sopa', 'manzanas', 'pan'], ['limpiar', 'cortar el
césped', 'ir al supermercado'], ['manzanas', 'zarzamora']][1][2]
        ▼
['limpiar', 'cortar el césped', 'ir al supermercado'][2]
        ▼
'ir al supermercado'
```

La Figura 9-1 es otro ejemplo de una lista de listas, a lo largo de alguno de los índices que apuntan a los elementos. Las flechas apuntan a índices de las propias listas internas. La imagen está invertida lateralmente para facilitar su lectura.

Métodos

Los **métodos** son funciones adjuntas a un valor. Por ejemplo, todos los valores de cadena tienen el método lower(), el cuál devuelve una copia de la cadena en minúsculas. Lo puedes llamar como 'Hola.lower()', lo cual devuelve 'hola'. No puedes llamar a lower() por sí mismo y no puedes pasar un argumento a lower() (como en lower('Hola')). Debes añadir el método a una cadena especifica usando un punto. La siguiente sección describe en mayor profundidad los métodos de cadena.

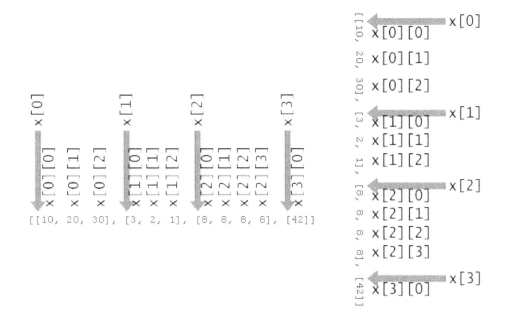

Figura 9-1: Los índices de una Lista de listas.

Los métodos de cadena `lower()` y `upper()`

Intenta introducir `'¡Hola mundo!'.lower()` en el intérprete interactivo para ver un ejemplo de este método:

```
>>> '¡Hola mundo!'.lower()
'¡hola mundo!'
```

También hay un método `upper()` para cadenas, el cual devuelve una cadena con todos los caracteres en mayúsculas. Intenta introducir `'¡Hola mundo!.upper()` en el intérprete interactivo:

```
>>> '!Hola mundo!'.upper()
'!HOLA MUNDO!'
```

Ya que el método `upper()` devuelve una cadena, también puedes llamar un método en esa cadena también. Intenta introducir `'¡Hola mundo!'.upper().lower()` en el intérprete interactivo:

```
>>> '¡Hola mundo!'.upper().lower()
'¡hola mundo!'
```

`'¡Hola mundo!'.upper()` devuelve la cadena `'¡HOAL MUNDO!'`, y entonces se llama el método `lower()` de esta cadena. Esto devuelve la cadena `'¡hola mundo!'`, que es el valor final de la evaluación.

```
¡Hola mundo!'.upper().lower()
            ▼
     '¡HOLA MUNDO!'.lower()
                ▼
           '¡hola mundo!'
```

El orden es importante. `'¡Hola mundo!'.lower().upper()` no es lo mismo que `'¡Hola mundo!'.upper().lower()`:

```
>>> '!Hola mundo!'.lower().upper()
'!HOLA MUNDO!'
```

Esta evaluación sería:

```
'¡Hola mundo!'.lower().upper()
            ▼
     '¡hola mundo!'.upper()
                ▼
           '!HOLA MUNDO!'
```

Si se almacena una cadena en una variable, puedes llamar un método de cadena en esa variable. Mira este ejemplo:

```
>>> spam = '¡Hola mundo!'
>>> spam.upper()
'!HOLA MUNDO!'
```

Esto no cambia el valor en spam. La variable spam seguirá conteniendo '¡Hola mundo!'.

Note que los tipos de dato integer y float no tienen ningún método.

Los métodos de lista reverse() y append()

El tipo de datos list también tiene métodos. El método reverse() invertirá el orden de los elementos en la lista. Intenta introducir spam = [1, 2, 3, 4, 5, 6, 'miau', 'guau'], y después spam.reverse() para invertir la lista. Entonces, introduce spam para ver los contenidos de la variable.

```
>>> spam = [1, 2, 3, 4, 5, 6, 'miau', 'guau']
>>> spam.reverse()
>>> spam
['guau', 'miau', 6, 5, 4, 3, 2, 1]
```

El método mas común de lista que usarás es append(). Este método añadirá el valor que pasas como argumento al final de la lista- Intenta introducir lo siguiente en el intérprete interactivo:

```
>>> eggs = []
>>> eggs.append('hovercraft')
>>> eggs
['hovercraft']
>>> eggs.append('eels')
>>> eggs
['hovercraft', 'eels']
>>> eggs.append(42)
>>> eggs
['hovercraft', 'eels', 42]
```

Estos métodos cambian las listas que los llaman. No devuelven una nueva lista. Decimos que esos métodos cambian la lista "en el sitio".

El método de lista `split()`

La línea 59 es una larga línea de código, pero en realidad es solamente una simple sentencia de asignación. Esta línea utiliza el método `split()`, que es un método del tipo de dato cadena, al igual que los métodos `lower()` y `upper()`.

```
59.  palabras = 'hormiga babuino tejon murcielago oso castor camello gato
almeja cobra pantera coyote cuervo ciervo perro burro pato aguila huron zorro
rana cabra ganso halcon leon lagarto llama topo mono alce raton mula salamandra
nutria buho panda loro paloma piton conejo carnero rata cuervo rinoceronte
salmon foca tiburon oveja mofeta perezoso serpiente araña cigüeña cisne tigre
sapo trucha pavo tortuga comadreja ballena lobo wombat cebra'.split()
```

Esta sentencia de asignación tiene solamente una larga cadena, llena de palabras separadas por espacios. Al final de la cadena hay una llamada al método `split()`. El método `split()` devuelve una lista en la que cada palabra en la cadena es un elemento aparte. La separación ocurre en cualquier lugar donde haya un espacio en la cadena.

Es fácil escribir código utilizando `split()`. Si lo hubieses creado desde el principio como lista, tendrías que haber escrito: `['hormiga', 'babuino', 'tejon',`... y así, con comillas y comas para cada palabra.

Por ejemplo, intenta introducir lo siguiente en el intérprete interactivo:

```
>>> oracion = input()
Mi muy enérgica madre tan sólo nos sirvió nachos.
>>> oracion.split()
['Mi', 'muy', 'enérgica', 'madre', 'tan', 'sólo', 'nos', 'sirvió', 'nachos.']
```

El resultado es una lista de nueve cadenas, una cadena para una de las palabras de la cadena original, Los espacios no están incluidos en ningún elemento de la lista.

También puedes añadir tus propias palabras a la cadena en la línea 59, o eliminar cualquiera que no quieres que esté en el juego. Solamente asegurate que los espacios separan las palabras.

Cómo Funciona el Código

La línea 61 define la función `obtenerPalabraAlAzar()`. Se pasará una lista como argumento por su parámetro `listaDePalabras`. Esta función devolverá una palabra secreta de la lista en `listaDePalabras`.

```
61.  def obtenerPalabraAlAzar(listaDePalabras):
```

```
62.     # Esta función devuelve una cadena al azar de la lista de cadenas
pasada como argumento.
63.     índiceDePalabras = random.randint(0, len(listaDePalabras) - 1)
64.     return listaDePalabras[índiceDePalabras]
```

La línea 63 almacena un índice aleatorio para esta lista en la variable índiceDePalabras. Lo haces llamando randint() con dos argumentos. El primer argumento es 0 (para el primer índice posible) y el segundo argumento es el valor que devuelve la expresión len(listaDePalabras) - 1 (para el último índice posible en una listaDePalabras).

Los índices de lista comienzan en 0 y no en 1. Si tienes una lista de tres elementos, el índice del primer elemento es 0, el índice del segundo elemento es 1, y el índice del tercer elemento es 2. La longitud de este lista es 3, pero el índice 3 estaría después del último índice. Esta es la razón por la que en la línea 63 se resta 1 de la longitud. El código en la línea 63 funcionará sin importar el tamaño de listaDePalabras. Ahora si quieres puedes añadir o quitar cadenas a listaDePalabras.

A la variable índiceDePalabras se asignará un índice al azar para la lista pasada como el parámetro listaDePalabras. La línea 64 devolverá el elemento en listaDePalabras almacenado en el índice entero índiceDePalabras.

Supongamos que ['manzana', 'naranja', 'uva'] se pasa como argumento a obtenerPalabraAlAzar() y que randint(0, 2) devuelve el número entero 2. Eso significaría que la línea 64 devolvería listaDePalabras[2] , y entonces se evaluaría para devolver 'uva'. Así es como obtenerPalabraAlAzar() devuelve una cadena aleatoria de la lista listaDePalabras.

Así, la entrada de obtenerPalabraAlAzar() es una lista de cadenas, y la salida que devuelve es una cadena seleccionada al azar de esa lista. Esto será útil en el juego del ahorcado para seleccionar una palabra secreta que adivine el jugador.

Mostrando el tablero al Jugador

A continuación, necesitas una función para imprimir el tablero del ahorcado en pantalla. También mostrará el número de letras que el jugador ha adivinado correctamente (e incorrectamente).

```
66. def mostrarTablero(IMÁGENES_AHORCADO, letrasIncorrectas, letrasCorrectas,
palabraSecreta):
67.     print(IMÁGENES_AHORCADO[len(letrasIncorrectas)])
68.     print()
```

Este código define una nueva función llamada mostrarTablero(). Esta función tiene cuatro parámetros:

- IMÁGENES_AHORCADO - Una lista de cadenas múlti-línea que mostrarán el tablero como arte ASCII. (La variable global IMÁGENES_AHORCADO será pasada por este parámetro.)

- letrasIncorrectas - Una cadena de las letras que el jugador ha probado que no están en la palabra secreta.

- letrasCorrectas - Una cadena de las letras que el jugador ha probado que se encuentran en la palabra secreta.

- palabraSecreta - Una cadena de la palabra secreta que el jugador está tratando de adivinar.

La primera llamada a la función print() mostrará el tablero. IMÁGENES_AHORCADO será una lista de cadenas para cada tablero posible. IMÁGENES_AHORCADO[0] muestra una horca vacía, IMÁGENES_AHORCADO[1] muestra la cabeza (cuando el jugador falla una letra), IMÁGENES_AHORCADO[2] muestra una cabeza y el cuerpo (cuando el jugador falla dos letras), y así sucesivamente hasta IMÁGENES_AHORCADO[6] que muestra al ahorcado completo.

El número de letras en letrasIncorrectas reflejará cuantos intentos incorrectos ha hecho el jugador. Llama a len(letrasIncorrectas) para averiguar este número. Así que, si letrasIncorrectas es 'aetr' entonces len('aetr') devolverá 4. Imprimir IMÁGENES_AHORCADO[4] mostrará el tablero del ahorcado apropiado para 4 fallos. Esto es lo que devuelve IMÁGENES_AHORCADO[len(letrasIncorrectas)] en la línea 67.

```
70.     print('Letras incorrectas:', end=' ')
71.     for letra in letrasIncorrectas:
72.         print(letra, end=' ')
73.     print()
```

La línea 70 imprime la cadena 'Letras incorrectas:' con un carácter de espacio al final en lugar de un salto de línea. Recuerde que el argumento de palabra clave end=' ' utiliza sólo un signo = (como =), no dos (como ==).

La línea 71 es un nuevo tipo de bucle, llamado bucle for. Un bucle for a menudo utiliza la función range(). Ambos se explican en las dos secciones siguientes.

Las Funciones range() y list()

Cuando se llama con un argumento, range() devolverá un objeto range de números enteros desde 0 hasta (pero sin incluir) el argumento. Este objeto range se puede convertir al tipo de datos más común list con la función `list()`. Intenta introducir `list(range(10))` en el intérprete interactivo:

```
>>> list(range(10))
[0, 1, 2, 3, 4, 5, 6, 7, 8, 9]
>>> list('Hola')
['H', 'o', 'l', 'a']
```

La función `list()` es similar a las funciones `str()` o `int()`. Toma el valor que se pasa y devuelve una lista. Es fácil generar enormes listas con la función `range()`. Prueba a introducir `list(range(10000))` en el intérprete interactivo:

```
>>> list(range(10000))
[0, 1, 2, 3, 4, 5, 6, 7, 8, 9, 10, 11, 12, 13, 14, 15,...
      ...omitido por brevedad...
...9989, 9990, 9991, 9992, 9993, 9994, 9995, 9996, 9997, 9998, 9999]
```

La lista es tan grande, que ni siquiera cabrá completa en la pantalla. Pero puedes almacenar la lista en una variable:

```
>>> spam = list(range(10000))
```

Si pasa dos argumentos enteros a `range()`, el objeto range que devuelve va desde el primer argumento entero hasta (pero sin incluir) el segundo argumento entero. Intenta introducir `list(range(10, 20))` en el intérprete interactivo:

```
>>> list(range(10, 20))
[10, 11, 12, 13, 14, 15, 16, 17, 18, 19]
```

La función `range()` se utiliza a menudo en los bucles `for`, que son muy parecidos a los bucles `while` que ya has visto.

Los bucles for

El bucle `for` es útil para recorrer una lista de valores. Esto es diferente al bucle `while`, los bucles `while` se repiten mientras una determinada condición es `True`. Una sentencia `for` comienza con la palabra clave `for`, seguida por un nuevo nombre de variable, seguido por la palabra clave `in`, seguido por un valor iterable, y terminando con dos puntos.

Un iterable es un valor de los tipos de datos list, range, o cadena. También hay otros tipos de datos que se consideran iterables que serán presentados más adelante.

Cada vez que la ejecución del programa se repite a través del bucle a la nueva variable en la sentencia for se le asigna el valor del siguiente elemento de la lista.

```
>>> for i in range(5):
...     print('i se establece en ' + str(i))
...
i se establece en 0
i se establece en 1
i se establece en 2
i se establece en 3
i se establece en 4
```

El objeto range devuelto por range(5) es equivalente a la lista [0, 1, 2, 3, 4] en una instrucción for. La primera vez que la ejecución pasa por el código en el bloque for, se asigna 0 a la variable i. En la siguiente iteración, se asigna 1 a i, y así sucesivamente.

La sentencia for convierte automáticamente el objeto range devuelto por range() en una lista, así que no hay necesidad de hacer list(range(5)) en la sentencia for. Es suficiente con range(5).

Las listas y las cadenas son también tipos de datos iterables. Puedes usarlos en las sentencias for. Prueba a introducir lo siguiente en el intérprete interactivo:

```
>>> for cosa in ['gustan los gatos', 'gusta la pasta', 'gusta la programación',
'gusta el spam']:
...     print('Realmente me ' + cosa)
...
Realmente me gustan los gatos
Realmente me gusta la pasta
Realmente me gusta la programación
Realmente me gusta el spam

>>> for i in 'Hola':
...     print(i)
...
H
o
l
a
```

Un Bucle *while* equivalente a un Bucle *for*

El bucle for es similar al bucle while, pero sólo cuando necesitas iterar sobre los elementos de una lista, usar un bucle for es mucho menos código que escribir. Este es un bucle while que se comporta igual que el anterior bucle for mediante la adición de código extra:

```
>>> valorIterable = ['gustan los gatos', 'gusta la pasta', 'gusta la
programación', 'gusta el spam']
>>> índice = 0
```

```
>>> While (índice < len(iterableVal)):
...     cosa = iterableVal[índice]
...     print('Realmente me ' + cosa)
...     índice = índice + 1
...
Realmente me gustan los gatos
Realmente me gusta la pasta
Realmente me gusta la programación
Realmente me gusta el spam
```

Pero el uso de la sentencia for hace automáticamente el código adicional y facilita la programación ya que tienes menos que escribir.

El resto de la función mostrarTablero() muestra las letras incorrectas y crea la cadena de la palabra secreta con todas las letras aún no imaginado como espacios en blanco.

```
70.     print('Letras incorrectas:', end=' ')
71.     for letra in letrasIncorrectas:
72.         print(letra, end=' ')
73.     print()
```

El bucle en la línea 71 iterará sobre cada carácter de la cadena letrasIncorrectas e los imprimirá en pantalla. Recuerda que end=' ' reemplazará el carácter de salto de línea que se imprime después de la cadena con un único carácter de espacio.

Por ejemplo, si letrasIncorrectas era 'ajtw' este bucle for mostraría a j t w.

Cortes

El corte de lista crea un nuevo valor de lista con un subconjunto de elementos de otra lista. En el código, se especifican dos índices (al inicio y final) separados por dos puntos en los corchetes después de una lista. Por ejemplo, introduce lo siguiente en el intérprete interactivo:

```
>>> spam = ['manzanas', 'bananas', 'zanahorias', 'fechas']
>>> spam[1:3]
['bananas', 'zanahorias']
```

La expresión spam[1: 3] se evalúa a una lista con los elementos desde el índice 1 hasta (pero sin incluir) el índice 3 en spam.

Si se omite el primer índice, Python pensará automáticamente que deseas el índice 0 como primer índice:

```
>>> spam = ['manzanas', 'bananas', 'zanahorias', 'fechas']
```

```
>>> spam[:2]
['manzanas', 'bananas']
```

Si se omite el segundo índice, Python pensará automáticamente que deseas el resto de la lista:

```
>>> spam = ['manzanas', 'bananas', 'zanahorias', 'fechas']
>>> spam [2:]
['zanahorias', 'fechas']
```

Cortar es una forma sencilla de obtener un subconjunto de los elementos de una lista. Utiliza cortes con cadenas en la misma forma que los utilizas con listas. Cada caracter de la cadena es como un elemento de la lista. Prueba a introducir lo siguiente en el intérprete interactivo:

```
>>> miNombre = 'Zophie el Gato Gordo'
>>> miNombre[4:12]
'ie el Ga'
>>> miNombre[:10]
'Zophie el '
>>> miNombre[7:]
'el Gato Gordo'
```

La siguiente parte del código en el ahorcado utiliza cortes.

Mostrando la Palabra Secreta con espacios en blanco

Ahora quieres código que imprima la palabra secreta, pero con líneas en blanco para las letras que no se han adivinado. Puedes utilizar el caracter _ (llamado caracter de subrayado) para esto. En primer lugar, crea una cadena con nada más que un subrayado para cada letra de la palabra secreta. A continuación, reemplaza los espaciosVacíos para cada letra en letrasCorrectas.

Así que, si la palabra secreta era 'nutria' entonces la cadena en blanco sería '_____' (cinco caracteres _). Si letrasCorrectas era la cadena 'rt' tendrías que cambiar la cadena a '__tr__'. Es lo que hacen las líneas 75 a 79 del código.

```
75.     espaciosVacíos = '_' * len(palabraSecreta)
```

La línea 75 crea la variable espaciosVacíos llena de subrayados _ mediante la replicación de cadenas. Recuerda que el operador * también se puede aplicar a una cadena y un entero, por lo que la expresión '_' * 5 devuelve '_____'. Esto nos asegurará que espaciosVacíos tenga tantos subrayados como letras haya en palabraSecreta.

```
77.     for i in range(len(palabraSecreta)): # completar los espacios vacios con las letras adivinadas
78.         if palabraSecreta[i] in letrasCorrectas:
```

```
79.        espaciosVacíos = espaciosVacíos[:i] + palabraSecreta[i] +
espaciosVacíos[i+1:]
```

La línea 77 tiene un bucle for que pasa por cada letra de palabraSecreta y reemplaza el subrayado con la letra actual si existe en letrasCorrectas.

Por ejemplo, suponga que el valor de palabraSecreta es 'nutria' y el valor en letrasCorrectas es 'tr'. Querrías que la cadena '__tr__' sea mostrada al jugador. Vamos a averiguar cómo crear esta cadena.

La llamada a len(palabraSecreta) devolvería 5. La llamada a range(len(palabraSecreta)) se convierte en range(5), lo que hace que el bucle itere sobre 0, 1, 2, 3 y 4.

Debido a que el valor de i se enfrentará a cada valor en [0, 1, 2, 3, 4], el código en el bucle for es lo mismo que:

```
if palabraSecreta[0] in letrasCorrectas:
   espaciosVacíos = espaciosVacíos[:0] + palabraSecreta[0] + espaciosVacíos[1:]

if palabraSecreta[1] in letrasCorrectas:
   espaciosVacíos = espaciosVacíos[:1] + palabraSecreta[1] + espaciosVacíos[2:]

if palabraSecreta[2] in letrasCorrectas:
   espaciosVacíos = espaciosVacíos[:2] + palabraSecreta[2] + espaciosVacíos[3:]

if palabraSecreta[3] in letrasCorrectas:
   espaciosVacíos = espaciosVacíos[:3] + palabraSecreta[3] + espaciosVacíos[4:]

if palabraSecreta[4] in letrasCorrectas:
   espaciosVacíos = espaciosVacíos[:4] + palabraSecreta[4] + espaciosVacíos[5:]
```

Si estás confundido respecto a cual es el valor de algo como palabraSecreta[0] o espaciosVacíos[3:], entonces mira la Figura 9-2. Muestra el valor de las variables palabraSecreta y espaciosVacíos, y el índice para cada letra en la cadena.

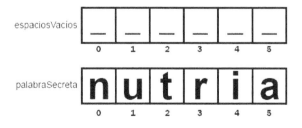

Figura 9-2: Los índices de las cadenas espaciosVacíos y palabraSecreta.

Si reemplazas las cortes de lista y los índices de lista con los valores que representan, el código del bucle sería algo como:

```
if 'n' in 'tr': # Falso
    espaciosVacíos = '' + 'n' + '_____' # Esta línea se salta.

if 'u' in 'tr': # Falso
    espaciosVacíos = '_' + 'u' + '____' # Esta línea se salta.

if 't' in 'tr': # Verdadero
    espaciosVacíos = '__' + 't' + '___' # Esta línea se ejecuta.

if 'r' in 'tr': # Verdadero
    espaciosVacíos = '__t' + 'r' + '__' # Esta línea se ejecuta.

if 'i' in 'tr': # Falso
    espaciosVacíos = '__tr' + 'i' + '_' # Esta línea se salta.

if 'a' in 'tr': # Falso
    espaciosVacíos = '__tr_' + 'a' + '' # Esta línea se salta.

# espaciosVacíos ahora tiene el valor '__tr__'
```

Los ejemplos de código anteriores todos hacen lo mismo cuando palabraSecreta es 'nutria' y letrasCorrectas es 'tr'. Las siguientes líneas de código imprimen el nuevo valor de los espaciosVacíos con espacios entre cada letra.

```
81.     for letra in espaciosVacíos: # mostrar la palabra secreta con espacios entre cada letra
82.         print(letra, end=' ')
83.     print()
```

Obtener el intento del Jugador

La función obtenerIntento() será llamada para que el jugador pueda introducir una letra como intento. La función devuelve la letra que el jugador ha intentado como cadena. Además, obtenerIntento() se asegurará que el jugador escriba una letra válida antes de salir de la función.

```
85. def obtenerIntento(letrasProbadas):
86.     # Devuelve la letra ingresada por el jugador. Verifica que el jugador ha ingresado sólo una letra, y no otra cosa.
```

Se pasa como argumento una cadena de las letras que el jugador ha intentado para el parámetro `letrasProbadas`. Entonces la función `obtenerIntento()` pide al jugador que adivine una sola letra. Esta letra será el valor que devolverá `obtenerIntento()`.

```
87.     while True:
88.         print('Adivina una letra.')
89.         intento = input()
90.         intento = intento.lower()
```

El bucle `while` de la línea 87 se mantendrá pidiendo al jugador una letra hasta que introduzca texto que sea:

1. Una sola letra.

2. Una letra que no haya intentado previamente.

La condición para el bucle `while` es simplemente el valor booleano `True`. Eso significa que la única forma de salir de la ejecución de este bucle es mediante la ejecución de una sentencia `break` (que sale del bucle) o una sentencia `return` (que sale no sólo del bucle sino de toda la función).

El código dentro del bucle pide al jugador que introduzca una letra, que se almacena en la variable intento. Si el jugador introduce una letra mayúscula, se sobrescribe con una letra minúscula en la línea 90.

Sentencias `elif` ("Else If")

La siguiente parte del programa Ahorcado utiliza sentencias `elif`. Puedes pensar las sentencias `elif` "else if" como diciendo "Si esto es verdad, hacer esto. O bien, si esta próxima condición es verdadera, hacer aquello. O bien, si ninguno de ellos es verdadero, hacer esto último".

Echa un vistazo al siguiente código:

```
if gatoNombre == 'Boladepelo':
    print('Tu gato es peludo.')
elif gatoNombre == 'Manchas':
    print('Tu gato está manchado.')
else:
    print('Tu gato no es peludo ni manchado.')
```

Si la variable gatoNombre es igual a la cadena `'Boladepelo'`, entonces la condición de la sentencia if es verdadera y el bloque `if` le dice al usuario que su gato es peludo. Sin embargo, si esta condición es falsa, entonces Python intenta a continuación la condición de la sentencia `elif` ("else if"). Si gatoNombre es `'Manchas'`, entonces se imprime en la pantalla `'Tu gato está manchado'`. Si ambos son falsos, el código le dice al usuario su gato no es peludo ni manchado.

Puedes tener tantas sentencias elif como quieras:

```
if gatoNombre == 'Boladepelo':
    print('Tu gato es peludo.')
elif gatoNombre == 'Manchas':
    print('Tu gato está manchado.')
elif gatoNombre == 'Gordito':
    print('Tu gato es gordito.')
elif gatoNombre == 'Esponjoso':
    print('Tu gato es esponjoso.')
else:
    print('Tu gato no es peludo ni manchado ni gordito ni esponjoso.')
```

Cuando una de las condiciones elif es True, se ejecuta su código y después que es ejecutado salta a la primera línea después del bloque else. Así que uno y sólo uno de los bloques en las declaraciones if-elif-else se ejecutará. También puedes obviar el bloque else si no necesitas uno, y dejar tan sólo sentencias if-elif.

Cómo Comprobar que el Jugador Introdujo un Intento Válido

```
91.         if len(intento) != 1:
92.             print('Por favor, introduce una letra.')
93.         elif intento in letrasProbadas:
94.             print('Ya has probado esa letra. Elige otra.')
95.         elif intento not in 'abcdefghijklmnñopqrstuvwxyz':
96.             print('Por favor ingresa una LETRA.')
97.         else:
98.             return intento
```

La variable intento contiene la letra del intento del jugador. El programa necesita asegurarse que escribió un intento válido: una y sólo una letra minúscula. Si no lo hizo, la ejecución debe regresar al bucle y pedirle de nuevo una letra.

La condición de la línea 91 verifica si el intento no tiene longitud de un carácter. La condición de la línea 93 verifica si el intento ya existe en la variable letrasProbadas. La condición de la línea 95 comprueba si el intento no es una letra minúscula.

Si todas estas condiciones son falsas, entonces el bloque de la sentencia else se ejecuta y obtenerIntento() devuelve el valor del intento en la línea 98.

Recuerda, sólo se ejecutará uno de los bloques en las sentencias if-elif-else.

Pedir al jugador que Juegue Otra Vez

```
100. def jugarDeNuevo():
101.     # Esta función devuelve True si el jugador quiere volver a jugar, en
caso contrario devuelve False.
102.     print('¿Quieres jugar de nuevo? (sí o no)')
103.     return input().lower().startswith('s')
```

La función jugarDeNuevo() tiene sólo una llamada a la función print() y una sentencia
return. La sentencia return tiene una expresión que parece complicada, pero se puede separar
por partes. Aquí hay una revisión paso a paso de cómo Python evalúa esta expresión, si el usuario
escribe SI.

```
input().lower().startswith('s')
            ▼
   'SI'.lower().startswith('s')
            ▼
          'si'.startswith('s')
            ▼
          True
```

El objetivo de la función jugarDeNuevo() es dejar que el jugador escriba sí o no para indicar al
programa si quiere jugar otra ronda de Ahorcado. El jugador debe ser capaz de escribir SI, si, S, o
cualquier otra cosa que comienza con una "S" para decir "sí". Si el jugador escribe SI, entonces el
valor que devuelve input() es la cadena 'SI'. Y 'SI'.lower() devuelve la versión en
minúsculas de la cadena adjunta. Así que el valor que devuelve 'SI'.lower() es 'si'.

Pero ahí está la segunda llamada al método startswith('s'). Esta función devuelve True si la
cadena asociada comienza con la cadena dada como parámetro entre paréntesis, y False si no lo
hace. El valor que devuelve 'si'.startswith('s') es True.

¡Ahora has evaluado esta expresión! Lo que hace es permitir que el jugador escriba una respuesta,
convierte la respuesta a minúsculas, comprueba si se empieza con la letra 's', a continuación,
devuelve True si lo cumple y False si no.

En una nota aparte, también existe un método de cadena endswith(algunaCadena) que
devolverá True si la cadena termina con la cadena en algunaCadena y False si no lo hace.
endswith() es algo así como lo contrario de startswith().

Revisión de las Funciones del Ahorcado

¡Estas son todas las funciones que estamos creando para este juego! Vamos a repasarlas:

- obtenerPalabraAlAzar(listaDePalabras) tomará una lista de cadenas que se le pasan, y devuelve una cadena de ahí. Es como se elige una palabra para que el jugador adivine.
- mostrarTablero(IMÁGENES_AHORCADO, letrasIncorrectas, letrasCorrectas, palabraSecreta) mostrarán el estado actual del tablero, incluyendo cuanto ha adivinado el jugador de la palabra secreta hasta el momento, y las letras equivocadas que el jugador ha intentado. Esta función necesita que se le pasen cuatro parámetros para que funcione correctamente. IMÁGENES_AHORCADO es una lista de cadenas que contiene el arte ASCII para cada posible tablero del ahorcado. letrasCorrectas y letrasIncorrectas son cadenas formadas por las letras que el jugador ha intentado que están y no están en la palabra secreta, respectivamente. Y palabraSecreta es la palabra secreta que el jugador está tratando de adivinar. Esta función no tiene valor de retorno.
- obtenerIntento(letrasProbadas) toma una cadena con las letras que el jugador ya ha adivinado y se mantiene pidiendo al jugador por una letra que no está en letrasProbadas. Esta función devuelve la cadena de la letra valida que el jugador intentó.
- jugarDeNuevo() es una función que pregunta si el jugador quiere jugar otra ronda de Ahorcado. Esta función devuelve True si el jugador lo hace y False si el jugador no lo hace.

Después de las funciones está el código de la parte principal del programa en la línea 106. Todo lo anterior fueron solamente definiciones de función y una larga sentencia de asignación para IMÁGENES_AHORCADO.

Configuración de las Variables

```
106. print('A H O R C A D O')
107. letrasIncorrectas = ''
108. letrasCorrectas = ''
109. palabraSecreta = obtenerPalabraAlAzar(words)
110. juegoTerminado = False
```

La línea 106 es la primera llamada a print() que se ejecuta cuando inicia el juego. Muestra el título del juego. A continuación, se asignan cadenas en blanco para letrasIncorrectas y letrasCorrectas ya que el jugador no ha intentado aún ninguna letra falla o correcta.

La llamada a obtenerPalabraAlAzar(palabras) devolverá una palabra seleccionada al azar entre la lista de palabras.

La línea 110 establece juegoTerminado como False. El código establecerá juegoTerminado True cuando quiera indicar que el juego ha terminado y debería preguntar al jugador si quiere volver a jugar.

Mostrando el Tablero al Jugador

```
112. while True:
113.     mostrarTablero(IMÁGENES_AHORCADO, letrasIncorrectas, letrasCorrectas,
palabraSecreta)
```

La condición del bucle while siempre es True, lo que significa que se repetirá indefinidamente hasta que se encuentre una sentencia break. (Esto sucede más adelante en la línea 147.)

La línea 113 llama a la función mostrarTablero(), pasándole la lista de imágenes de arte ASCII del ahorcado y las tres variables creadas en las líneas 107, 108 y 109. En base al número de letras que el jugador ha intentado correctamente y ha fallado, esta función muestra el tablero del ahorcado adecuado al jugador.

Dejar que el Jugador Introduzca un Intento

```
115.     # Permite al jugador escribir una letra.
116.     intento = obtenerIntento(letrasIncorrectas + letrasCorrectas)
```

La función obtenerIntento() necesita todas las letras en letrasIncorrectas y letrasCorrectas combinadas, así que la línea 116 concatena las cadenas en estas variables y pasa el resultado como argumento. Este argumento es necesario para obtenerIntento() ya que la función tiene que comprobar si el jugador escribe una letra que ya ha adivinado.

Verificando si la Letra está en la Palabra Secreta

```
118.     if intento in palabraSecreta:
119.         letrasCorrectas = letrasCorrectas + intento
```

Si la cadena del intento existe en palabraSecreta, concatena entonces el intento el final de la cadena letrasCorrectas. Esta cadena será el nuevo valor de letrasCorrectas.

Verificando si el Jugador ha Ganado

```
121.     # Verifica si el jugador ha ganado.
122.     encontradoTodasLasLetras = True
123.     for i in range(len(palabraSecreta)):
```

```
124.             if palabraSecreta[i] not in letrasCorrectas:
125.                 encontradoTodasLasLetras = False
126.                 break
```

¿Cómo puede el programa de saber si el jugador ha adivinado todas las letras de la palabra secreta? Bueno, letrasCorrectas tiene cada letra que el jugador ha intentado correctamente y palabraSecreta es la propia palabra secreta. Pero uno no puede comprobar si letrasCorrectas == palabraSecreta ya que considera este caso: si palabraSecreta fue la cadena 'nutria' y letrasCorrectas es la cadena 'tiranu', entonces letrasCorrectas == palabraSecreta sería False aunque que el jugador ha adivinado todas las letras en la palabra secreta.

La única manera en la que puedes estar seguro que el jugador ganó es iterar sobre cada letra en palabraSecreta y ver si existe en letrasCorrectas. Si, y sólo si, existe cada letra de palabraSecreta en letrasCorrectas el jugador habrá ganado.

Si encuentras una letra en palabraSecreta que no existe en letrasCorrectas, sabes que el jugador no ha adivinado todas las letras. La nueva variable encontradoTodasLasLetras se establece en True en la línea 122 antes de que empiece el bucle. El bucle comienza asumiendo que se han encontrado todas las letras de la palabra secreta. Pero el código del bucle en la línea 125 va a cambiar encontradoTodasLasLetras a False la primera vez que encuentre una letra en palabraSecreta que no está en letrasCorrectas.

```
127.         if encontradoTodasLasLetras:
128.             print('¡Sí! ¡La palabra secreta es "' + palabraSecreta + '"!
¡Has ganado!')
129.             juegoTerminado = True
```

Si se han encontrado todas las letras de la palabra secreta, se le dice al jugador que ha ganado y juegoTerminado se establece en True.

Cuando el Jugador Realiza un Intento Incorrecto

```
130.     else:
131.         letrasIncorrectas = letrasIncorrectas + intento
```

Este es el inicio del bloque else. Recuerda que el código de este bloque se ejecutará si la condición es False. ¿Pero cuál condición? Para averiguarlo, apunta el dedo al principio de la palabra clave else y muévelo hacia arriba, como en la Figura 9-3. Verás que la indentación de la palabra clave else es la mismo que la indentación de la palabra clave if en la línea 118.

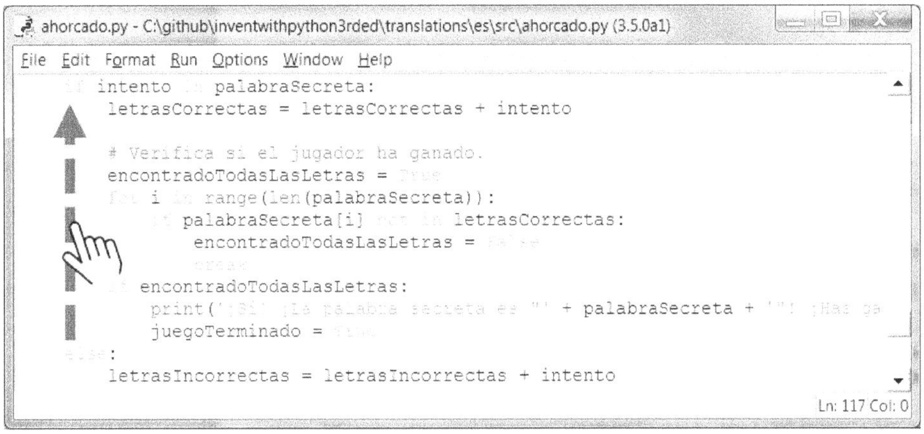

```
if intento    palabraSecreta:
    letrasCorrectas = letrasCorrectas + intento

    # Verifica si el jugador ha ganado.
    encontradoTodasLasLetras =
    for i    range(len(palabraSecreta)):
        palabraSecreta[i]        letrasCorrectas:
            encontradoTodasLasLetras =

    encontradoTodasLasLetras:
        print(           pa_abra secreta es "' + palabraSecreta + '": ¡Has ga
        juegoTerminado =

    letrasIncorrectas = letrasIncorrectas + intento
```

Figura 9-3: La sentencia else coincide en la misma indentación que la sentencia if.

Así que si la condición en la línea 118 (`intento in palabraSecreta`) era `False`, entonces la ejecución se mueve a este bloque `else`.

Las letras que se han intentado erróneamente se concatenan a la cadena `letrasIncorrectas` en la línea 131. Esto es como lo que se hizo en la línea 119 para las letras que el jugador ha adivinado correctamente.

```
133.         # Comprobar si el jugador ha agotado sus intentos y ha perdido.
134.         if len(letrasIncorrectas) == len(IMÁGENES_AHORCADO) - 1:
135.             mostrarTablero(IMÁGENES_AHORCADO, letrasIncorrectas,
letrasCorrectas, palabraSecreta)
136.             print('¡Te has quedado sin intentos!\nDespués de ' +
str(len(letrasIncorrectas)) + ' intentos fallidos y ' +
str(len(letrasCorrectas)) + ' aciertos, la palabra era "' + palabraSecreta +
'"')
137.             juegoTerminado = True
```

Cada vez que el jugador falla un intento, el código concatena la letra incorrecta con la cadena en `letrasIncorrectas`. Así, la longitud de `letrasIncorrectas` (o, en código, `len(letrasIncorrectas)`) es también el número de intentos equivocados.

La lista IMÁGENES_AHORCADO tiene 7 cadenas de arte ASCII. Así que cuando `len(letrasIncorrectas)` sea igual a 6, ya sabes que el jugador ha perdido porque se habrá terminado la imagen del ahorcado. Recuerda, IMÁGENES_AHORCADO[0] es el primer elemento de la lista, e IMÁGENES_AHORCADO[6] es la última.

Así que, cuando la longitud de la cadena letrasIncorrectas es igual a `len(IMÁGENES_AHORCADO) - 1` (es decir, 6), el jugador se ha quedado sin intentos. La línea 136 imprime la palabra secreta y la línea 137 asigna True a la variable `juegoTerminado`.

```
139.      # Preguntar al jugador si quiere volver a jugar (pero sólo si el juego
ha terminado).
140.     if juegoTerminado:
141.         if jugarDeNuevo():
142.             letrasIncorrectas = ''
143.             letrasCorrectas = ''
144.             juegoTerminado = False
145.             palabraSecreta = obtenerPalabraAlAzar(palabras)
```

Si el jugador gana o pierde después de intentar una letra, el juego debe preguntar al jugador si quiere volver a jugar. La función jugarDeNuevo() se encarga de obtener un si o no del jugador, por lo que se llama en la línea 141.

Si el jugador quiere jugar otra vez, los valores de letrasIncorrectas y letrasCorrectas deben restablecerse a cadenas en blanco, juegoTerminado en False, y se almacena una nueva palabra secreta en palabraSecreta. De esta manera, cuando la ejecución vuelve al inicio del bucle while en la línea 112, el tablero volverá a un nuevo juego.

```
146.         else:
147.             break
```

Si el jugador no escribe algo que comienza con "s" cuando se le pregunta si quiere volver a jugar, entonces la condición en la línea 141 se evalúa a False y se ejecuta el bloque else. La sentencia break hace que la ejecución salte a la primera instrucción después del bucle. Pero debido a que no hay más instrucciones después del bucle, el programa termina.

Resumen

Este ha sido un capítulo largo, y hemos introducido varios conceptos nuevos. Pero Ahorcado ha sido nuestro juego más avanzado hasta el momento. A medida que los juegos se vuelven más y más complejos, va a ser una buena idea esbozar un diagrama de flujo en el papel sobre lo que sucede en tu programa.

Las listas son valores que pueden contener otros valores. Los métodos son funciones específicas a un tipo de datos. Las listas tienen los métodos append() y reverse(). Las cadenas tienen los métodos lower(), upper(), split(), startswith(), y endsWith(). Aprenderás sobre muchos más tipos de datos y métodos en lo que queda de este libro.

El bucle for es un bucle que itera sobre los elementos de una lista, a diferencia de un bucle while que itera mientras una condición es True. La declaración elif te permite añadir una cláusula "o de lo contrario, si" en el medio de tus sentencias if-else. La sentencia del puede eliminar variables o elementos dentro de las listas.

Capítulo 9 ½

EXTENDIENDO AHORCADO

Temas Tratados En Este Capítulo:
• Diccionario de datos
• Duplas clave-valor (key-value)
• Los métodos keys() y values()
• Los métodos keys() y values() del diccionario
• Asignaciones de variable múltiple

Este programa fue mucho mayor que el programa Reino de Dragones, pero también más sofisticado. Realizar un diagrama de flujo o un pequeño esquema realmente ayuda a recordar como quieres que todo funcione.

Ahora que has creado un simple juego de Ahorcado, veamos unas modos de que puedas extenderlo con nuevas funcionalidades.

Luego de que has jugado al Ahorcado unas veces, puedes pensar que seis intentos de adivinar no son suficientes para la mayoria de las palabras. Podemos sencillamente darle al jugador mas oportunidades agregando cadenas multi-linea a la lista IMAGENES_AHORCADO.

Guarda tu *ahorcado.py* como ahorcado2.py y luego agrega lo siguiente:

```
58. =========''', '''
59.    +----+
60.    |    |
61.   [O    |
62.   /|\   |
63.   / \   |
64.        |
65. =========''', '''
66.    +----+
67.    |    |
68.   [O]   |
69.   /|\   |
70.   / \   |
71.        |
72. =========''']
```

Ahora hay dos nuevas cadenas multi-línea en la lista, uno con sólo la oreja izquierda dibujada, y la otra con ambas dibujadas. Debido a que el programa dirá que el jugador perdió cuando el número de intentos es igual al número de cadenas en IMÁGENES_AHORCADO (menos uno), este es el unico cambio que debes hacer.

Cambia la lista de palabras cambiando las palabras en la línea 59. En vez de animales, podemos tener colores:

```
59.   palabras = palabras = 'rojo naranja amarillo verde azul añil violeta blanco negro marron'.split()
```

O formas:

```
59.   palabras = 'cuadrado triangulo rectangulo circulo elipse rombo trapezoide chevron pentagono hexagono heptagono octogono'.split()
```

O frutas:

```
59.   palabras = 'manzana naranja limon lima pera sandia uva pomelo cereza banana melon mango fresa tomate'.split()
```

Con algunas modificaciones, podemos cambiar nuestro código para que nuestro juego de Ahorcado pueda utilizar todas estas palabras como conjuntos diferentes.

Diccionarios

Para realizar este cambio, necesitaras una nueva estructura de datos llamada **diccionario**. Un diccionario puede almacenar múltiples valores tal como una lista lo hace. Pero en vez de acceder a los elementos con un índice entero, puedes acceder a ellos con un índice de cualquier tipo. Para los diccionarios, estos índices son llamados **claves** (keys en inglés).

Los diccionarios usan { y } llaves en vez de [y] corchetes. Prueba ingresando lo siguiente en la consola interactiva:

```
>>> cosas = {'hola':'Hola ¿como estas?',4:'panceta','spam':9999}
```

Los valores entre las llaves separadas por comas son los **pares clave-valor**. Las claves se encuentran a la izquierda de los dos puntos y los valores a la derecha. Puedes acceder a los valores como elementos en una lista utilizando la clave. Prueba ingresando en la consola interactiva cosas['hola'], cosas[4] y cosas['spam']:

```
>>> cosas = {'hola':'Hola ¿como estas?',4:'panceta','spam':9999}
```

```
>>> cosas['hola']
'Hola ¿como estas?'
>>> cosas[4]
'panceta'
>>> cosas['spam']
9999
```

En vez de utilizar un entero entre los corchetes, utilizas una valor cadena. Esto evaluará el valor para dicha clave.

Obteniendo el Tamaño de Diccionarios con `len()`

Puedes obtener la cantidad de pares clave-valor en el diccionario mediante la función `len()`. Prueba ingresando lo siguiente en la consola interactiva:

```
>>> cosas = {'hola':'Hola ¿como estas?',4:'panceta','spam':9999}
>>> len(cosas)
3
```

La Diferencia entre Diccionario y Lista

Los diccionarios pueden tener claves de cualquier estructura de datos, no solo cadenas. Pero recuerda, como 0 y '0' son valores diferentes, serán claves diferentes. Prueba ingresando lo siguiente en la consola interactiva:

```
>>> spam = {'0':'una cadena', 0:'un entero'}
>>> spam[0]
'un entero'
>>> spam['0']
'una cadena'
```

Las claves en los diccionarios también pueden iterarse utilizando un ciclo `for`. Prueba ingresando lo siguiente en la consola interactiva:

```
>>> favoritos = {'fruta':'manzanas', 'animal':'gatos', 'número':42}
>>> for i in favoritos:
...     print(i)
fruta
animal
número
>>> for i in favoritos:
...     print(favoritos[i])
manzanas
gatos
42
```

Los diccionarios se diferencian de las listas porque los valores dentro de ellos no son ordenados. El primer elemento en una lista llamada `listaCosas` sería `listaCosas[0]`. Pero no hay un "primer" elemento en un diccionario, porque los diccionarios no tienen ningún tipo de orden. Prueba ingresando lo siguiente en la consola interactiva:

```
>>> favoritos1 = {'fruta':'manzana', 'número:42, 'animal':'gatos'}
>>> favoritos2 = {'animal':'gatos', 'número:42, 'fruta':'manzana'}
>>> favoritos1== favoritos2
True
```

La expresión `favoritos1 == favoritos2` se evalúa a `True` porque los diccionarios son no-ordenados. Dos diccionarios se consideran iguales si tienen los mismos pares clave-valor, tipeados en cualquier orden. Mientras tanto, las listas son ordenadas, dos listas con los mismos valores en distinto orden se consideran diferentes. Prueba ingresando lo siguiente en la consola interactiva.

```
>>> listaFavs1 = ['manzanas', 'gatos', 42]
>>> listaFavs2 = ['gatos', 42, 'manzanas']
>>> listaFavs1 == listFavs2
False
```

Los diccionarios poseen dos métodos útiles, `keys()` y `values()`. Estos devolverán valores de un tipo llamados `dict_keys` y `dict_values` respectivamente (claves y valores). Similar a los objetos de rango, los valores de estos tipo de datos pueden convertirse facilmente a listas con la función `list()`. Prueba ingresando lo siguiente en la consola interactiva:

```
>>> favoritos = {'fruta':'manzanas', 'animal':'gatos', 'número:42}
>>> list(favoritos.keys())
['fruta', 'número, 'animal']
>>> list(favoritos.values())
['manzanas', 42, 'gatos']
```

Conjuntos de Palabras para el Ahorcado

Cambiemos el código en el Ahorcado para soportar diferentes conjuntos de palabras secretas. Primero, cambia el valor en palabras a un diccionario cuyas claves sean cadenas y los valores sean listas de cadenas. El método de cadena `split()` será empleado para convertir la cadena en una lista de cadenas con una palabra cada una.

```
 59. palabras = {'Colores':'rojo naranja amarillo verde azul añil violeta
blanco negro marron'.split(),
 60. 'Formas':'cuadrado triangulo rectangulo circulo elipse rombo trapezoide
chevron pentagono hexagono heptagono octogono'.split(),
```

```
61. 'Frutas':'manzana naranja limon lima pera sandia uva pomelo cereza banana
melon mango fresa tomate'.split(),
62. 'Animales':'murcielago oso castor gato pantera cangrejo ciervo perro burro
pato aguila pez rana cabra sanguijuela leon lagarto mono alce raton nutria buho
panda piton conejo rata tiburon oveja mofeta calamar tigre pavo tortuga
comadreja ballena lobo wombat cebra'.split()}
```

Este código dispuesto en múltiples líneas es interpretado como "una sola línea", ya que la línea no termina hasta la clave } final.

La Función random.choice()

La función choice() del módulo random requiere una lista como argumento y devuelve un valor aleatorio de él, al igual que lo hacia tu función obtenerPalabraAlAzar(). Usarás random.choice() en la nueva versión de obtenerPalabraAlAzar().

Para ver como la función random.choice() funciona, prueba ingresando lo siguiente en la consola interactiva:

```
>>> import random
>>> random.choice(['gato', 'perro', 'ratón'])
'mouse'
>>> random.choice(['gato', 'perro', 'ratón'])
'cat'
>>> random.choice([2, 22, 222, 223])
2
>>> random.choice([2, 22, 222, 223])
222
```

Cambia el obtenerPalabraAlAzar() para que su parámetro sea un diccionario de listas de cadenas, en vez de tan sólo una lista de cadenas. Así es como la función se veía originalmente:

```
61. def obtenerPalabraAlAzar(listaDePalabras):
62.     # Esta función devuelve una cadena al azar de la lista de cadenas
pasada como argumento.
63.     índiceDePalabras = random.randint(0, len(listaDePalabras) - 1)
64.     return listaDePalabras[índiceDePalabras]
```

Cambia el código en esta función para que se vea así:

```
64. def obtenerPalabraAlAzar(listaDePalabras):
65.     # Esta función devuelve una cadena al azar de la lista de cadenas
pasada como argumento.
66.     # Primero, elige una clave al azar del diccionario:
```

```
67.      claveDePalabras = random.choice(list(diccionarioDePalabras.keys()))
68.
69.      # Segundo, elige una palabra aleatoria de la lista correspondiente a la
clave en el diccionario:
70.      índiceDePalabra = random.randint(0,
len(diccionarioDePalabras[claveDePalabras]) - 1)
71.
72.      return [diccionarioDePalabras[claveDePalabras][índiceDePalabra],
claveDePalabras]
```

El nombre del parámetro `listaDePalabras` se cambia a `diccionarioDePalabras` para ser más descriptivo. Ahora en vez de elegir una cadena al azar de una lista de cadenas, primero la función elige una clave aleatoriamente en el diccionario llamando a `random.choice()`.

En vez de devolver `listaDePalabras[índiceDePalabras]`, la función devuelve una lista con dos elementos. El primero es `diccionarioDePalabras[claveDePalabras][índiceDePalabra]`. El segundo `claveDePalabras`.

Evaluando un Diccionario de Listas

La expresión `diccionarioDePalabras[claveDePalabras][índiceDePalabra]` puede lucir complicada, pero es tan sólo una expresión que puedes evaluar un paso a la vez. Primero, `claveDePalabras` posee el valor `'Frutas'` (elegido en la línea 67) y ahora `índiceDePalabra` posee el valor 5 (elegido en la línea 70). Así es como se evalúa `diccionarioDePalabras[claveDePalabras][índiceDePalabra]`:

```
diccionarioDePalabras[claveDePalabras][índiceDePalabra]
        ▼
diccionarioDePalabras['Frutas'][índiceDePalabra]
        ▼
['manzana', 'naranja', 'limon', 'lima', 'pera', 'sandia', 'uva', 'pomelo',
'cereza', 'banana', 'melon', 'mango', 'fresa', 'tomate'[índiceDePalabra]
        ▼
['manzana', 'naranja', 'limon', 'lima', 'pera', 'sandia', 'uva', 'pomelo',
'cereza', 'banana', 'melon', 'mango', 'fresa', 'tomate'[5]
        ▼
    'sandia'
```

En este caso, el elemento de la lista que devuele la función será la cadena `'sandia'`. (Recuerda que los índices comienzan en 0, así que `[5]` refiere al sexto elemento en la lista.)

Dado que `obtenerPalabraAlAzar()` ahora devuelve una lista de dos elementos en vez de una cadena, a `palabraSecreta` se le asignará una lista y no una cadena. Puedes asignar ambos elementos a dos variables separadas utilizando un truco de asignación múltiple.

Asignación Múltiple

Puedes especificar múltiples variables, separadas por comas, al lado izquierdo de la declaración de asignación. Prueba ingresando lo siguiente en la consola interactiva:

```
>>> a, b, c = ['manzanas', 'gatos', 42]
>>> a
'manzanas'
>>> b
'gatos'
>>> c
42
```

El ejemplo anterior es equivalente a las siguientes sentencias de asignación:

```
>>> a = ['manzanas', 'gatos', 42][0]
>>> b = ['manzanas', 'gatos', 42][1]
>>> c = ['manzanas', 'gatos', 42][2]
```

El truco está en colocar la misma cantidad de variables como de elementos a la derecha del signo =. Python automáticamente asignará el valor del primer elemento a la primer variable, el valor del segundo elemento en la segunda variable y así continuamente. Pero si no posees la misma cnatidad de elemento, el interprete de Python dará un error.

```
>>> a, b, c, d = ['manzanas', 'gatos', 42, 10, 'hola']
Traceback (most recent call last):
  File "<pyshell#8>", line 1, in <module>
    a, b, c, d = ['manzanas', 'gatos', 42, 10, 'hola']
ValueError: too many values to unpack

>>> a, b, c, d = ['manzanas', 'gatos']
Traceback (most recent call last):
  File "<pyshell#9>", line 1, in <module>
    a, b, c = ['manzanas', 'gatos']
ValueError: need more than 2 values to unpack
```

Cambia tu código en Ahorcado para utilizar este truco con la devolución de obtenerPalabraAlAzar():

```
108. letrasCorrectas = ''
109. palabraSecreta, claveSecreta = obtenerPalabraAlAzar(palabras)
110. juegoTerminado = False
...
144. juegoTerminado = False
145. palabraSecreta, claveSecreta = obtenerPalabraAlAzar(palabras)
```

```
146.  else:
```

Imprimendo la Categoría para el Jugador

El último cambio que realizarás es decirle al jugador que conjunto de palabras está intentando de adivinar. De esta manera, cuando el jugador juegue el juego podrá saber si la palabra secreta es un animal, color, forma o fruta. Agrega estas líneas de código luego de la línea 112.

```
112.  while True:
113.      mostrarTablero(IMÁGENES_AHORCADO, letrasIncorrectas, letrasCorrectas,
palabraSecreta)
```

Agrega una línea de modo que tu programa se vea así:

```
112.  while True:
113.      print('La palabra secreta pertenece al conjunto: ' + claveSecreta)
114.      mostrarTablero(IMÁGENES_AHORCADO, letrasIncorrectas, letrasCorrectas,
palabraSecreta)
```

Ahora has terminado con nuestros cambios al Ahorcado. En vez de sólo una lista de cadenas, la palabra secreta es elegida de diferentes listas de cadenas. El programa también dirá al jugador de qué conjunto de palabras es la palabra secreta.

Prueba jugar esta nueva versión. Luego puedes cambiar el diccionario de palabras de la línea 59 para incluir mas conjuntos de palabras¡Ahora tu juego de Ahorcado puede ser extendido facilmente!

Resumen

Hemos terminado el Ahorcado. Incluso luego de haber terminado de escribir un juego, puedes facilmente agregar más características luego de haber aprendio más programación.

El Ahorcado es ligeramente avanzado comparado con los juegos previos en este libro. Pero en este punto, sabes muchos de los conceptos básicos para escribir programas: variables, ciclos, funciones y los tipos de datos de Python como listas y diccionarios. Los siguientes programas en este libro seguirán siendo un desafío a dominar, pero acabas de terminar el la parte más empinada de la escalada.

Capítulo 10

TA TE TI

Temas Tratados En Este Capítulo:
- Inteligencia Artificial
- Referencias en Listas
- Evaluación en Cortocircuito
- El Valor None

Este capítulo presenta un juego de Ta Te Ti contra una inteligencia artificial simple. Una **inteligencia artificial (IA)** es un programa de computadora que puede responder inteligentemente a los movimientos del jugador. Este juego no introduce ningún nuevo concepto que sea complicado. La inteligencia artificial del juego de Ta Te Ti consiste en sólo unas pocas líneas de código.

Dos personas pueden jugar Ta Te Ti con lápiz y papel. Un jugador es X y el otro es O. En un tablero consistente en nueve cuadrados, los jugadores toman turnos para colocar sus X u O. Si un jugador consigue ubicar tres de sus marcas en el tablero sobre la misma línea, columna o alguna de las dos diagonales, gana. Cuando el tablero se llena y ningún jugador ha ganado, el juego termina en empate.

Este capítulo no introduce muchos nuevos conceptos de programación. Hace uso de nuestro conocimiento adquirido hasta ahora para crear un jugador inteligente de Ta Te Ti. Empecemos mirando una prueba de ejecución del programa. El jugador hace su movimiento escribiendo el número del espacio en el que quiere jugar. Estos números están dispuestos de igual forma que las teclas numéricas en tu teclado (ver Figura 10-2).

Prueba de Ejecución de Ta Te Ti

```
¡Bienvenido al Ta Te Ti!
¿Deseas ser X o O?
X
La computadora irá primero.
   |   |
 O |   |
   |   |
-----------
   |   |
   |   |
```

```
    |   |
-----------
    |   |
    |   |
    |   |
¿Cuál es tu próxima jugada? (1-9)
3
    |   |
 O  |   |
    |   |
-----------
    |   |
    |   |
    |   |
-----------
    |   |
 O  |   | X
    |   |
¿Cuál es tu próxima jugada? (1-9)
4
    |   |
 O  |   | O
    |   |
-----------
    |   |
 X  |   |
    |   |
-----------
    |   |
 O  |   | X
    |   |
¿Cuál es tu próxima jugada? (1-9)
5
    |   |
 O  | O | O
    |   |
-----------
    |   |
 X  | X |
    |   |
-----------
    |   |
 O  |   | X
    |   |
¡La computadora te ha vencido! Has perdido.
¿Deseas volver a jugar? (sí/no)?
no
```

Código Fuente del Ta Te Ti

En una nueva ventana del editor de archivos, escribe el siguiente código y guárdalo como
tateti.py. Luego ejecuta el juego pulsando F5.

```
tateti.py
1.  # Ta Te Ti
2.
3.  import random
4.
5.  def dibujarTablero(tablero):
6.      # Esta función dibuja el tablero recibido como argumento.
7.
8.      # "tablero" es una lista de 10 cadenas representando la pizarra
(ignora índice 0)
9.      print('   |   |')
10.     print(' ' + tablero[7] + ' | ' + tablero[8] + ' | ' + tablero[9])
11.     print('   |   |')
12.     print('-----------')
13.     print('   |   |')
14.     print(' ' + tablero[4] + ' | ' + tablero[5] + ' | ' + tablero[6])
15.     print('   |   |')
16.     print('-----------')
17.     print('   |   |')
18.     print(' ' + tablero[1] + ' | ' + tablero[2] + ' | ' + tablero[3])
19.     print('   |   |')
20.
21. def ingresaLetraJugador():
22.     # Permite al jugador typear que letra desea ser.
23.     # Devuelve una lista con las letras de los jugadores como primer item,
y la de la computadora como segundo.
24.     letra = ''
25.     while not (letra == 'X' or letra == 'O'):
26.         print('¿Deseas ser X o O?')
27.         letra = input().upper()
28.
29.     # el primer elemento de la lista es la letra del jugador, el segundo
es la letra de la computadora.
30.     if letra == 'X':
31.         return ['X', 'O']
32.     else:
33.         return ['O', 'X']
34.
35. def quienComienza():
36.     # Elije al azar que jugador comienza.
37.     if random.randint(0, 1) == 0:
```

```
38.          return 'La computadora'
39.      else:
40.          return 'El jugador'
41.
42. def jugarDeNuevo():
43.      # Esta funcion devuelve True (Verdadero) si el jugador desea volver a
jugar, de lo contrario devuelve False (Falso).
44.      print('¿Deseas volver a jugar? (sí/no)?')
45.      return input().lower().startswith('s')
46.
47. def hacerJugada(tablero, letra, jugada):
48.      tablero[jugada] = letra
49.
50. def esGanador(ta, le):
51.      # Dado un tablero y la letra de un jugador, devuelve True (verdadero)
si el mismo ha ganado.
52.      # Utilizamos reemplazamos tablero por ta y letra por le para no
escribir tanto.
53.      return ((ta[7] == le and ta[8] == le and ta[9] == le) or # horizontal
superior
54.      (ta[4] == le and ta[5] == le and ta[6] == le) or # horizontal medio
55.      (ta[1] == le and ta[2] == le and ta[3] == le) or # horizontal inferior
56.      (ta[7] == le and ta[4] == le and ta[1] == le) or # vertical izquierda
57.      (ta[8] == le and ta[5] == le and ta[2] == le) or # vertical medio
58.      (ta[9] == le and ta[6] == le and ta[3] == le) or # vertical derecha
59.      (ta[7] == le and ta[5] == le and ta[3] == le) or # diagonal
60.      (ta[9] == le and ta[5] == le and ta[1] == le)) # diagonal
61.
62. def obtenerDuplicadoTablero(tablero):
63.      # Duplica la lista del tablero y devuelve el duplicado.
64.      dupTablero = []
65.
66.      for i in tablero:
67.          dupTablero.append(i)
68.
69.      return dupTablero
70.
71. def hayEspacioLibre(tablero, jugada):
72.      # Devuelte true si hay espacio para efectuar la jugada en el tablero.
73.      return tablero[jugada] == ' '
74.
75. def obtenerJugadaJugador(tablero):
76.      # Permite al jugador escribir su jugada.
77.      jugada = ' '
78.      while jugada not in '1 2 3 4 5 6 7 8 9'.split() or not
hayEspacioLibre(tablero, int(jugada)):
79.          print('¿Cuál es tu próxima jugada? (1-9)')
```

```
80.         jugada = input()
81.     return int(jugada)
82.
83. def elegirAzarDeLista(tablero, listaJugada):
84.     # Devuelve una jugada válida en el tablero de la lista recibida.
85.     # Devuelve None si no hay ninguna jugada válida.
86.     jugadasPosibles = []
87.     for i in listaJugada:
88.         if hayEspacioLibre(tablero, i):
89.             jugadasPosibles.append(i)
90.
91.     if len(jugadasPosibles) != 0:
92.         return random.choice(jugadasPosibles)
93.     else:
94.         return None
95.
96. def obtenerJugadaComputadora(tablero, letraComputadora):
97.     # Dado un tablero y la letra de la computadora, determina que jugada efectuar.
98.     if letraComputadora == 'X':
99.         letraJugador = 'O'
100.     else:
101.         letraJugador = 'X'
102.
103.     # Aqui está nuestro algoritmo para nuestra IA (Inteligencia Artificial) del Ta Te Ti.
104.     # Primero, verifica si podemos ganar en la próxima jugada
105.     for i in range(1, 10):
106.         copia = obtenerDuplicadoTablero(tablero)
107.         if hayEspacioLibre(copia, i):
108.             hacerJugada(copia, letraComputadora, i)
109.             if esGanador(copia, letraComputadora):
110.                 return i
111.
112.     # Verifica si el jugador podria ganar en su próxima jugada, y lo bloquea.
113.     for i in range(1, 10):
114.         copia = obtenerDuplicadoTablero(tablero)
115.         if hayEspacioLibre(copia, i):
116.             hacerJugada(copia, letraJugador, i)
117.             if esGanador(copia, letraJugador):
118.                 return i
119.
120.     # Intenta ocupar una de las esquinas de estar libre.
121.     jugada = elegirAzarDeLista(tablero, [1, 3, 7, 9])
122.     if jugada != None:
123.         return jugada
```

```
124.
125.        # De estar libre, intenta ocupar el centro.
126.        if hayEspacioLibre(tablero, 5):
127.            return 5
128.
129.        # Ocupa alguno de los lados.
130.        return elegirAzarDeLista(tablero, [2, 4, 6, 8])
131.
132. def tableroCompleto(tablero):
133.        # Devuelve True si cada espacio del tablero fue ocupado, caso
contrario devuele False.
134.        for i in range(1, 10):
135.            if hayEspacioLibre(tablero, i):
136.                return False
137.        return True
138.
139.
140. print('¡Bienvenido al Ta Te Ti!')
141.
142. while True:
143.        # Resetea el tablero
144.        elTablero = [' '] * 10
145.        letraJugador, letraComputadora = ingresaLetraJugador()
146.        turno = quienComienza()
147.        print(turno + ' irá primero.')
148.        juegoEnCurso = True
149.
150.        while juegoEnCurso:
151.            if turno == 'El jugador':
152.                # Turno del jugador
153.                dibujarTablero(elTablero)
154.                jugada = obtenerJugadaJugador(elTablero)
155.                hacerJugada(elTablero, letraJugador, jugada)
156.
157.                if esGanador(elTablero, letraJugador):
158.                    dibujarTablero(elTablero)
159.                    print('¡Felicidades, has ganado!')
160.                    juegoEnCurso = False
161.                else:
162.                    if tableroCompleto(elTablero):
163.                        dibujarTablero(elTablero)
164.                        print('¡Es un empate!')
165.                        break
166.                    else:
167.                        turno = 'La computadora'
168.
169.            else:
```

```
170.            # Turno de la computadora
171.            jugada = obtenerJugadaComputadora(elTablero, letraComputadora)
172.            hacerJugada(elTablero, letraComputadora, jugada)
173.
174.            if esGanador(elTablero, letraComputadora):
175.                dibujarTablero(elTablero)
176.                print('¡La computadora te ha vencido! Has perdido.')
177.                juegoEnCurso = False
178.            else:
179.                if tableroCompleto(elTablero):
180.                    dibujarTablero(elTablero)
181.                    print('¡Es un empate!')
182.                    break
183.                else:
184.                    turno = 'El jugador'
185.
186.    if not jugarDeNuevo():
187.        break
```

Diseñando el Programa

La Figura 10-1 muestra cómo se vería un diagrama de flujo del Ta Te Ti. En nuestro programa del Ta Te Ti el jugador elige si quiere ser X u O. Quién toma el primer turno se elige al azar. Luego el jugador y la computadora toman turnos para jugar.

Los recuadros a la izquierda del diagrama de flujo son lo que ocurre durante el turno del jugador. El lado derecho muestra lo que ocurre durante el turno de la computadora. El jugador tiene un recuadro extra para dibujar el tablero ya que la computadora no precisa ver el tablero impreso en la pantalla. Luego de que el jugador o la computadora hacen su movimiento, revisamos si han ganado u ocasionado un empate, y entonces cambia el turno del juego. Después de que termina el juego, le preguntamos al jugador si desea jugar otra vez.

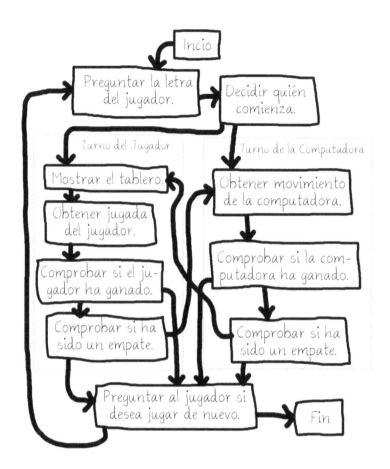

Figura 10-1: Diagrama de flujo para el Ta Te Ti

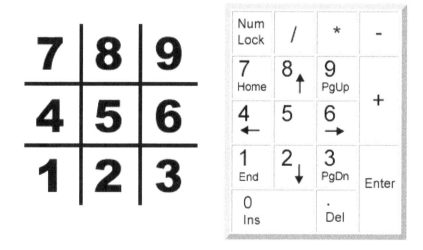

Figura 10-2: El tablero está ordenado igual que el teclado numérico de la computadora.

Representando el Tablero como Datos

Primero, necesitamos entender cómo vamos a representar el tablero como una variable. Sobre papel, el tablero de Ta Te Ti se dibuja como un par de líneas horizontales y un par de líneas verticales, con una X, una O o un espacio vacío en cada una de las nueve regiones formadas.

En el programa, el tablero de Ta Te Ti se representa como una lista de cadenas. Cada cadena representa uno de los nueve espacios en el tablero. Para que sea más fácil recordar qué índice de la lista corresponde a cada espacio, los ordenaremos igual que en el tablero numérico del teclado, como se muestra en la Figura 10-2.

Las cadenas serán `'X'` para el jugador X, `'O'` para el jugador O, o un espacio simple `' '` para un espacio vacío.

Entonces si una lista de diez cadenas se guardase en una variable llamada tablero, `tablero[7]` sería el espacio superior izquierdo en el tablero. De la misma forma `tablero[5]` sería el centro, `tablero[4]` sería el costado izquierdo, etcétera. El programa ignorará la cadena en el índice 0 de la lista. El jugador entrará un número de 1 a 9 para decirle al juego sobre qué espacio quiere jugar.

IA del Juego

La IA necesitará poder ver el tablero y decidir sobre qué tipo de espacios mover. Para ser claros, definiremos tres tipos de espacios en el tablero de Ta Te Ti: esquinas, lados y el centro. La Figura 10-3 presenta un esquema de qué es cada espacio.

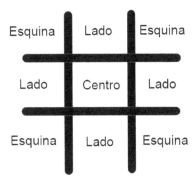

Figura 10-3: Ubicación de los lados, esquinas y centro en el tablero.

La astucia de la IA para jugar al Ta Te Ti seguirá un algoritmo simple. Un **algoritmo** es una serie finita de instrucciones para computar un resultado. Un único programa puede hacer uso de varios algoritmos diferentes. Un algoritmo puede representarse con un diagrama de flujo. El algoritmo de la IA del Ta Te Ti computa la mejor movida disponible, como se muestra en la Figura 10-4.

El algoritmo de la IA consiste en los siguientes pasos:

1. Primero, ver si hay un movimiento con el que la computadora pueda ganar el juego. Si lo hay, hacer ese movimiento. En caso contrario, ir al paso 2.
2. Ver si existe un movimiento disponible para el jugador que pueda hacer que la computadora pierda el juego. Si existe, la computadora debería jugar en ese lugar para bloquear la jugada ganadora. En caso contrario, ir al paso 3.
3. Comprobar si alguna de las esquinas (espacios 1, 3, 7, ó 9) está disponible. Si lo está, mover allí. Si no hay ninguna esquina disponible, ir al paso 4.
4. Comprobar si el centro está libre. Si lo está, jugar en el centro. Si no lo está, ir al paso 5.
5. Jugar en cualquiera de los lados (espacios 2, 4, 6, u 8). No hay más pasos, ya que si hemos llegado al paso 5 los únicos espacios restantes son los lados.

Todo esto ocurre dentro del casillero "Obtener movimiento de la computadora." en nuestro diagrama de flujo de la Figura 10-1. Podrías añadir esta información al diagrama de flujo con los recuadros de la Figura 10-4.

Figura 10-4: Los cinco pasos del algoritmo "Obtener movimiento de la computadora". Las flechas salientes van al recuadro "Comprobar si la computadora ha ganado".

Este algoritmo es implementado en la función obtenerJugadaComputadora() y las otras funciones llamadas por obtenerJugadaComputadora().

El Comienzo del Programa

```
1. # Ta Te Ti
2.
3. import random
```

El primer par de líneas son un comentario y la importación del módulo random para poder llamar a la función randint().

Dibujando el Tablero en la Pantalla

```
5. def dibujarTablero(tablero):
6.     # Esta función dibuja el tablero recibido como argumento.
7.
8.     # "tablero" es una lista de 10 cadenas representando la pizarra
(ignora índice 0)
9.     print('   |   |')
10.     print(' ' + tablero[7] + ' | ' + tablero[8] + ' | ' + tablero[9])
11.     print('   |   |')
12.     print('-----------')
13.     print('   |   |')
14.     print(' ' + tablero[4] + ' | ' + tablero[5] + ' | ' + tablero[6])
15.     print('   |   |')
16.     print('-----------')
17.     print('   |   |')
18.     print(' ' + tablero[1] + ' | ' + tablero[2] + ' | ' + tablero[3])
19.     print('   |   |')
```

La función dibujarTablero() imprimirá el tablero de juego representado por el parámetro tablero. Recuerda que nuestro tablero se representa como una lista de diez cadenas, donde la cadena correspondiente al índice 1 es la marca en el espacio 1 sobre el tablero del Ta Te Ti. La cadena en el índice 0 es ignorada. Muchas de nuestras funciones operarán pasando una lista de diez cadenas a modo de tablero.

Asegúrate de escribir correctamente los espacios en las cadenas, ya que de otra forma el tablero se verá raro al imprimirse en pantalla. Aquí hay algunas llamadas de ejemplo (con un argumento como tablero) a dibujarTablero() junto con las correspondientes salidas de la función:

```
>>> dibujarTablero([' ', ' ', ' ', ' ', 'X', 'O', ' ', 'X', ' ', 'O']
   |   |
 X |   | O
   |   |
-----------
   |   |
```

```
 X | O |
   |   |
-----------
   |   |
   |   |
   |   |
>>> [' ', 'O', 'O', ' ', ' ', 'X', ' ', ' ', ' ']
   |   |
   |   |
   |   |
-----------
   |   |
   | X |
   |   |
-----------
   |   |
 O | O |
   |   |
>>> [' ', ' ', ' ', ' ', ' ', ' ', ' ', ' ', ' ']
   |   |
   |   |
   |   |
-----------
   |   |
   |   |
   |   |
-----------
   |   |
   |   |
   |   |
```

Dejando al Jugador elegir X u O

```
21. def ingresaLetraJugador():
22.     # Permite al jugador typear que letra desea ser.
23.     # Devuelve una lista con las letras de los jugadores como primer item,
y la de la computadora como segundo.
24.     letra = ''
25.     while not (letra == 'X' or letra == 'O'):
26.         print('¿Deseas ser X o O?')
27.         letra = input().upper()
```

La función ingresaLetraJugador() pregunta al jugador si desea ser X u O. Continuará
preguntando al jugador hasta que este escriba X u O. La línea 27 cambia automáticamente la
cadena devuelta por la llamada a input() a letras mayúsculas con el método de cadena upper().

La condición del bucle while contiene paréntesis, lo que significa que la expresión dentro del paréntesis es evaluada primero. Si se asignara 'X' a la variable letra, la expresión se evaluaría de esta forma:

```
not (letra == 'X' or letra == '0')
     ▼
not ('X' == 'X'    or 'X' == '0')
     ▼
not (  True      or    False)
     ▼
not (True)
     ▼
not True
     ▼
    False
```

Si letra tiene valor 'X' o '0', entonces la condición del bucle es False y permite que la ejecución del programa continúe luego del bloque while.

```
29.      # el primer elemento de la lista es la letra del jugador, el segundo
es la letra de la computadora.
30.    if letra == 'X':
31.        return ['X', '0']
32.    else:
33.        return ['0', 'X']
```

Esta función devuelve una lista con dos elementos. El primer elemento (la cadena del índice 0) será la letra del jugador, y el segundo elemento (la cadena del índice 1) será la letra de la computadora. Estas sentencias if-else elige la lista adecuada a devolver.

Decidiendo Quién Comienza

```
35. def quienComienza():
36.    # Elije al azar que jugador comienza.
37.    if random.randint(0, 1) == 0:
38.        return 'La computadora'
39.    else:
40.        return 'El jugador'
```

La función quienComienza() lanza una moneda virtual para determinar quien comienza entre la computadora y el jugador. El lanzamiento virtual de moneda se realiza llamando a random.randint(0, 1). Si esta llamada a función devuelve 0, la función quienComienza() devuelve la cadena 'La computadora'. De lo contrario, la función devuelve la cadena 'El jugador'. El código que llama a esta función usará el valor de retorno para saber quién hará la primera movida del juego.

Preguntando al Jugador si desea Jugar de Nuevo

```
42. def jugarDeNuevo():
43.     # Esta funcion devuelve True (Verdadero) si el jugador desea volver a
jugar, de lo contrario devuelve False (Falso).
44.     print('¿Deseas volver a jugar? (sí/no)?')
45.     return input().lower().startswith('s')
```

La función jugarDeNuevo() pregunta al jugador si desea jugar de nuevo. Esta función devuelve True si el jugador escribe 'sí' or 'SÍ' or 's' o cualquier cosa que comience con la letra S. Con cualquier otra respuesta, la función devuelve False. Esta función es igual a la utilizada en el juego del Ahorcado.

Colocando una Marca en el Tablero

```
47. def hacerJugada(tablero, letra, jugada):
48.     tablero[jugada] = letra
```

La función hacerJugada() es simple y consiste en sólo una línea. Los parámetros son una lista con diez cadenas llamada tablero, la letra de uno de los jugadores ('X' u 'O') llamada letra, y un espacio en el tablero donde ese jugador quiere jugar (el cual es un entero de 1 a 9) llamado jugada.

Pero espera un segundo. Este código parece cambiar uno de los elementos de la lista tablero por el valor en letra. Pero como este código pertenece a una función, el parámetro tablero será olvidado al salir de esta función y abandonar el entorno de la función. El cambio a tablero también será olvidado.

En realidad, esto no es lo que ocurre. Esto se debe a que las listas se comportan en forma especial cuando las pasas como argumentos a funciones. En realidad estás pasando una referencia a la lista y no la propia lista. Vamos a aprender ahora sobre la diferencia entre las listas y las referencias a listas.

Referencias

Prueba ingresar lo siguiente en la consola interactiva:

```
>>> spam = 42
>>> cheese = spam
```

```
>>> spam = 100
>>> spam
100
>>> cheese
42
```

Esto tiene sentido a partir de lo que sabes hasta ahora. Asignas 42 a la variable spam, y luego copias el valor en spam y lo asignas a la variable cheese. Cuando luego cambias spam a 100, esto no afecta al valor en cheese. Esto es porque spam y cheese son variables diferentes que almacenan valores diferentes

Pero las listas no funcionan así. Cuando asignas una lista a una variable usando el signo =, en realidad asignas a la variable una referencia a esa lista. Una **referencia** es un valor que apunta a un dato. Aquí hay un ejemplo de código que hará que esto sea más fácil de entender. Escribe esto en la consola interactiva:

```
>>> spam = [0, 1, 2, 3, 4, 5]
>>> cheese = spam
>>> cheese[1] = '¡Hola!'
>>> spam
[0, '¡Hola!', 2, 3, 4, 5]
>>> cheese
[0, '¡Hola!', 2, 3, 4, 5]
```

Esto se ve raro. El código sólo modificó la lista cheese, pero parece que tanto la lista cheese como la lista spam han cambiado. Esto se debe a que la variable spam no contiene a la propia lista sino una referencia a la misma, como se muestra en la Figura 10-5. La lista en sí misma no está contenida en ninguna variable, sino que existe por fuera de ellas.

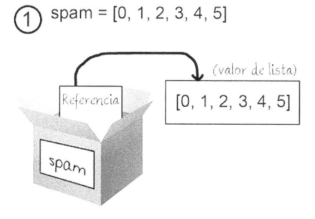

Figura 10-5: Las variables no guardan listas, sino referencias a listas.

Observa que cheese = spam copia *la referencia a lista* en spam a cheese, en lugar de copiar el propio valor de lista. Tanto spam como cheese guardan una referencia que apunta al mismo valor de lista. Pero sólo hay una lista. No se ha copiado la lista, sino una referencia a la misma. La Figura 10-6 ilustra esta copia.

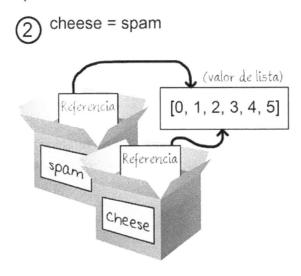

Figura 10-6: Dos variables guardan dos referencias a la misma lista.

Entonces la línea cheese[1] = '¡Hola!' cambia la misma lista a la que se refiere spam. Es por esto que spam parece tener el mismo valor de lista que cheese. Ambas tienen referencias que apuntan a la misma lista, como se ve en la Figura 10-7.

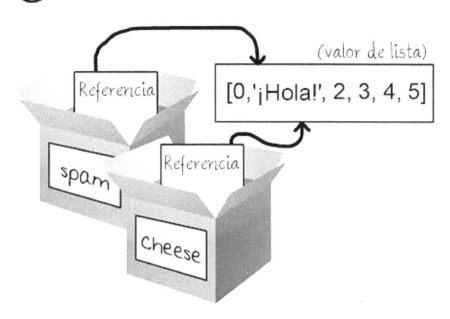

Figura 10-7: Cambio de la lista cambia todas las variables con referencias a la lista.

Si quieres que spam y cheese guarden dos listas diferentes, tienes que crear dos listas diferentes en lugar de copiar una referencia:

```
>>> spam = [0, 1, 2, 3, 4, 5]
>>> cheese = [0, 1, 2, 3, 4, 5]
```

En el ejemplo anterior, spam y cheese almacenan dos listas diferentes (aunque el contenido de ambas sea idéntico). Pero si modificas una de las listas, esto no afectará a la otra porque las variables spam y cheese tienen referencias a dos listas diferentes:

```
>>> spam = [0, 1, 2, 3, 4, 5]
>>> cheese = [0, 1, 2, 3, 4, 5]
>>> cheese[1] = 'Hello!'
>>> spam
[0, 1, 2, 3, 4, 5]
>>> cheese
[0, 'Hello!', 2, 3, 4, 5]
```

La Figura 10-8 muestra como las dos referencias apuntan a dos listas diferentes.

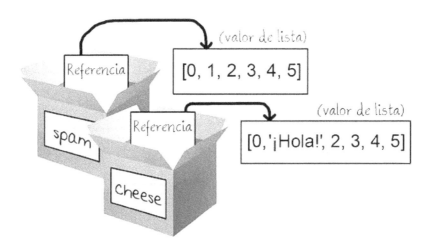

Figura 10-8: Dos variables con referencias a dos listas diferentes.

Los diccionarios funcionan de la misma forma. Las variables no almacenan diccionarios, sino que almacenan referencias a diccionarios.

Usando Referencias a Listas en *hacerJugada()*

Volvamos a la función hacerJugada():

```
47. def hacerJugada(tablero, letra, jugada):
48.     tablero[jugada] = letra
```

Cuando un valor de lista se pasa por el parámetro tablero, la variable local de la función es en realidad una copia de la referencia a la lista, no una copia de la lista. Pero una copia de la referencia sigue apuntando a la misma lista a la que apunta la referencia original. Entonces cualquier cambio a tablero en esta función ocurrirá también en la lista original. Así es cómo la función hacerJugada() modifica la lista original.

Los parámetros letra y jugada son copias de los valores cadena y entero que pasamos. Como son copias de valores, si modificamos letra o jugada en esta función, las variables originales que usamos al llamar a hacerJugada() no registrarán cambios.

Comprobando si el Jugador Ha Ganado

```
50. def esGanador(ta, le):
51.     # Dado un tablero y la letra de un jugador, devuelve True (verdadero)
si el mismo ha ganado.
52.     # Utilizamos reemplazamos tablero por ta y letra por le para no
escribir tanto.
```

```
53.        return ((ta[7] == le and ta[8] == le and ta[9] == le) or # horizontal
superior
54.        (ta[4] == le and ta[5] == le and ta[6] == le) or # horizontal medio
55.        (ta[1] == le and ta[2] == le and ta[3] == le) or # horizontal inferior
56.        (ta[7] == le and ta[4] == le and ta[1] == le) or # vertical izquierda
57.        (ta[8] == le and ta[5] == le and ta[2] == le) or # vertical medio
58.        (ta[9] == le and ta[6] == le and ta[3] == le) or # vertical derecha
59.        (ta[7] == le and ta[5] == le and ta[3] == le) or # diagonal
60.        (ta[9] == le and ta[5] == le and ta[1] == le)) # diagonal
```

Las líneas 53 a 60 en la función esGanador() son el realidad una larga sentencia return. Los nombres ta y le son abreviaturas de los parámetros tablero y letra para no tener que escribir tanto en esta función. Recuerda, a Python no le importa qué nombres uses para tus variables.

Hay ocho posibles formas de ganar al Ta Te Ti. Puedes formar una línea horizontal arriba, al medio o abajo. O puedes formar una línea vertical a la izquierda, al medio o a la derecha. O puedes formar cualquiera de las dos diagonales.

Fíjate que cada línea de la condición comprueba si los tres espacios son iguales a la letra pasada (combinados con el operador and) y usamos el operador or para combinar las ocho diferentes formas de ganar. Esto significa que sólo una de las ocho formas necesita ser verdadera para que podamos afirmar que el jugador a quien pertenece la letra en le es el ganador.

Supongamos que le es '0', y el tablero se ve así:

```
   |   |
 X |   |
   |   |
-----------
   |   |
   | X |
   |   |
-----------
   |   |
 0 | 0 | 0
   |   |
```

Así es como se evaluaría la expresión luego de la palabra reservada return en la línea 53:

```
53.        return ((ta[7] == le and ta[8] == le and ta[9] == le) or # horizontal
superior
54.        (ta[4] == le and ta[5] == le and ta[6] == le) or # horizontal medio
55.        (ta[1] == le and ta[2] == le and ta[3] == le) or # horizontal inferior
56.        (ta[7] == le and ta[4] == le and ta[1] == le) or # vertical izquierda
57.        (ta[8] == le and ta[5] == le and ta[2] == le) or # vertical medio
```

```
58.        (ta[9] == le and ta[6] == le and ta[3] == le) or # vertical derecha
59.        (ta[7] == le and ta[5] == le and ta[3] == le) or # diagonal
60.        (ta[9] == le and ta[5] == le and ta[1] == le)) # diagonal
```

Primero Python reemplazará las variables ta y le por los valores que contienen::

```
return (('X' == 'O' and ' ' == 'O' and ' ' == 'O') or
('  ' == 'O' and 'X' == 'O' and ' ' == 'O') or
('O' == 'O' and 'O' == 'O' and 'O' == 'O') or
('X' == 'O' and ' ' == 'O' and 'O' == 'O') or
('  ' == 'O' and 'X' == 'O' and 'O' == 'O') or
('  ' == 'O' and ' ' == 'O' and 'O' == 'O') or
('X' == 'O' and 'X' == 'O' and 'O' == 'O') or
('  ' == 'O' and 'X' == 'O' and 'O' == 'O'))
```

A continuación, Python evaluará todas las comparaciones == dentro de los paréntesis a un valor
Booleano:

```
return ((False and False and False) or
(False and False and False) or
(True and True and True) or
(False and False and True) or
(False and False and True) or
(False and False and True) or
(False and False and True) or
(False and False and True))
```

Luego el intérprete Python evaluará todas estas expresiones dentro de los paréntesis:

```
return ((False) or
(False) or
(True) or
(False) or
(False) or
(False) or
(False) or
(False))
```

Como ahora hay sólo un valor dentro del paréntesis, podemos eliminarlos:

```
return (False or
False or
True or
False or
```

```
False or
False or
False or
False)
```

Ahora evaluamos la expresión conectada por todos los operadores or:

```
return (True)
```

Una vez más, eliminamos los paréntesis y nos quedamos con un solo valor:

```
return True
```

Entonces dados estos valores para ta y le, la expresión se evaluaría a True. Así es cómo el programa puede decir si uno de los jugadores ha ganado el juego.

Duplicando los Datos del Tablero

```
62. def obtenerDuplicadoTablero(tablero):
63.     # Duplica la lista del tablero y devuelve el duplicado.
64.     dupTablero = []
65.
66.     for i in tablero:
67.         dupTablero.append(i)
68.
69.     return dupTablero
```

La función obtenerDuplicadoTablero() está aquí para que podamos fácilmente hacer una copia de una dada lista de 10 cadenas que representa un tablero de Ta Te Ti en nuestro juego. Algunas veces querremos que nuestro algoritmo IA haga modificaciones temporarias a una copia provisoria del tablero sin cambiar el tablero original. En ese caso, llamaremos a esta función para hacer una copia de la lista del tablero. La nueva lista se crea en la línea 64, con los corchetes [] de lista vacía.

Pero la lista almacenada en dupTablero en la línea 64 es sólo una lista vacía. El bucle for recorre el parámetro tablero, agregando una copia de los valores de cadena en el tablero original al tablero duplicado. Finalmente, después del bucle, se devuelve dupTablero. La función obtenerDuplicadoTablero() construye una copia del tablero original y devuelve una referencia a este nuevo tablero, y no al original.

Comprobando si un Espacio en el Tablero está Libre

```
71. def hayEspacioLibre(tablero, jugada):
```

```
72.     # Devuelte true si hay espacio para efectuar la jugada en el tablero.
73.     return tablero[jugada] == ' '
```

Esta es una función simple que, dado un tablero de Ta Te Ti y una posible jugada, confirmará si esa jugada está disponible o no. Recuerda que los espacios libres en la lista tablero se indican como una cadena con un espacio simple. Si el elemento en el índice del espacio indicado no es igual a una cadena con un espacio simple, el espacio está ocupado y no es una jugada válida.

Permitiendo al Jugador Ingresar Su Jugada

```
75. def obtenerJugadaJugador(tablero):
76.     # Permite al jugador escribir su jugada.
77.     jugada = ' '
78.     while jugada not in '1 2 3 4 5 6 7 8 9'.split() or not
hayEspacioLibre(tablero, int(jugada)):
79.         print('¿Cuál es tu próxima jugada? (1-9)')
80.         jugada = input()
81.     return int(jugada)
```

La función obtenerJugadaJugador() pide al jugador que ingrese el número del espacio en el que desea jugar. El bucle se asegura de que la ejecución no prosiga hasta que el jugador haya ingresado un entero de 1 a 9. También comprueba que el espacio no esté ocupado, dado el tablero de Ta Te Ti pasado a la función en el parámetro tablero.

Las dos líneas de código dentro del bucle while simplemente piden al jugador que ingrese un número de 1 a 9. La condición de la línea 78 es True si cualquiera de las expresiones *a la izquierda o a la derecha* del operador or es True.

La expresión en el lado *izquierdo* comprueba si la jugada ingresada por el jugador es igual a '1', '2', '3', y así hasta '9' mediante la creación de una lista con estas cadenas (usando el método split()) y comprobando si la jugada está en esta lista.

'1 2 3 4 5 6 7 8 9'.split() se evalúa a la lista ['1', '2', '3', '4', '5', '6', '7', '8', '9'], pero es más fácil de escribir.

La expresión sobre el lado *derecho* comprueba si la jugada que el jugador ingresó es un espacio libre en el tablero. Lo comprueba llamando a la función hayEspacioLibre(). Recuerda que hayEspacioLibre() devolverá True si la jugada que le hemos pasado está disponible en el tablero. Nota que hayEspacioLibre() espera un entero en el parámetro jugada, así que empleamos la función int() para evaluar la forma entera de jugada.

Los operadores not se agregan a ambos lados de modo que la condición será True cuando cualquiera de estos requerimientos deje de cumplirse. Esto hará que el bucle pida al jugador una nueva jugada una y otra vez hasta que la jugada ingresada sea válida.

Finalmente, en la línea 81, se devuelve la forma entera de la jugada ingresada por el jugador. Recuerda que input() devuelve una cadena, así que la función int() es llamada para devolver la forma entera de la cadena.

Evaluación en Cortocircuito

Puede ser que hayas notado un posible problema problema en nuestra función obtenerJugadaJugador(). ¿Qué pasaría si el jugador ingresara 'Z' o alguna otra cadena no entera? La expresión jugada not in '1 2 3 4 5 6 7 8 9'.split() sobre el lado izquierdo devolvería False de acuerdo con lo esperado, y entonces evaluaríamos la expresión sobre el lado derecho del operador or.

Pero llamar a int('Z') ocasionaría un error. Python muestra este error porque la función int() sólo puede tomar cadenas o caracteres numéricos, tales como '9' o '0', no cadenas como 'Z'.

Como un ejemplo de este tipo de error, prueba ingresar esto en la consola interactiva:

```
>>> int('42')
42
>>> int('Z')
Traceback (most recent call last):
  File "<pyshell#3>", line 1, in <module>
    int('Z')
ValueError: invalid literal for int() with base 10: 'Z'
```

Pero cuando juegas al Ta Te Ti e intentas ingresar 'Z' en tu jugada, este error no ocurre. La razón de esto es que la condición del bucle while está siendo cortocircuitada.

Evaluar en cortocircuito quiere decur que como el lado izquierdo de la palabra reservada or (jugada not in '1 2 3 4 5 6 7 8 9'.split()) se evalúa a True, el intérprete Python saba que la expresión completa será evaluada a True. No importa si la expresión sobre el lado derecho de la palabra reservada or se evalúa a True o False, porque sólo uno de los valores junto al operador or precisa ser True.

Piensa en esto: La expresión True or False se evalúa a True y la expresión True or True también se evalúa a True. Si el valor sobre el lado izquierdo es True, no importa qué valor esté sobre el lado derecho:

> False and <<<cualquier cosa>>> siempre se evalúa a False

> True or <<<cualquier cosa>>> siempre se evalúa a True

Entonces Python no comprueba el resto de la expresión y ni siquiera se molesta en evaluar la parte not hayEspacioLibre(tablero, int(jugada)). Esto significa las funciones int() y hayEspacioLibre() nunca son llamadas mientras jugada not in '1 2 3 4 5 6 7 8 9'.split() sea True.

Esto funciona bien para el programa, pues si la expresión del lado izquierda es True entonces jugada no es una cadena en forma de número. Esto hace que int() devuelva un error. Las únicas veces que jugada not in '1 2 3 4 5 6 7 8 9'.split() se evalúa a False son cuando jugada no es una cadena compuesta por un único dígito. En ese caso, la llamada a int() no nos daría un error.

Un Ejemplo de Evaluación en Cortocircuito

Aquí hay un pequeño programa que sirve como un buen ejemplo de evaluación en cortocircuito. Prueba escribir lo siguiente en la consola interactiva:

```
>>> def DevuelveTrue():
        print('DevuelveTrue() ha sido llamada.')
        return True

>>> def DevuelveFalse():
        print('DevuelveFalse() ha sido llamada.')
        return False

>>> DevuelveTrue()
DevuelveTrue() ha sido llamada.
True
>>> DevuelveFalse()
DevuelveFalse() ha sido llamada.
False
```

Cuando DevuelveTrue() es llamada, IDLE imprime 'DevuelveTrue() ha sido llamada.' y también muestra el valor retornado por DevuelveTrue(). Lo mismo ocurre con DevuelveFalse().

Ahora prueba escribir lo siguiente en la consola interactiva.

```
>>> DevuelveFalse() or DevuelveTrue()
DevuelveFalse() ha sido llamada.
DevuelveTrue() ha sido llamada.
True
```

```
>>> DevuelveTrue() or DevuelveFalse()
DevuelveTrue() ha sido llamada.
True
```

La primera parte parece razonable: La expresión DevuelveFalse() or DevuelveTrue() llama a ambas funciones, por lo que puedes ver ambos mensajes impresos.

Pero la segunda expresión sólo muestra 'DevuelveTrue() ha sido llamada.' y no 'DevuelveFalse() ha sido llamada.'. Esto se debe a que Python no ha llamado a DevuelveFalse(). Como el lado izquierdo del operador or es True, el resultado de DevuelveFalse() es irrelevante por lo que Python no se molesta en llamarla. La evaluación ha sido cortocircuitada.

Lo mismo ocurre con el operador and. Prueba escribir lo siguiente en la consola interactiva:

```
>>> DevuelveTrue() and DevuelveTrue()
DevuelveTrue() ha sido llamada.
DevuelveTrue() ha sido llamada.
True
>>> DevuelveFalse() and DevuelveFalse()
DevuelveFalse() ha sido llamada.
False
```

Si el lado izquierdo del operador and es False, entonces la expresión completa será False. No importa lo que sea el lado derecho del operador and, de modo que Python no se molesta en evaluarlo. Tanto False and True como False and False se evalúan a False, por lo que Python cortocircuita la evaluación.

Eligiendo una Jugada de una Lista de Jugadas

```
83. def elegirAzarDeLista(tablero, listaJugada):
84.     # Devuelve una jugada válida en el tablero de la lista recibida.
85.     # Devuelve None si no hay ninguna jugada válida.
86.     jugadasPosibles = []
87.     for i in listaJugada:
88.         if hayEspacioLibre(tablero, i):
89.             jugadasPosibles.append(i)
```

La función elegirAzarDeLista() es útil para el código IA más adelante en el programa. El parámetro tablero es una lista de cadenas que representa un tablero de Ta Te Ti. El segundo parámetro listaJugada es una lista de enteros con posibles espacios entre los cuales se puede elegir. Por ejemplo, si listaJugada is [1, 3, 7, 9], eso significa que elegirAzarDeLista() debería devolver el entero correspondiente a una de las esquinas.

Sin embargo, `elegirAzarDeLista()` comprobará primero que es válido realizar una jugada en ese espacio. La lista `jugadasPosibles` comienza siendo una lista vacía. El bucle `for` itera sobre `listaJugada`. Las jugadas para las cuales `hayEspacioLibre()` devuelve `True` se agregan a `jugadasPosibles` usando el método `append()`.

```
91.        if len(jugadasPosibles) != 0:
92.            return random.choice(jugadasPosibles)
93.        else:
94.            return None
```

En este punto, la lista `jugadasPosibles` contiene todas las jugadas que estaban en `listaJugada` y también son espacios libres en la lista tablero. Si la lista no está vacía, hay al menos una jugada posible.

La lista podría estar vacía. Por ejemplo, si `listaJugada` fuera `[1, 3, 7, 9]` pero todas las esquinas del `tablero` estuviesen tomadas, la lista `jugadasPosibles` sería `[]`. En ese caso, `len(jugadasPosibles)` se evaluaría a `0` y la función devolvería el valor `None`. La próxima sección explica el valor `None`.

El Valor None

El **valor None** representa la ausencia de un valor. None es el único valor del tipo de datos `NoneType`. Puede ser útil emplear el valor None cuando necesites un valor que exprese "no existe" o "ninguno de los anteriores".

Pongamos por caso que tienes una variable llamada `respuestaExámen` para guardar la respuesta a una pregunta de selección múltiple. La variable podría contener `True` o `False` para indicar la respuesta del usuario. Podrías asignar None a `respuestaExámen` si el usuario saltease la pregunta sin responderla. Usar None es una forma clara de indicar que el usuario no ha respondido la pregunta.

Las funciones que retornan llegando al final de la función (es decir, sin alcanzar una sentencia return) devolverán None. El valor None se escribe sin comillas, con una "N" mayúscula y las letras "one" en minúsculas.

Como una nota al margen, None no se muestra en la consola interactiva como ocurriría con otros valores:

```
>>> 2 + 2
4
>>> 'Esto es una cadena.'
'Esto es una cadena.'
>>> None
```

Las funciones que aparentan no devolver nada en realidad devuelven el valor None. Por ejemplo, print() devuelve None:

```
>>> spam = print('¡Hola mundo!')
¡Hola mundo!
>>> spam == None
True
```

Creando la Inteligencia Artificial de la Computadora

```
96.   def obtenerJugadaComputadora(tablero, letraComputadora):
97.       # Dado un tablero y la letra de la computadora, determina que jugada
efectuar.
98.       if letraComputadora == 'X':
99.           letraJugador = 'O'
100.      else:
101.          letraJugador = 'X'
```

La función obtenerJugadaComputadora() contiene al código de la IA. El primer argumento es un tablero de Ta Te Ti en el parámetro tablero. El segundo es la letra correspondiente a la computadora, sea 'X' u 'O' en el parámetro letraComputadora. Las primeras líneas simplemente asignan la otra letra a una variable llamada letraJugador. De esta forma el mismo código puede usarse independientemente de si la computadora es X u O.

La función devuelve un entero de 1 a 9 que representa el espacio en el que la computadora hará su jugada.

Recuerda cómo funciona el algoritmo del Ta Te Ti:

- Primero, ver si hay una jugada con que la computadora pueda ganar el juego. Si la hay, hacer esa jugada. En caso contrario, continuar al segundo paso.

- Segundo, ver si hay una jugada con la que el jugador pueda vencer a la computadora. Si la hay, la computadora debería jugar en ese lugar para bloquear al jugador. En caso contrario, continuar al tercer paso.

- Tercero, comprobar si alguna de las esquinas (espacios 1, 3, 7, o 9) está disponible. Si ninguna esquina está disponible, continuar al cuarto paso.

- Cuarto, comprobar si el centro está libre. Si lo está, jugar allí. En caso contrario, continuar al quinto paso.

- Quinto, jugar sobre cualquiera de los lados (espacios 2, 4, 6 u 8). No hay más pasos, pues si hemos llegado al quinto paso significa que sólo quedan los espacios sobre los lados.

La Computadora Comprueba si puede Ganar en Una Jugada

```
103.      # Aquí está nuestro algoritmo para nuestra IA (Inteligencia Artifical)
del Ta Te Ti.
104.      # Primero, verifica si podemos ganar en la próxima jugada
105.      for i in range(1, 10):
106.          copia = obtenerDuplicadoTablero(tablero)
107.          if hayEspacioLibre(copia, i):
108.              hacerJugada(copia, letraComputadora, i)
109.              if esGanador(copia, letraComputadora):
110.                  return i
```

Antes que nada, si la computadora puede ganar en la siguiente jugada, debería hacer la jugada ganadora inmediatamente. El bucle `for` que empieza en la línea 105 itera sobre cada posible jugada de 1 a 9. El código dentro del bucle simula lo que ocurriría si la computadora hiciera esa jugada.

La primera línea en el bucle (línea 106) crea una copia de la lista `tablero`. Esto es para que la jugada simulada dentro del bucle no modifique el tablero real de Ta Te Ti guardado en la variable `tablero`. La función `obtenerDuplicadoTablero()` devuelve una copia idéntica pero independiente del tablero.

La línea 107 comprueba si el espacio está libre y, si es así, simula hacer la jugada en la copia del tablero. Si esta jugada resulta en una victoria para la computadora, la la función devuelve el entero correspondiente a esa jugada.

Si ninguna de las jugadas posibles resulta en una victoria, el bucle concluye y la ejecución del programa continúa en la línea 113.

La Computadora Comprueba si el Jugador puede Ganar en Una Jugada

```
112.      # Verifica si el jugador podria ganar en su próxima jugada, y lo
bloquea.
113.      for i in range(1, 10):
114.          copia = obtenerDuplicadoTablero(tablero)
115.          if hayEspacioLibre(copia, i):
116.              hacerJugada(copia, letraJugador, i)
117.              if esGanador(copia, letraJugador):
118.                  return i
```

A continuación, el código simula un movimiento del jugador en cada uno de los espacios. Este código es similar al bucle anterior, excepto que es la letra del jugador que se coloca sobre la copia del tablero. Si la función esGanador() muestra que el jugador ganaría con este movimiento, la computadora devuelve esta jugada para bloquear la victoria del jugador.

Si el jugador humano no puede ganar en la siguiente movida, el bucle for eventualmente concluye y la ejecución del programa continúa en la línea 121.

Comprobando las Esquinas, Centro y Espacios sobre los Lados (en ese Orden)

```
120.     # Intenta ocupar una de las esquinas de estar libre.
121.     jugada = elegirAzarDeLista(tablero, [1, 3, 7, 9])
122.     if jugada != None:
123.         return jugada
```

La llamada a elegirAzarDeLista() con la lista [1, 3, 7, 9] asegura que la función devuelva el entero de una de de las esquinas: 1, 3, 7, ó 9. Si todas las esquinas están tomadas, la función elegirAzarDeLista() devuelve None y la ejecución continúa en la línea 126.

```
125.     # De estar libre, intenta ocupar el centro.
126.     if hayEspacioLibre(tablero, 5):
127.         return 5
```

Si ninguna de las esquinas está disponible, la línea 127 intentará jugar en el centro. Si el centro no está libre, la ejecución continúa sobre la línea 130.

```
129.     # Ocupa alguno de los lados.
130.     return elegirAzarDeLista(tablero, [2, 4, 6, 8])
```

Este código también llama a elegirAzarDeLista(), sólo que le pasamos una lista con los espacios sobre los lados ([2, 4, 6, 8]). Esta función no devolverá None pues los espacios sobre los lados son los únicos que pueden estar disponibles. Esto concluye la función obtenerJugadaComputadora() y el algoritmo IA.

Comprobando si el Tablero está Lleno

```
132. def tableroCompleto(tablero):
133.     # Devuelve True si cada espacio del tablero fue ocupado, caso
contrario devuele False.
134.     for i in range(1, 10):
135.         if hayEspacioLibre(tablero, i):
136.             return False
137.     return True
```

La última función es `tableroCompleto()`. Esta función devuelve `True` si la lista tablero pasada como argumento tiene una `'X'` o una `'O'` en cada índice (excepto por el índice 0, que es ignorado por el código). Si hay al menos un casillero en el tablero con espacio simple `' '` asignado, esta función devolverá `False`.

El bucle for nos permite comprobar los espacios 1 a 9 en el tablero de Ta Te Ti. Apenas encuentra un espacio libre en el tablero (es decir, cuando `hayEspacioLibre(tablero, i)` devuelve `True`) la función `tableroCompleto()` devuelve `False`.

Si la ejecución concluye todas las operaciones del bucle, significa que ninguno de los espacios está libre. Entonces se ejecutará la línea 137 y devolverá `True`.

El Inicio del Juego

```
140.   print('¡Bienvenido al Ta Te Ti!')
```

La línea 140 es la primera línea que no está dentro de una función, de modo que es la primera línea de código que se ejecuta al entrar a este programa. Consiste en el saludo al jugador.

```
142.  while True:
143.      # Resetea el tablero
144.      elTablero = [' '] * 10
```

Este bucle while tiene al valor `True` por condición, y continuará iterando hasta que la ejecución llegue a una sentencia break. La línea 144 configura el tablero principal de Ta Te Ti que usaremos, al cual llamaremos `elTablero`. Es una lista de 10 cadenas, donde cada una de ellas es un espacio simple `' '`.

En lugar de escribir esta lista completa, la línea 44 usa replicación de listas. Es más corto y claro escribir `[' '] * 10` que escribir `[' ', ' ', ' ', ' ', ' ', ' ', ' ', ' ', ' ', ' ']`.

Decidiendo la Letra del Jugador y Quién Comienza

```
145.      letraJugador, letraComputadora = ingresaLetraJugador()
```

La función `ingresaLetraJugador()` permite al jugador elegir si quiere ser X u O. La función devuelve una lista de dos cadenas, la cual puede ser `['X', 'O']` o `['O', 'X']`. El truco de asignación múltiple asignará `letraJugador` al primer elemento en la lista devuelta y `letraComputadora` al segundo.

```
146.      turno = quienComienza()
147.      print(turno + ' irá primero.')
```

```
148.        juegoEnCurso = True
```

La función `quienComienza()` decide aleatoriamente quién comienza, y devuelve la cadena `'El jugador'` o bien `'La computadora'` y la línea 147 comunica al jugador quién comenzará.

Ejecutando el Turno del Jugador

```
150.        while juegoEnCurso:
```

El bucle de la línea 150 continuará alternando entre el código del turno del jugador y el del turno de la computadora, mientras la `juegoEnCurso` tenga asignado el valor `True`.

```
151.            if turno == 'El jugador':
152.                # Turno del jugador
153.                dibujarTablero(elTablero)
154.                jugada = obtenerJugadaJugador(elTablero)
155.                hacerJugada(elTablero, letraJugador, jugada)
```

El valor en la variable `turno` es originalmente asignado por llamada a la función `quienComienza()` en la línea 146. Su valor original es `'El jugador'` o `'La computadora'`. Si `turno` es igual a `'La computadora'`, la condición es `False` y la ejecución salta a la línea 169.

Primero, la línea 153 llama a la función `dibujarTablero()` pasándole la variable `elTablero` para dibujar el tablero en la pantalla. Entonces la función `obtenerJugadaJugador()` permite al jugador ingresar su jugada (y también comprueba que sea una movida válida). La función `hacerJugada()` actualiza `elTablero` para reflejar esta jugada.

```
157.                if esGanador(elTablero, letraJugador):
158.                    dibujarTablero(elTablero)
159.                    print('¡Felicidades, has ganado!')
160.                    juegoEnCurso = False
```

Luego de que el jugador ha jugado, la computadora debería comprobar si ha ganado el juego. Si la función `esGanador()` devuelve `True`, el código del bloque if muestra el tablero ganador e imprime un mensaje comunicando al jugador que ha ganado.

Se asigna el valor `False` a la variable `juegoEnCurso` de modo que la ejecución no continúe con el turno de la computadora.

```
161.            else:
162.                if tableroCompleto(elTablero):
163.                    dibujarTablero(elTablero)
```

```
164.                     print('¡Es un empate!')
165.                     break
```

Si el jugador no ganó con esta última jugada, tal vez esta movida ha llenado el tablero y ocasionado un empate. En este bloque else, la función `tableroCompleto()` devuelve `True` si no hay más movimientos disponibles. En ese caso, el bloque `if` que comienza en la línea 162 muestra el tablero empatado y comunica al jugador que ha habido un empate. La ejecución sale entonces del bucle `while` y salta a la línea 186.

```
166.             else:
167.                 turno = 'La computadora'
```

Si el jugador no ha ganado u ocasionado un empate, la línea 167 asigna `'La computadora'` a la variable turno, de modo que ejecute el código para el turno de la computadora en la siguiente iteración.

Ejecutando el Turno de la Computadora

Si la variable `turno` no es `'El Jugador'` para la condición en la línea 151, entonces es el turno de la computadora. El código en este bloque else es similar al código para el turno del jugador.

```
169.         else:
170.             # Turno de la computadora
171.             jugada = obtenerJugadaComputadora(elTablero, letraComputadora)
172.             hacerJugada(elTablero, letraComputadora, jugada)
173.
174.             if esGanador(elTablero, letraComputadora):
175.                 dibujarTablero(elTablero)
176.                 print('¡La computadora te ha vencido! Has perdido.')
177.                 juegoEnCurso = False
178.             else:
179.                 if tableroCompleto(elTablero):
180.                     dibujarTablero(elTablero)
181.                     print('¡Es un empate!')
182.                     break
183.                 else:
184.                     turno = 'El jugador'
```

Las líneas 170 a 184 son casi idénticas al código del turno del jugador en las líneas 152 a 167. La única diferencia es que se comprueba si ha habido un empate luego del turno de la computadora en lugar de hacerlo luego del turno del jugador.

Si no existe un ganador y no es un empate, la línea 184 cambia el turno al jugador. No hay más líneas de código dentro del bucle `while`, de modo que la ejecución vuelve a la sentencia `while` en la línea 150.

```
186.        if not jugarDeNuevo():
187.            break
```

Las líneas 186 y 187 se encuentran inmediatamente a continuación del bloque `while` que comienza con la sentencia `while` en la línea 150. Se asigna `False` a `juegoEnCurso` cuando el juego ha terminado, por lo que en este punto se pregunta al jugador si desea jugar de nuevo.

Si `jugarDeNuevo()` devuelve `False`, la condición de la sentencia `if` es `True` (porque el operador `not` invierte el valor Booleano) y se ejecuta la sentencia `break`. Esto interrumpe la ejecución del bucle `while` que había comenzado en la línea 142. Como no hay más líneas de código a continuación de ese bloque `while`, el programa termina.

Resumen

Crear un programa que pueda jugar un juego se reduce a considerar cuidadosamente todas las situaciones posibles en las que la IA pueda encontrarse y cómo responder en cada una de esas situaciones. La IA del Ta Te Ti es simple porque no hay muchos movimientos posibles en Ta Te Ti comparado con un juego como el ajedrez o las damas.

Nuestra IA simplemente comprueba si puede ganar en la próxima jugada. Si no es posible, bloquea la movida del jugador cuando está a punto de ganar. En cualquier otro caso la IA simplemente intenta jugar en cualquier esquina disponible, luego el centro y por último los lados. Este es un algoritmo simple y fácil de seguir.

La clave para implementar nuestro algoritmo IA es hacer una copia de los datos del tablero y simular jugadas sobre la copia. De este modo, el código de IA puede hacer esa jugada en el tablero real. Este tipo de simulación es efectivo a la hora de predecir si una jugada es buena o no.

Capítulo 11

PANECILLOS

Temas Tratados En Este Capítulo:
- Operadores de Asignación Aumentada, +=, -=, *=, /=
- La Función random.shuffle()
- Los Métodos de Lista sort() y join()
- Interpolación de Cadenas (también llamado Formateo de Cadenas)
- Indicador de Conversión %s
- Bucles Anidados

En este capítulo aprenderás algunos nuevos métodos y funciones que vienen con Python. También aprenderás acerca de operadores de asignación aumentada e interpolación de cadenas. Estos conecptos no te permitirán hacer nada que no pudieras hacer antes, pero son buenos atajos que hacen más fácil escribir tu código.

Panecillos es un juego simple que puedes jugar con un amigo. Tu amigo piensa un número aleatorio de 3 cifras diferentes, y tú intentas adivinar qué número es. Luego de cada intento, tu amigo te dará tres tipos de pistas:

- **Panecillos** – Ninguna de las tres cifras del número que has conjeturado está en el número secreto.

- **Pico** – Una de las cifras está en el número secreto, pero no en el lugar correcto.

- **Fermi** – Tu intento tiene una cifra correcta en el lugar correcto.

Puedes recibir más de una pista luego de un intento. Si el número secreto es 456 y tú conjeturas 546, la pista sería "fermi pico pico". El número 6 da "Fermi" y el 5 y 4 dan "pico pico".

Prueba de Ejecución

```
Estoy pensando en un número de 3 dígitos. Intenta adivinar cuál es.
Aquí hay algunas pistas:
Cuando digo:    Eso significa:
  Pico        Un dígito es correcto pero en la posición incorrecta.
  Fermi       Un dígito es correcto y en la posición correcta.
  Panecillos     Ningún dígito es correcto.
He pensado un número. Tienes 10 intentos para adivinarlo.
Conjetura #1:
```

```
123
Fermi
Conjetura #2:
453
Pico
Conjetura #3:
425
Fermi
Conjetura #4:
326
Panecillos
Conjetura #5:
489
Panecillos
Conjetura #6:
075
Fermi Fermi
Conjetura #7:
015
Fermi Pico
Conjetura #8:
175
¡Lo has adivinado!
¿Deseas volver a jugar? (sí o no)
no
```

Código Fuente de Panecillos

Si obtienes errores luego de escribir este código, compara el código que has escrito con el código del libro usando la herramienta diff online en http://invpy.com/es/diff/panecillos.

panecillos.py

```
1.  import random
2.  def obtenerNumSecreto(digitosNum):
3.      # Devuelve un numero de largo digitosNum, compuesto de digitos únicos
al azar.
4.      numeros = list(range(10))
5.      random.shuffle(numeros)
6.      numSecreto = ''
7.      for i in range(digitosNum):
8.          numSecreto += str(numeros[i])
9.      return numSecreto
10.
11. def obtenerPistas(conjetura, numSecreto):
12.     # Devuelve una palabra con las pistas Panecillos Pico y Fermi en ella.
```

```
13.        if conjetura == numSecreto:
14.            return '¡Lo has adivinado!'
15.
16.        pista = []
17.
18.        for i in range(len(conjetura)):
19.            if conjetura[i] == numSecreto[i]:
20.                pista.append('Fermi')
21.            elif conjetura[i] in numSecreto:
22.                pista.append('Pico')
23.        if len(pista) == 0:
24.            return 'Panecillos'
25.
26.        pista.sort()
27.        return ' '.join(pista)
28.
29. def esSoloDigitos(num):
30.        # Devuelve True si el número se compone sólo de digitos. De lo
contrario False.
31.        if num == '':
32.            return False
33.
34.        for i in num:
35.            if i not in '0 1 2 3 4 5 6 7 8 9'.split():
36.                return False
37.
38.        return True
39.
40. def jugarDeNuevo():
41.        # Esta funcion devuelve True si el jugador desea vovler a jugar, de lo
contrario False.
42.        print('¿Deseas volver a jugar? (sí o no)')
43.        return input().lower().startswith('s')
44.
45. digitosNum = 3
46. MAXADIVINANZAS = 10
47.
48. print('Estoy pensando en un número de %s dígitos. Intenta adivinar cuál
es.' % (digitosNum))
49. print('Aquí hay algunas pistas:')
50. print('Cuando digo:    Eso significa:')
51. print('  Pico          Un dígito es correcto pero en la posición
incorrecta.')
52. print('  Fermi         Un dígito es correcto y en la posición correcta.')
53. print('  Panecillos    Ningún dígito es correcto.')
54.
55. while True:
```

```
56.     numSecreto = obtenerNumSecreto(digitosNum)
57.     print('He pensado un número. Tienes %s intentos para adivinarlo.' %
(MAXADIVINANZAS))
58.
59.     numIntentos = 1
60.     while numIntentos <= MAXADIVINANZAS:
61.         conjetura = ''
62.         while len(conjetura) != digitosNum or not esSoloDigitos(conjetura):
63.             print('Conjetura #%s: ' % (numIntentos))
64.             conjetura = input()
65.
66.         pista = obtenerPistas(conjetura, numSecreto)
67.         print(pista)
68.         numIntentos += 1
69.
70.         if conjetura == numSecreto:
71.             break
72.         if numIntentos > MAXADIVINANZAS:
73.             print('Te has quedado sin intentos. La respuesta era %s.' %
(numSecreto))
74.
75.     if not jugarDeNuevo():
76.         break
```

Cómo Funciona el Código

```
1.  import random
2.  def obtenerNumSecreto(digitosNum):
3.      # Devuelve un numero de largo digitosNum, compuesto de dígitos únicos
al azar.
```

Al comienzo del programa, importamos el módulo random. Luego definimos una función llamada obtenerNumSecreto(). La función crea un número secreto sin cifras repetidas. En lugar de números secretos de sólo 3 cifras, el parámetro digitosNum permite a la función crear un número secreto con cualquier cantidad de cifras. Por ejemplo, puedes crear un número secreto de cuatro o seis cifras pasando 4 ó 6 en digitosNum.

Mezclando un Conjunto de Cifras Únicas

```
4.      numeros = list(range(10))
5.      random.shuffle(numeros)
```

La expresión de la línea 4 `list(range(10))` siempre se evalúa a [0, 1, 2, 3, 4, 5, 6, 7, 8, 9]. Simplemente es más fácil escribir `list(range(10))`. La variable `numeros` contiene una lista de las diez posibles cifras.

La función `random.shuffle()`

La función `random.shuffle()` cambia aleatoriamente el orden de los elementos de una lista. Esta función no devuelve un valor, sino que modifica la lista que se le pasa "in situ". Esto es similar al modo en que la función `hacerJugada()` en el capítulo Ta Te Ti modifica la lista que se le pasa, en lugar de devolver una nueva lista con el cambio. Por eso **no** necesitamos escribir `numeros = random.shuffle(numeros)`.

Experimenta con la función `random.shuffle()` ingresando el siguiente código en la consola interactiva:

```
>>> import random
>>> spam = list(range(10))
>>> print(spam)
[0, 1, 2, 3, 4, 5, 6, 7, 8, 9]

>>> random.shuffle(spam)
>>> print(spam)
[3, 0, 5, 9, 6, 8, 2, 4, 1, 7]

>>> random.shuffle(spam)
>>> print(spam)
[1, 2, 5, 9, 4, 7, 0, 3, 6, 8]

>>> random.shuffle(spam)
>>> print(spam)
[9, 8, 3, 5, 4, 7, 1, 2, 0, 6]
```

La idea es que el número secreto en Panecillos tenga cifras únicas. El juego Panecillos es mucho más divertido si no tienes cifras duplicadas en el número secreto, como en '244' o '333'. La función `shuffle()` te ayudará a lograr esto.

Obteniendo el Número Secreto a partir de las Cifras Mezcladas

```
6.      numSecreto = ''
7.      for i in range(digitosNum):
8.          numSecreto += str(numeros[i])
9.      return numSecreto
```

El número secreto será una cadena de las primeras `digitosNum` cifras de la lista mezclada de enteros. Por ejemplo, si la lista mezclada en `numeros` fuese [9, 8, 3, 5, 4, 7, 1, 2, 0, 6] y `digitosNum` fuese 3, entonces la cadena devuelta por `obtenerNumSecreto()` será '983'.

Para hacer esto, la variable `numSecreto` comienza siendo una cadena vacía. El bucle `for` en la línea 7 itera `digitosNum` veces. En cada iteración del bucle, el entero en el índice `i` es copiado de la lista mezclada, convertido a cadena, y concatenado al final de `numSecreto`.

Por ejemplo, si `numeros` se refiere a la lista [9, 8, 3, 5, 4, 7, 1, 2, 0, 6], entonces en la primera iteración, `numeros[0]` (es decir, 9) será pasado a `str()`, que a su vez devolverá '9' el cual es concatenado al final de `numSecreto`. En la segunda iteración, lo mismo ocurre con `numeros[1]` (es decir, 8) y en la tercera iteración lo mismo ocurre con `numeros[2]` (es decir, 3). El valor final de `numSecreto` que se devuelve es '983'.

Observa que `numSecreto` en esta función contiene una cadena, no un entero. Esto puede parecer raro, pero recuerda que no puedes concatenar enteros. La expresión 9 + 8 + 3 se evalúa a 20, pero lo que tú quieres ahora es '9' + '8' + '3', que se evalúa a '983'.

Operadores de Asignación Aumentada

El operador += en la línea 8 es uno de los **operadores de asignación aumentada**. Normalmente, si quisieras sumar o concatenar un valor a una variable, usarías un código como el siguiente:

```
spam = 42
spam = spam + 10

eggs = '¡Hola '
eggs = eggs + 'mundo!'
```

Los operadores de asignación aumentada son un atajo que te libera de volver a escribir el nombre de la variable. El siguiente código hace lo mismo que el código de más arriba:

```
spam = 42
spam += 10        # Como spam = spam + 10

eggs = '¡Hola '
eggs += 'mundo!'  # Como eggs = eggs + 'mundo!'
```

Existen otros operadores de asignación aumentada. Prueba ingresar lo siguiente en la consola interactiva:

```
>>> spam = 42
>>> spam -= 2
>>> spam
```

```
40
>>> spam *= 3
>>> spam
120
>>> spam /= 10
>>> spam
12.0
```

Calculando las Pistas a Dar

```
11. def obtenerPistas(conjetura, numSecreto):
12.     # Devuelve una palabra con las pistas Panecillos Pico y Fermi en ella.
13.     if conjetura == numSecreto:
14.         return '¡Lo has adivinado!'
```

La función obtenerPistas() devolverá una sola cadena con las pistas fermi, pico, y panecillos dependiendo de los parámetros conjetura y numSecreto. El paso más obvio y sencillo es comprobar si la conjetura coincide con el número secreto. En ese caso, la línea 14 devuelve '¡Lo has adivinado!'.

```
16.     pista = []
17.
18.     for i in range(len(conjetura)):
19.         if conjetura[i] == numSecreto[i]:
20.             pista.append('Fermi')
21.         elif conjetura[i] in numSecreto:
22.             pista.append('Pico')
```

Si la conjetura no coincide con el número secreto, el código debe determinar qué pistas dar al jugador. La lista en pista comenzará vacía y se le añadirán cadenas 'Fermi' y 'Pico' a medida que se necesite.

Hacemos esto recorriendo cada posible índice en conjetura y numSecreto. Las cadenas en ambas variables serán de la misma longitud, de modo que la línea 18 podría usar tanto len(conjetura) como len(numSecreto) y funcionar igual. A medida que el valor de i cambia de 0 a 1 a 2, y así sucesivamente, la línea 19 comprueba si la primera, segunda, tercera, etc. letra de conjetura es la misma que el número correspondiente al mismo índice en de numSecreto. Si es así, la línea 20 agregará una cadena 'Fermi' a pista.

De lo contrario, la línea 21 comprobará si la cifra en la posición i-ésima de conjetura existe en algún lugar de numSecreto. Si es así, ya sabes que la cifra está en algún lugar del número secreto pero no en la misma posición. Entonces la línea 22 añadirá 'Pico' a pista.

```
23.         if len(pista) == 0:
24.             return 'Panecillos'
```

Si la pista está vacía luego del bucle, significa que no hay ninguna cifra correcta en la conjetura. En ese caso, la línea 24 devuelve la cadena 'Panecillos' como única pista.

El Método de Lista sort()

```
26.         pista.sort()
```

Las listas tienen un método llamado sort() que reordena los elementos de la lista para dejarlos en orden alfabético o numérico. Prueba escribir lo siguiente en la consola interactiva:

```
>>> spam = ['gato', 'perro', 'murciélago', 'antílope']
>>> spam.sort()
>>> spam
['antílope', 'gato', 'murciélago', 'perro']

>>> spam = [9, 8, 3, 5, 4, 7, 1, 2, 0, 6]
>>> spam.sort()
>>> spam
[0, 1, 2, 3, 4, 5, 6, 7, 8, 9]
```

El método sort() no devuelve una lista ordenada, sino que reordena la lista sobre la cual es llamado "in situ". De esta forma funciona también el método reverse().

Nunca querrás usar esta línea de código: return spam.sort() porque esto devolvería el valor None (que es lo que devuelve sort()). En lugar de esto probablemente quieras una línea separada spam.sort() y luego la línea return spam.

La razón por la cual quieres ordenar la lista pista es para eliminar la información extra basada en el orden de las pistas. Si pista fuese ['Pico', 'Fermi', 'Pico'], eso permitiría al jugador saber que la cifra central de la conjetura está en la posición correcta. Como las otras dos pistas son Pico, el jugador sabría que todo lo que tiene que hacer es intercambiar la primera cifra con la tercera para obtener el número secreto.

Si las pistas están siempre en orden alfabético, el jugador no puede saber a cuál de los números se refiere la pista Fermi. Así queremos que sea el juego.

El Método de Cadena join()

```
27.         return ' '.join(pista)
```

El método de cadena `join()` devuelve una lista de cadenas agrupada en una única cadena. La cadena sobre la cual se llama a este método (en la línea 27 es un espacio simple, `' '`) aparece entre las cadenas de la lista. Por ejemplo, escribe lo siguiente en la consola interactiva:

```
>>> ' '.join(['Mi', 'nombre', 'es', 'Zophie'])
'Mi nombre es Zophie'
>>> ', '.join(['Vida', 'el Universo', 'y Todo'])
'Vida, el Universo, y Todo'
```

Entonces la cadena que se devuelve en la línea 27 corresponde a todas las cadenas en `pista` agrupadas con un espacio simple entre cada una. El método de cadena `join()` es algo así como el opuesto al método de cadena `split()`. Mientras que `split()` devuelve una lista a través de fragmentar una cadena, `join()` devuelve una cadena a través de agrupar una lista.

Comprobando si una Cadena Tiene Sólo Números

```
29. def esSoloDigitos(num):
30.     # Devuelve True si el número se compone sólo de digitos. De lo contrario Falso.
31.     if num == '':
32.         return False
```

La función `esSoloDigitos()` ayuda a determinar si el jugador ha ingresado una conjetura válida. La línea 31 comprueba si `num` es una cadena vacía, en cuyo caso devuelve `False`.

```
34.     for i in num:
35.         if i not in '0 1 2 3 4 5 6 7 8 9'.split():
36.             return False
37.
38.     return True
```

El bucle `for` itera sobre cada caracter en la cadena `num`. El valor de `i` tendrá sólo un caracter en cada iteración. Dentro del bloque `for`, el código comprueba si `i` no existe en la lista devuelta por `'0 1 2 3 4 5 6 7 8 9'.split()`. (El valor devuelto por `split()` es equivalente a `['0', '1', '2', '3', '4', '5', '6', '7', '8', '9']` pero es más fácil de escribir.) Si no existe, sabemos que uno de los caracteres de `num` no es un dígito. En ese caso, la línea 36 devuelve `False`.

Si la ejecución continúa luego del bucle `for`, sabemos que cada caracter en `num` es una cifra. En ese caso, a línea 38 devuelve `True`.

Preguntando si el Jugador Quiere Volver a Jugar

```
40. def jugarDeNuevo():
41.     # Esta funcion devuelve True si el jugador desea vovier a jugar, de lo
contrario False.
42.     print('¿Deseas volver a jugar? (sí o no)')
43.     return input().lower().startswith('s')
```

La función jugarDeNuevo() es la misma que has usado en el Ahorcado y el Ta Te Ti. La expresión larga en la línea 43 se evalúa a True o False basándose en la respuesta dada por el jugador.

El Comienzo del Juego

```
45. digitosNum = 3
46. MAXADIVINANZAS = 10
47.
48. print('Estoy pensando en un número de %s dígitos. Intenta adivinar cuál
es.' % (digitosNum))
49. print('Aquí hay algunas pistas:')
50. print('Cuando digo:    Eso significa:')
51. print(' Pico          Un dígito es correcto pero en la posición
incorrecta.')
52. print(' Fermi         Un dígito es correcto y en la posición correcta.')
53. print(' Panecillos    Ningún dígito es correcto.')
```

Después de haber definido todas las funciones, aquí comienza el programa. En lugar de usar el entero 3 para la cantidad de cifras en el número secreto, usamos la variable constante digitosNum. Lo mismo corre para el uso de MAXADIVINANZAS en lugar del entero 10 para la cantidad de conjeturas que se permite al jugador. Ahora será fácil cambiar el número de conjeturas o cifras del número secreto. Sólo precisamos cambiar la línea 45 ó 46 y el resto del programa funcionará sin más cambios.

Las llamadas a la función print() explicarán al jugador las reglas de juego y lo que significan las pistas Pico, Fermi, y Panecillos. La llamada a print() de la línea 48 tiene % (digitosNum) agregado al final y %s dentro de la cadena. Esto es una técnica conocida como interpolación de cadenas.

Interpolación de Cadenas

Interpolación de cadenas es una abreviatura del código. Normalmente, si quieres usar los valores de cadena dentro de variables en otra cadena, tienes que usar el operador concatenación + :

```
>>> nombre = 'Alicia'
>>> evento = 'fiesta'
```

```
>>> dónde = 'la piscina'
>>> día = 'sábado'
>>> hora = '6:00pm'

>>> print('Hola, ' + nombre + '. ¿Vendrás a la ' + evento + ' en ' + dónde + '
este ' + día + ' a las ' + hora + '?')
Hola, Alicia. ¿Vendrás a la fiesta en la piscina este sábado a las 6:00pm?
```

Como puedes ver, puede ser difícil escribir una línea que concatena varias cadenas. En lugar de esto, puedes usar **interpolación de cadenas**, lo cual te permite utilizar comodines como %s. Estos comodines se llaman **especificadores de conversión**. Luego colocas todos los nombres de variables al final. Cada %s es reemplazado por una variable al final de la línea. Por ejemplo, el siguiente código hace lo mismo que el anterior:

```
>>> nombre = 'Alicia'
>>> evento = 'fiesta'
>>> dónde = 'la piscina'
>>> día = 'sábado'
>>> hora = '6:00pm'

>>> print(Hola, %s. ¿Vendrás a la %s en %s este %s a las %s?' % (nombre,
evento, dónde, día, hora))
Hola, Alicia. ¿Vendrás a la fiesta en la piscina este sábado a las 6:00pm?
```

La interpolación de cadenas puede hacer tu código mucho más fácil de escribir. El primer nombre de variable corresponde al primer %s, la segunda variable va con el segundo %s y así sucesivamente. debes tener tantos especificadores de conversión %s como variables.

Otro beneficio de usar interpolación de cadenas en lugar de concatenación es que la interpolación funciona con cualquier tipo de datos, no sólo cadenas. Todos los valores se convierten automáticamente al tipo de datos cadena. Si concatenases un entero a una cadena, obtendrías este error:

```
>>> spam = 42
>>> print('Spam == ' + spam)
Traceback (most recent call last):
  File "<stdin>", line 1, in <module>
TypeError: Can't convert 'int' object to str implicitly
```

La concatenación de cadenas sólo funciona para dos o más cadenas, pero spam es un entero. Tendrías que recordar escribir str(spam) en lugar de spam. Pero con interpolación de cadenas, esta conversión a cadenas se realiza automáticamente. Prueba escribir lo siguiente en la consola interactiva:

```
>>> spam = 42
>>> print('Spam es %s' % (spam))
Spam is 42
```

La interpolación de cadenas también se conoce como **formateo de cadenas**.

Creando el Número Secreto

```
55.  while True:
56.      numSecreto = obtenerNumSecreto(digitosNum)
57.      print('He pensado un número. Tienes %s intentos para adivinarlo.' %
(MAXADIVINANZAS))
58.
59.      numIntentos = 1
60.      while numIntentos <= MAXADIVINANZAS:
```

La línea 55 es un bucle while infinito que tiene una condición True, por lo que seguirá repitiéndose eternamente hasta que se ejecute una sentencia break. Dentro de este bucle infinito, se obtiene un número secreto de la función obtenerNumSecreto(), pasándole a la misma digitosNum para indicar cuántas cifras debe tener el número. Este número secreto es asignado a numSecreto. Recuerda, el valor en numSecreto es una cadena, no un entero.

La línea 57 indica al jugador cuántas cifras hay en el número secreto usando interpolación de cadena en lugar de concatenación. La línea 59 asigna 1 a la variable numIntentos para indicar que este es el primer intento. Entonces la línea 60 tiene un nuevo bucle while que se ejecuta mientras numIntentos sea menor o igual que MAXADIVINANZAS.

Obteniendo la Conjetura del Jugador

```
61.          conjetura = ''
62.          while len(conjetura) != digitosNum or not esSoloDigitos(conjetura):
63.              print('Conjetura #%s: ' % (numIntentos))
64.              conjetura = input()
```

La variable conjetura almacenará la conjetura del jugador devuelta por input(). El código continúa iterando y pidiendo al jugador una nueva conjetura hasta que el jugador ingrese una conjetura válida. Una conjetura válida está compuesta únicamente por cifras y la misma cantidad de cifras que el número secreto. Esta es la función que cumple el bucle while que comienza en la línea 62.

Se asigna una cadena vacía a la variable conjetura en la línea 61, de modo que la condición del bucle while sea False en la primera comprobación, asegurando que la ejecución entre al bucle.

Obteniendo las Pistas para la Conjetura del Jugador

```
66.          pista = obtenerPistas(conjetura, numSecreto)
67.          print(pista)
68.          numIntentos += 1
```

Una vez que la ejecución pasa el bucle while que comienza la línea 62, la variable conjetura contiene un número válido. El mismo se pasa junto con numSecreto a la función obtenerPistas(). Esta función devuelve una cadena de pistas, las cuales se muestran al jugador en la línea 67. La línea 68 incrementa numIntentos usando el operador de asignación aumentada para la suma.

Comprobando si el Jugador ha Ganado o Perdido

Observa que este segundo bucle while sobre la línea 60 se encuentra dentro de otro bucle while que comienza más arriba en la línea 55. Estos bucles dentro de bucles se llaman **bucles anidados**. Cualquier sentencia break o continue sólo tendrá efecto sobre el bucle interno, y no afectará a ninguno de los bucles externos.

```
70.          if conjetura == numSecreto:
71.              break
72.          if numIntentos > MAXADIVINANZAS:
73.              print('Te has quedado sin intentos. La respuesta era %s.' %
(numSecreto))
```

Si conjetura es igual a numSecreto, el jugador ha adivinado correctamente el número secreto y la línea 71 sale del bucle while que había comenzado en la línea 60.

Si no lo es, la ejecución continúa a la línea 72, donde comprueba si al jugador se le han acabado los intentos. Si es así, el programa avisa al jugador que ha perdido.

En este punto, la ejecución retorna al bucle while en la línea 60 donde permite al jugador tomar otro intento. Si el jugador se queda sin intentos (o si ha salido del bucle con la sentencia break de la línea 71), la ejecución continuará más allá del bucle y hasta la línea 75.

Preguntando al Jugador si desea Volver a Jugar

```
75.      if not jugarDeNuevo():
76.          break
```

La línea 75 pregunta al jugador si desea jugar otra vez llamando a la función `jugarDeNuevo()`. Si `jugarDeNuevo()` devuelve `False`, se sale del bucle `while` comenzado en la línea 55. Como no hay más código luego de este bucle, el programa termina.

Si `jugarDeNuevo()` devolviese `True`, la ejecución no pasaría por la sentencia `break` y regresaría a la línea 55. El programa generaría entonces un nuevo número secreto para que el jugador pudiese jugar otra vez.

Resumen

Panecillos es un juego simple de programar pero puede ser difícil de vencer. Pero si continúas jugando, descubrirás eventualmente mejores formas de conjeturar y usar las pistas que el juego te da. De la misma forma, te convertirás en un mejor programador si continúas practicando.

Este capítulo ha introducido algunas nuevas funciones y métodos (`random.shuffle()`, `sort()` y `join()`), junto con un par de atajos. Los operadores de asignación aumentada requieren escribir menos cuando quieres cambiar el valor relativo de una variable, tal como en `spam = spam + 1`, que puede abreviarse como `spam += 1`. La interpolación de cadenas puede hacer que tu código sea mucho más legible colocando `%s` (llamado especificador de conversión) dentro de la cadena en lugar de usar muchas operaciones de concatenación de cadenas.

El siguiente capítulo no se enfoca directamente en programación, pero será necesario para los juegos que crearemos en los últimos capítulos de este libro. Aprenderemos los conceptos matemáticos de coordenadas cartesianas y números negativos. Nosotros sólo los usaremos en los juegos Sonar, Reversi y Evasor, pero estos conceptos se usan en muchos juegos. Si ya conoces estos conceptos, igual puedes hojear el siguiente capítulo para refrescarlos.

Capítulo 12

COORDENADAS CARTESIANAS

Temas Tratados En Este Capítulo:
- Sistemas de Coordenadas Cartesianas
- Los ejes X e Y
- La Propiedad Conmutativa de la Adición
- Valores absolutos y la función abs()

Este capítulo no introduce un nuevo juego, sin embargo repasa ciertos conceptos matemáticos que serán utilizados en el resto de los juegos en este libro.

Cuando miras un juego 2D (como Tetris o un viejo juego de Super Nintendo o Sega Genesis) puedes notar que la mayoría de los gráficos en la pantalla pueden moverse hacia la izquierda o derecha (la primera dimensión) o arriba y abajo (la segunda dimensión, es decir 2D). Para que podamos crear juegos con objetos moviéndose en dos dimensiones (como una pantalla de computadora bidimensional), necesitamos un sistema que pueda traducir un lugar en la pantalla a enteros que nuestro programa pueda interpretar.

Aquí es cuando se utilizan los sistemas de coordenadas Cartesianas. Las coordenadas pueden apuntar a un punto muy específico de la pantalla para que nuestro programa pueda rastrear diferentes areas en la pantalla.

Cuadrículas y Coordenadas Cartesianas

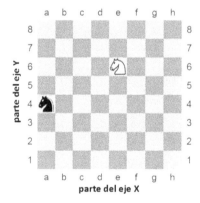

Figura 12-1: Un ejemplo de tablero de ajedrez con un caballo negro en a, 4 y un caballo blanco en e, 6.

Un problema en muchos juegos es cómo hablar de puntos exactos en un tablero. Una solución común a este problema es marcar cada fila y columna individual del tablero con una letra y un número. La Figura 12-1 es un talbero de ajedrez con sus filas y columnas marcadas.

En el ajedrez, el caballo luce como una cabeza de caballo. El caballo blanco se encuentra en el punto e, 6 y el caballo negro en el a, 4. También podemos observar que todos los espacios en la fila 7 y todos los espacios en la columna c se encuentran vacios.

Una cuadrícula con filas y columnas numeradas como el tablero de ajedrez es un sistema de coordenadas cartesianas. Al utilizar una etiqueta para filas y columnas, podemos dar una coordenada para un único espacio en el tablero. Esto realmente nos ayuda a describirle a uan computadora la posición exacta que deseamos. Si aprendiste coordenadas Cartesianas en alguna clase de matemática, sabrás que usualmente se tanto las filas como columnas se representan con números. Esto es útil, porque de otro modo luego de la columna 26 nos quedaríamos sin letras. Dicho tablero se vería como la Figura 12-2.

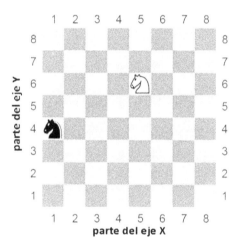

Figura 12-2: El mismo tablero de ajedrez pero con coordenadas numéricas para filas y columnas.

Los números de izquierda a derecha que describen las columnas son **parte del eje X**. Los números de arriba a abajo que describen las filas son **parte del eje Y**. Cuando describimos una coordenada, siempre empleamos el eje X primero, seguido del eje Y. Eso significa que el caballo de la figura superior se encuentra en la coordenada 5, 6 (y no 6, 5). El caballo blanco se encuentra en la coordenada 1, 4 (no confundir con 4, 1).

Nota que para mover el caballo negro a la posición del caballo blanco, el caballo negro debe moverse dos espacios hacia arriba y luego cuatro a la derecha. (O moverse cuatro a la derecha y luego dos arriba.) Perno no necesitamos mirar el tablero para deducir esto. Si sabemos que el caballo blanco se encuentra en 5, 6 y el negro en 1, 4, entonces simplemente podemos restar para obtener la información.

Resta la coordenada X del caballo negro y la coordenada X del caballo blanco: 5 - 1 = 4. Eso significa que el caballo negro debe moverse por el eje X cuatro espacios.

Resta la coordenada Y del caballo negro y la coordenada Y del caballo blanco: 6 - 4 = 2. Eso significa que el caballo negro debe moverse por el eje Y dos espacios.

Números Negativos

Otro concepto utilizado en las coordenadas Cartesianas son **los números negativos**. Estos son números menores a cero. Ponemos un signo menos frente al número para mostrar que es un número netagivo. -1 es menor que 0. Y -2 menor que -1. Y -3 menor que -2. Si piensas en los números regulares (llamados **positivos**) empezando del 1 e incrementando, puedes pensar en los números negativos comenzando del -1 y decreciendo. 0 en si mismo no es positivo ni negativo. En esta imagen, puedes ver los números positivos creciendo hacia la derecha y los negativos decreciendo a la izquierda:

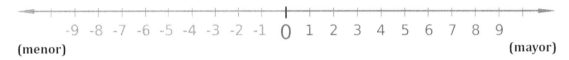

Figura 12-3: Recta numérica.

La línea de números es realmente útil para realizar sumas y restas con números negativos. La expresión 4 + 3 puede ser pensada como que el caballo blanco comienza en la posición 4 y se mueve 3 espacios hacia la derecha (suma implica incrementar, es decir en la dirección derecha).

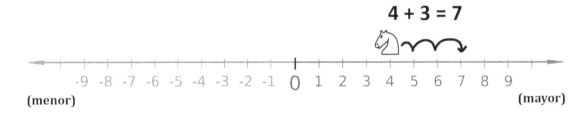

Figura 12-4: Mover el caballo blanco a la derecha suma a la coordenada.

Como puedes observar, el caballo blanco termina en la posición 7. Esto tiene sentido, porque 4 + 3 = 7.

La substracción (resta) puede realizarse moviendo el caballo blanco hacia la izquierda. Substracción implica decrementar, es decir dirección izquierda. 4 - 6 sería el caballero blanco comenzando en la posición 4 y moviéndose 6 espacios a la izquierda, como en la Figura 12-5:

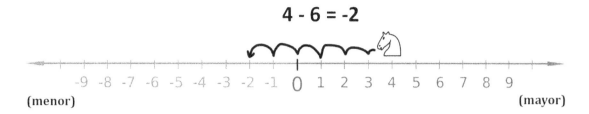

Figura 12-5: Mover el caballo blanco a la izquierda resta a la coordenada.

El caballo blanco termina en la posición -2. Eso significa 4 - 6 = -2.

Si sumamos o restamos un número negativo, el caballo blanco se moverá en direcciones *opuestas*. Si sumas un número negativo, el caballo se mueve a la *izquierda*. Si restas un número negativo, el caballo se mueve a la *derecha*. La expresión -6 - -4 sería igual a -2. El caballo comienza en -6 y se mueve a la derecha 4 espacios. Nota que -6 - -4 es lo mismo que -6 + 4.

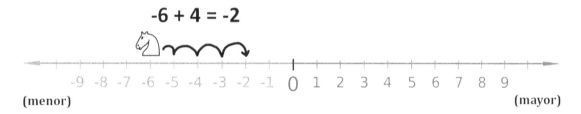

Figura 12-6: Incluso si el caballero blanco comienza en una coordenada negativa, moverse a la derecha suma a la coordenada.

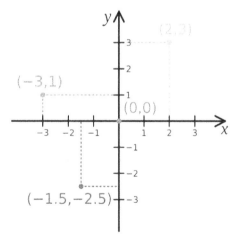

Figura 12-7: Poníendo dos líneas de números juntas se crea un sistema de coordenadas Cartesianas.

La línea de números es igual al eje-X. Si hicieramos que la línea de números vaya de arriba a abajo en vez de izquierda a derecha, sería igual al eje-Y. Sumando un número positivo (o restando un número negativo) movería el caballo hacia arriba de lal ínea, y restando un número positivo (o sumando un número negativo) movería el caballo hacia abaho. Cuando ponemos ambas líneas de números juntas, tenemos un sistema de coordenadas Cartesianas tal como en la Figura 12-7. La coordenada 0, 0 posee un nombre especial: **el origen**.

Trucos Matemáticos

Sumar o restar números negativos parece fácil cuando tienes una línea de números frente a ti, pero puede ser igual de fácil cuando sólo tienes los números. Aquí hay tres trucos que puedes hacer para que evaluar estas expresiones te sea más sencillo.

Truco 1: "Un Menos Come el Signo Mas a su Izquierda"

El primer truco es si estas sumando un número negativo, por ejemplo; 4 + -2. El primer truco es "un menos come el signo más a su izquierda". Cuando veas un signo menos con un signo más a su izquierda, puedes reemplazar el signo más con el signo menos. La respuesta es la misma, porque sumar un número negativo es lo mismo que restar un número positivo. 4 + -2 y 4 - 2 son equivalentes y dan 2.

$$4 + -2 = 2$$

un signo menos come en el signo más a su izquierda

$$4 - 2 = 2$$

Figura 12-8: Truco 1 - Sumando un número positivo y un número negativo.

Truco 2: "Dos Menos se Combinan En un Mas"

El segundo truco es si estas restando un número negativo, por ejemplo 4 - -2. El segundo truco es "dos menos se combinan en un mas". Cuando veas dos signos menos juntos sin un número entre ellos, pueden combinarse en un signo mas. La respuesta es la misma, porque restar un valor negativo es lo mismo que sumar el mismo valor positivo.

$$4 - -2 = 6$$

dos signos menos se combinan en un signo más

$$4 + 2 = 6$$

Figura 12-9: Truco 2 - Restando un número positivo y un número negativo.

Truco 3: La Propiedad Conmutativa de la Adición

El tercer truco es recordar que cuando sumas dos números como 6 y 4, no importa en que orden se encuentra. (Esto puede llamarse **la propiedad conmutativa de la adición**.) Eso significa que 6 + 4 y 4 + 6 ambos son iguales al mismo valor, 10. Si cuentas las casillas en la figura inferior, puedes ver que no importa en que orden tienes los números para sumarition.

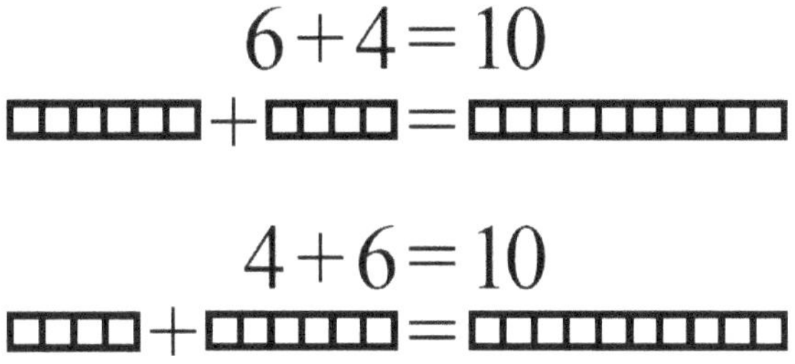

$$6+4=10$$

$$4+6=10$$

Figura 12-10: Truco 3 - La propiedad conmutativa de la adición.

Digamos que estás sumando un número negativo y un número positivo, como -6 + 8. Porque estas sumando números, puedes invertir el orden de los números sin cambiar la respuesta. -6 + 8 es lo mismo que 8 + -6.

Pero cuando miras a 8 + -6, ves que el signo menos puede comer el signo más a su izquierda, y el problema se convierte en 8 - 6 = 2. Pero esto significa que -6 + 8 ¡también es 2! Hemos reconfigurado el problema para obtener el mismo resultado, pero facilitandonos la resolución sin utilizar una calculadora o la computadora.

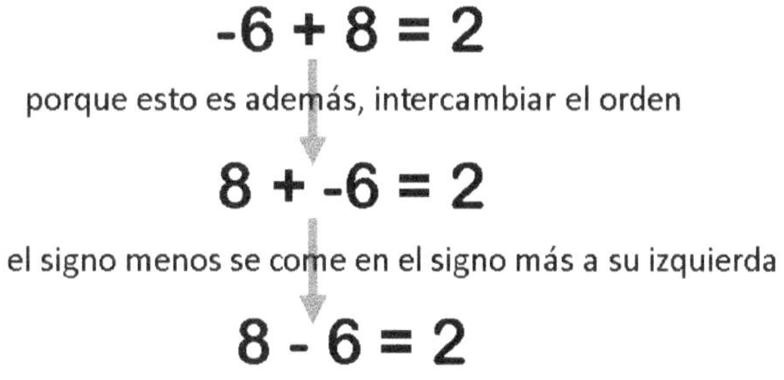

-6 + 8 = 2

porque esto es además, intercambiar el orden

8 + -6 = 2

el signo menos se come en el signo más a su izquierda

8 - 6 = 2

Figura 12-11: Usando nuestros trucos matemáticos juntos.

Valores Absolutos y la Función abs()

El valor absoluto de un número es el número sin el signo négativo delante de él. Esto significa que los números positivos no cambian, pero los negativos se convierten en positivos. Por ejemplo, el valor absoluto de -4 es 4. El valor absoluto de -7 es 7. El valor absoluto de 5 (el cuál es positivo) es 5.

Podemos encontrar que tan lejos se encuentran dos elementos de una línea de números al tomar el valor absoluto de su diferencia. Imagina que el caballo blanco se encuentra en la posición 4 y el negro en la -2. Para encontrar la distancia entre ambos, debes encontrar la diferencia al restar sus posiciones y luego tomando el valor absoluto de dicho resultado.

Esto funciona sin importar el orden de los números. -2 - 4 (esto es, menos dos menos 4) es -6, y el valor absoluto de -6 es 6. Sin embargo, 4 - -2 (esto es, cuatro menos menos 2) es 6, y el valor absoluto de 6 es 6. Utilizando el valor absoluto de la diferencia es una buena práctica para encontra la distancia entre dos puntos en una línea de números (o eje).

La función abs() puede ser utilizada para devolver el valor absoluto de un entero. La función abs() es una función incorporada, por lo que no debes importar ningún módulo para utilizarla. Pasa un entero o un valor flotante y devolvera el valor absoluto:

```
>>> abs(-5)
5
>>> abs(42)
42
>>> abs(-10.5)
10.5
```

Sistema de Coordenadas de un Monitor de Computadora

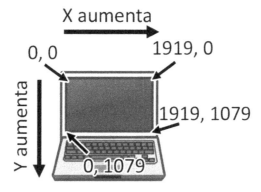

Figura 12-12: El sistema de coordenadas Cartesianas en un monitor de computadora.

Es común que los monitores de computadoras utilicen un sistema de coordenadas con origen (0, 0) en la esquina superior izquierda, el cual se incremente hacia la derecha y abajo. La mayoría de los gráficos de computadora utulizan este sistema, y lo usaremos en nuestros juegos. También es común asumir que los monitores pueden mostrar 80 caracteres por fila y 25 caracteres por columna (ver la Figura 12-12). Este solía ser el máximo tamaño de pantalla que los monitores soportaban. Aunque los monitores actuales pueden mostrar mucho más texto, no asumiremos que la pantalla del usuario es mayor a 80 por 25.

Resumen

Esto no fue mucha matemática para aprender a programar. De hecho, la mayoría de la programación no requiere mucho conocimiento de matemática. Hasta este capítulo, nos las arreglabamos con simples sumas y multiplicaciones.

Los sistemas de coordenadas Cartesianas son necesarios para describir con exactitud donde se encuentra una posición en un área bidimensional. Las coordenadas se componen de dos números: eje-X y eje-Y. El eje-X corre de izquierda a derecha y el eje-Y de arriba a abajo. En una pantalla de computadora (y casi siempre en programación), el eje-X comienza en 0 a la izquierda e incrementa hacia la derecha. El eje-Y comienza en 0 en la parte superior e incrementa hacia abajo.

Los tres trucos que aprendimos en este capítulo facilitan sumar enteros positivos y negativos. El primer truco es un signo menos que comerá un signo más a su izquierda. El segundo truco es que dos signos menos juntos se combinan en un signo más. Y el tercer truco es que puedes intercambiar las posiciones de los números que estés sumando. Esto es llamado la propiedad conmutativa de la adición.

Para el resto de este libro, utilizaremos los conceptos aprendidos en este capítulo en nuestros juegos ya que tendrán áreas bidimensionales en ellos. Todos los juegos gráficos requieren conocimientos del funcionamiento de las coordenadas Cartesianas.

Capítulo 13

BÚSQUEDA DEL TESORO CON SONAR

Temas Tratados En Este Capítulo:
- Estructura de Datos
- El método de listas `remove()`
- El método de cadenas `isdigit()`
- La función `sys.exit()`

El juego en este capítulo es el primero en hacer uso de las Coordenadas Cartesianas aprendidas en el Capítulo 12. El juego también posee **estructuras de datos** (que es sólo un modo de decir variables complejas tales como las que contienen listas de listas.) A medida que los juegos que programas se hacen más complicados, necesitarás organizar tus datos en estructuras de datos.

En este juego, colocamos coloca dispositivos de sonar en varios lugares en el océano para localizar cofres de tesoros hundidos. El sonar es una tecnología que utilizan los barcos para localizar objetos debajo del mar. Los dispositivos de sonar (en este juego) le dirán al jugador que tan lejos están del tesoro más cercano, pero no en qué dirección. Pero al colocar diversos sonares, el jugador puede deducir donde se encuentra el tesoro.

Hay tres cofres a recuperar, pero el jugador sólo tiene dieciséis dispositivos de sonar para encontrarlos. Imagina que no puedes ver el cofre de tosoro en la siguiente imágen. Debido a que cada sonar puede sólo encontrar distancia, no dirección, los posibles lugares en que podría encontrarse el tesoro corresponden a un cuadrado alrededor del dispositivo (ver Figura 13-1).

Figura 13-1: El área cuadrada del sonar toca el (oculto) cofre del tesoro.

Figura 13-2: Combinando múltiples áreas cuadradas se muestra donde el tesoro puede estar.

Pero múltiples dispositivos de sonar trabajando en conjunto pueden reducir el área a un punto exacto donde las áreas se intersecten. Ver Figura 13-2. (Normalmente estas áreas serían circulares, pero en este juego utilizaremos cuadrados para facilitar la programación.)

Ejecución de prueba de Búsqueda del Tesoro con Sonar

```
¡ S O N A R !
¿Te gustaría ver las instrucciones? (sí/no)
no
              1         2         3         4         5
    012345678901234567890123456789012345678901234567890123456789
0 `~~~`~~~`~`~~`~~~~~`~`~~~~`~`~~~`~`~`~~``\`~``\`~`~~~~`` 0
1 ~`~~~``\`~~~~`~`~~`~`~`~~``\`~`~~~~~~`~``\``\`~`~~`~~~~` 1
2 `~`\`~`~~~~`~~~`~`~~`~`\`~~~~~~~~~~`~`~~`~`~~~~~``\`~~`~` 2
3 ``~`~~`\`~`~`~`~`~~`~~`~`~~``\`~`~~~`~`~`\``\`~`~~~~`\`~`` 3
```

```
 4 `` ~~ ~~~ ~  ~  ~~    ~ ~ ~ ~`` ~~~  ~~   ~  ~~ ~~ ~ ~ ~~ ~~~~  ``  4
 5 ~~`` ~~~ ~ ~~   ~  ~    ~  ~~ ~~~~~ ~~ `  ~ ~~~ ~~ ~ `~ ~~~  5
 6 ``~~ ~~~~ ~ ~~~  ~~~~ ~~ ~~  ~~ ~~~ `~ ~~~ ``~~~  6
 7 ~``` ` ` ~~ ~  ~ ~~  ~`~ ~~~ ~ ~~~ ``` `` 7
 8 `~` `` ~ `~ ~~`  ~ ~~ `` ~ ~~ ~ ~ ~ ~~ ~ ~~~~ ` 8
 9 ~  ~  ~~~ ~  ~~~ ~ ~~~ ~ ~~~ ~ ~ ~ ~~ ~~  9
10 ``` ~ ~  ~ ~  ~ ~~ ~ ~ ~ ~~~ ~~ ~ ~~ ```` ~ 10
11 ``` ~ ` ~~~ ~~  ~ ~~ ~~~ ~  ~~ ~~ ~~~ ~  ~ `~ 11
12 ~~~`~`~~~ ~ ~~~~~~ ~ ~~ ~ ~~ ~~ ~`~ `~`~ 12
13 `~~ ``` ~ ~  ~~~ ~ ~~~~~~ ~~ ~~~~~ ``  ~ ~ `~` ~~~~ 13
14 `~~`~`~`  ~ ~~ ~ ~ ~~ ~~~~ ~  ~ ~ `~ ~~~ ``` ~~ `` `` ~ 14
   012345678901234567890123456789012345678901234567890123456789
             1         2         3         4         5
Aún tienes 16 dispositivos sonar. Falta encontrar 3 cofres.
¿Dónde quieres dejar caer el siguiente dispositivo sonar? (0-59 0-14) (o teclea
salir)
10 10
             1         2         3         4         5
   012345678901234567890123456789012345678901234567890123456789
 0 `~~~`~~~`~`~~ `~~~~~ ~`  ~~~~ `~ ~~~`~ ~  ~~  ``` ~ ~  ``` ~ ~~~~`` 0
 1 ~ `~~~ ``` ~~~~`~`~~ ~`~  ~~ ~ ~ ~~ ~ ~~~~~~ ~  ```` ~ ~~ ~~~~` 1
 2 `~`~`~` ~~~~ ~ ~~~ ~  ~~ ~ ~~~~~~~~ ~ ~~ ~ ~~~~~ ``` ~ ~ ` 2
 3 `~`~ ~~ ~~ ~  ~ ~~ ~ ~ ~ ~~  ~  ~ ~~~~ ~  `` 3
 4 `~` ` ~ ~~~ ~ ~ ``` ~ ~~ ~ ~~~ ~~~~ ~ ``` 4
 5 ~~ ``` ~ ~~ ~ ~~ ~  ~~~~ ~~ ~~ ~~ ~~ ~ ~  ~  5
 6 `~~`~`~~ ~~~~`~ ~~~  ~~~~ ~~~ ~~ ~~~ ~~~ ~ ~~~`~~~ 6
 7 `~` ~   ~ ~~  ~ ~ ~~ ~~~ ~~ ~~ ~ ~ ~~ ~ `~ 7
 8 `~ ~ ~  ~ ~ ~~~ ~~ ~ ~~  ~  ~~  ~ ~~~~ 8
 9 ~ ``` ~~ ~ ~  ~ ` ``  ~~~  ~  ~ ~  ~~~ ``` 9
10 ```~ ~ ``` ~5`~ ~ ~~ ~ ~  ~ ~~~ ~~~ ~~ ~ ~~~ ``` ~ 10
11 `` ~ ~ ~~~ ~ ~ ~~ ~  ~ ~ ~ ~ ~~~ ~ ~~ ~ 11
12 ~~~`~`~~~ `` ~~~~~ ~~~ ~ ~ ~~~ ~ ~~~ ~`~`~`~ 12
13 `~~ `` ~ ~~  ```~~`~  ~ ~~~~~~~ ~~ ~~~~~   ~ `~ ~` ` ~~~~ 13
14 `~~`~`~ ````` ~ ~ ~~ ~  ~~ ~~~~ ~  ~ ` ~ ~~~  ~~ ` ~ 14
   012345678901234567890123456789012345678901234567890123456789
             1         2         3         4         5
Tesoro detectado a una distancia 5 del dispositivo sonar.
Aún tienes 15 dispositivos sonar. Falta encontrar 3 cofres.
¿Dónde quieres dejar caer el siguiente dispositivo sonar? (0-59 0-14) (o teclea
salir)
15 6
             1         2         3         4         5
   012345678901234567890123456789012345678901234567890123456789
 0 `~~~`~~~`~`~~ ~~~~~ ~` ~~~~ ~ ~~~`~ ~ ~  ~~  ~ ~``` ~ ~~~~`` 0
 1 ~`~~~``` ~~~~`~`~~ ~`~  ~~ ~ ~ ~~ ~~ ~~~~~~ ~ ```` ~ ~~ ~~~~` 1
 2 `~`~`~` ~~~~ ~ ~~~ ~ ~ ```` ~~~~~~~~ ~ ~~ ~ `` ~~~~~ ``` ~~ ~ ` 2
 3 ``~`~ ~~ ``~`~`~ ~ ~ ~ ~~ ~ ~~ ~ ~`  ~~~ ~ ` ~  ``````  ~~~~ ``` 3
```

```
 4  `` ~~ `~~~ `` ~` ~~ ``` ~ ~ ~` ~ `~~ `` ~~ ``` ~ `~ `~~ ~` ~~ `~~~ ``` 4
 5  ~~ `` `~~~ ` `~ ~~ `~ ~` ~ ` ~ ` ~~ ` ~~~~ `~~ ~ `~ `~~ ~~ `~ `~ ~~~ ` 5
 6  `` ~~ `~~ ` ~~~~ ~4~~~ `` ~~~~ `~ ~~~ ` ~` ~~~ ~~~ `~ ~~` ``~~ 6
 7  `~` ~~~` ~~~ `~~` ~~ ` ~ ~~ `~~~ ~~ ~` ~ `~~~ ~~~~ ~~ `~` ``` ~~ 7
 8  `~` ~~ ` ~~ ` ~~~ ~~ ~ ` ~ ~ `~~ ~ `~~ ~ `~~~ ~~~ ~~ ` `~ ~ `~ 8
 9  ~ ``` ~~~ `~~~` ~~~ `~ ~ ~ ~ `~ `~~~~ `~~ `~~~~ ~~~~ `~ `~~ ``` 9
10  ``` ~ ~ ` ~~5 ~` ~` ~~~ ` ~ ` ~~~~ ~~ ~~ ` ~~~~ ~~~ ~` ~~ ``` ~ 10
11  `` ~ ` ~~~ `~ ` ~~ `~ ~ ~ ~ `~ `~~~~ ~~ ` ~~ ~~~ ``` ~ `~ `~~ ~ 11
12  ~~~ `` ~~~ ` ~~~~~~ ~~~ ` ~~ ~ ~~ ` ~ `~~~ `~~ ~~ ` ~` ``~ 12
13  `~` ``` ~~ `~~ ` ~~~ `~~ ~ ` ~~~~~~~ ~~ `~~~~ ```` ~ ~` ~~~~ 13
14  `~~` ~` ~` ``` ~ ~ `~ ~ `~~ ~~~~ ~` ~~ ` ~ `~ ~~~ ``` ~~ ``` ~ 14
    012345678901234567890123456789012345678901234567890123456789
              1         2         3         4         5
```
Tesoro detectado a una distancia 4 del dispositivo sonar.
Aún tienes 14 dispositivos sonar. Falta encontrar 3 cofres.
¿Dónde quieres dejar caer el siguiente dispositivo sonar? (0-59 0-14) (o teclea
salir)
15 10
```
              1         2         3         4         5
    012345678901234567890123456789012345678901234567890123456789
 0  `~~~ `~~~ `~` ~~` ~~~~~ `~` ~~~~ `~ ~~~ ` ~` ~` ~~ ``` ~ ~ `~ ``~` ~~~~~` `` 0
 1  ~ `~~~ ``` ~~~~ ~~ `~ ~ ~~ ~~ `~ ~~ `~~~~~~ ~` ``` ``~` ~~ ~~~` ` 1
 2  `~` ~ `~~~ ~~ `~~ `~ `` ` ~~~~~~~~~ ~` ~~ `~ ~~~~~ `~ ~`~ ``` 2
 3  `~ `~~~ ~~ ~~~ ~` ~~ ` ~~ ~ `~ ` ~~ `~ ~~ ~~ `~ ~` ` ``` 3
 4  ` ~~ `~~~ `~ ~~ `~ ~` ~ ~~ ` ~` ~~~~ ~~ ~ `~~ ~~~ ``` 4
 5  ~~ `` ~~~ `~ ~` ~~ ` ~ ~ `~ ~~~~~ ~~ ` ~~~ ~~ ` ~~~ ` 5
 6  `` ~~ `~~` ~ ~~~~ ~0~~~ `` ~~~~ `~ ~~~ ` ~` ~~~ ~~~ `~ ~~` ``~~ 6
 7  `~` ~~~` ~~~ `~~` ~~ ` ~ ~~ `~~~ ~~ ~` ~ `~~~ ~~~~ ~~ `~` `` ~~ 7
 8  `~` ~~ ` ~~ ` ~~~ ~~ ~ ` ~ ~ `~~ ~ `~~ ~ `~~~ ~~~ ~~ ` `~ ~ `~ ` 8
 9  `~` ~~~ `~~~` ~~~ `~ ~ ~ ~ `~ `~~~~ `~~ `~~~~ ~~~~ `~ `~~ ``` 9
10  ``` ~ ~ ` ~~0 ~` `0 ~~~ ` ~ ` ~~~~ ~~ ~~ ` ~~~~ ~~~ ~` ~~ ``` ~ 10
11  ``` ~ ` ~~~ `~ ` ~~ `~ ~ ~ ~ `~ `~~~~ ~~ ` ~~ ~~~ ``` ~ `~ `~~ ~ 11
12  ~~~ `` ~~~ ` ~~~~~~ ~~~ ` ~~ ~ ~~ ` ~ `~~~ `~~ ~~ ` ~` ``~ 12
13  `~` ``` ~~ `~~ ` ~~~ `~~ ~ ` ~~~~~~~ ~~ `~~~~ ```` ~ ~` ~~~~ 13
14  `~~` ~` ~` ``` ~ ~ `~ ~ `~~ ~~~~ ~` ~~ ` ~ `~ ~~~ ``` ~~ ``` ~ 14
    012345678901234567890123456789012345678901234567890123456789
              1         2         3         4         5
```
¡Has encontrado un cofre del tesoro hundido!
Aún tienes 13 dispositivos sonar. Falta encontrar 2 cofres.
¿Dónde quieres dejar caer el siguiente dispositivo sonar? (0-59 0-14) (o teclea
salir)

...salteamos unos pasos para acortar...

```
              1         2         3         4         5
    012345678901234567890123456789012345678901234567890123456789
 0  `~~~ `~~~ `~` ~~` ~~~~~ `~` ~~~~ `~ ~~~ ` ~` ~` ~ `~` ``` ~` ~ ` ~ ~~~~` `` 0
```

```
 1 ~`~~`` ``~~~~`~`~~`~`~`~~```~O~`~~`~`~~~~~`~``` `~`~~`~~~~` 1
 2 `~``~`~`~~~`~`~`~`~`~`~`~~O~~~O~~`~`~~`~`~~~~`~``~~`~``` 2
 3 `~3~~``8`~`~`~`~~`~`~`~`~`~~~`~`O```~`~`~~~~`~``` 3
 4 ``~`~~~`~`~~`~`~`~O`~~O``~~`~`~~`~`~`~`~~~~` 4
 5 `~~``~~`~`~`~`~`~`~`~~`~`~`~`~`~`~`~`~`~`~` 5
 6 `~~`~`~`~~~~`~O~~~`~`~~~`~~`~`~~`~~`~~``O`~~~``~~ 6
 7 `~``~`~`~`~`~`~`~`~~`~`~~`~~~~`~`~`~`~~``~~ 7
 8 `~``~`~`~`~~`~~~`~`~~~`~`~`~~`~`O``O`~`~~`~`~~~~` 8
 9 `~``~`~``~`~`~`~``~`O~`~~~`~`~`~`~~`~`~~`~`` 9
10 ```~`~```~O`~`O`~~`~`~`~`~~~`~~~`~~`~~```~ 10
11 ``~``~`~`~`~`~`~`~`~`~`~`~`~`~`~`~`~`~`~`~ 11
12 ~~~`~`~`~~`~`~`~`~`~~`~`~`~`~`~`~`~`~`~`~ 12
13 `~~``~`~~`~`~`~~~`~`~~~~~~~~`~`~`~`~~`~~~~ 13
14 `~~`~`~``~`~`~``~`~~`~~~~`~`~`~`~`~`~~~`~```~~`~ 14
   012345678901234567890123456789012345678901234567890123456789
            1         2         3         4         5
Tesoro detectado a una distancia 4 del dispositivo sonar.
¡Nos hemos quedado sin dispositivos sonar! ¡Ahora tenemos que dar la vuelta y
dirigirnos
de regreso a casa dejando tesoros en el mar! Juego terminado.
   Los cofres restantes estaban aquí:
   0, 4
¿Quieres jugar de nuevo? (sí o no)
no
```

Código Fuente de Búsqueda del Tesoro con Sonar

Debajo se encuentra el código fuente del juego. Escríbelo en un nuevo archivo, luego guárdalo como sonar.py y córrelo presionando la tecla **F5**. Si obtienes errores luego de escribir este código, compara tu código con el código del libro con la herramienta online diff en http://invpy.com/es/diff/sonar.

```python
sonar.py
 1. # Sonar
 2.
 3. import random
 4. import sys
 5.
 6. def dibujarTablero(tablero):
 7.     # Dibuja la estructura de datos del tablero.
 8.
 9.     líneah = '    ' # espacio inicial para los números a lo largo del lado
izquierdo del tablero
10.     for i in range(1, 6):
11.         líneah += (' ' * 9) + str(i)
```

```
12.
13.     # imprimir los números a lo largo del borde superior
14.     print(líneah)
15.     print('   ' + ('0123456789' * 6))
16.     print()
17.
18.     # imprimir cada una de las 15 filas
19.     for i in range(15):
20.         # los números de una sola cifra deben ser precedidos por un
espacio extra
21.         if i < 10:
22.             espacioExtra = ' '
23.         else:
24.             espacioExtra = ''
25.         print('%s%s %s %s' % (espacioExtra, i, obtenerFila(tablero, i),
i))
26.
27.     # imprimir los números a lo largo del borde inferior
28.     print()
29.     print('   ' + ('0123456789' * 6))
30.     print(líneah)
31.
32.
33. def obtenerFila(tablero, fila):
34.     # Devuelve una cadena con la estructura de datos de un tablero para
una fila determinada.
35.     filaTablero = ''
36.     for i in range(60):
37.         filaTablero += tablero[i][fila]
38.     return filaTablero
39.
40. def obtenerNuevoTablero():
41.     # Crear una nueva estructura de datos para un tablero de 60x15.
42.     tablero = []
43.     for x in range(60): # la lista principal es una lista de 60 listas
44.         tablero.append([])
45.         for y in range(15): # cada lista en la lista principal tiene 15
cadenas de un solo carácter
46.             # usar diferentes caracteres para el océano para hacerlo más
fácil de leer.
47.             if random.randint(0, 1) == 0:
48.                 tablero[x].append('~')
49.             else:
50.                 tablero[x].append('`')
51.     return tablero
52.
53. def obtenerCofresAleatorios(númCofres):
```

```
54.      # Crear una lista de estructuras de datos cofre (listas de dos items
con coordenadas x, y)
55.      cofres = []
56.      for i in range(númCofres):
57.          cofres.append([random.randint(0, 59), random.randint(0, 14)])
58.      return cofres
59.
60. def esMovidaVálida(x, y):
61.      # Devuelve True si las coordenadas pertenecen al tablero, de lo
contrario False.
62.      return x >= 0 and x <= 59 and y >= 0 and y <= 14
63.
64. def realizarMovida(board, chests, x, y):
65.      # Cambia la estructura de datos del tablero agregando un caracter de
dispositivo sonar. Elimina los cofres
66.      # de la lista de cofres a medida que son encontrados. Devuelve False
si la movida no es válida.
67.      # En caso contrario, devuelve una cadena con el resultado de esa
movida.
68.      if not esMovidaVálida(x, y):
69.          return False
70.
71.      menorDistancia = 100 # cualquier cofre estará a una distancia menor
que 100.
72.      for cx, cy in cofres:
73.          if abs(cx - x) > abs(cy - y):
74.              distancia = abs(cx - x)
75.          else:
76.              distancia = abs(cy - y)
77.
78.          if distancia < menorDistancia: # queremos el cofre más cercano.
79.              menorDistancia = distancia
80.
81.      if menorDistancia == 0:
82.          # ¡xy está directamente sobre un cofre!
83.          tablero.remove([x, y])
84.          return '¡Has encontrado un cofre del tesoro hundido!'
85.      else:
86.          if menorDistancia < 10:
87.              tablero[x][y] = str(menorDistancia)
88.              return 'Tesoro detectado a una distancia %s del dispositivo
sonar.' % (menorDistancia)
89.          else:
90.              tablero[x][y] = 'O'
91.              return 'El sonar no ha detectado nada. Todos los cofres están
fuera del alcance del dispositivo.'
92.
```

```
 93.
 94. def ingresarMovidaJugador():
 95.     # Permite al jugador teclear su movida. Devuelve una lista de dos
ítems con coordenadas xy.
 96.     print('¿Dónde quieres dejar caer el siguiente dispositivo sonar? (0-59
0-14) (o teclea salir)')
 97.     while True:
 98.         movida = input()
 99.         if movida.lower() == 'salir':
100.             print('¡Gracias por jugar!')
101.             sys.exit()
102.
103.         movida = movida.split()
104.         if len(movida) == 2 and movida[0].isdigit() and
movida[1].isdigit() and esMovidaVálida(int(movida[0]), int(movida[1])):
105.             return [int(movida[0]), int(movida[1])]
106.         print('Ingresa un número de 0 a 59, un espacio, y luego un número
de 0 a 14.')
107.
108.
109. def jugarDeNuevo():
110.     # Esta función devuelve True si el jugador quiere jugar de nuevo, de
lo contrario devuelve False.
111.     print('¿Quieres jugar de nuevo? (sí o no)')
112.     return input().lower().startswith('s')
113.
114.
115. def mostrarInstrucciones():
116.     print(Instrucciones:
117. Eres el capitán de Simón, un buque cazador de tesoros. Tu misión actual
118. es encontrar los tres cofres con tesoros perdidos que se hallan ocultos en
119. la parte del océano en que te encuentras y recogerlos.
120.
121. Para jugar, ingresa las coordenadas del punto del océano en que quieres
122. colocar un dispositivo sonar. El sonar puede detectar cuál es la distancia
al cofre más cercano.
123. Por ejemplo, la d abajo indica dónde se ha colocado el dispositivo, y los
124. números 2 representan los sitios a una distancia 2 del dispositivo. Los
125. números 4 representan los sitios a una distancia 4 del dispositivo.
126.
127.     444444444
128.     4       4
129.     4 22222 4
130.     4 2   2 4
131.     4 2 d 2 4
132.     4 2   2 4
133.     4 22222 4
```

```
134.        4        4
135.        444444444
136.   Pulsa enter para continuar...''')
137.        input()
138.
139.        print('''Por ejemplo, aquí hay un cofre del tesoro (la c) ubicado a
una distancia
140.   2 del dispositivo sonar (la d):
141.
142.        22222
143.        c    2
144.        2 d 2
145.        2    2
146.        22222
147.
148.   El punto donde el dispositivo fue colocado se indicará con una d.
149.
150.   Los cofres del tesoro no se mueven. Los dispositivos sonar pueden detectar
151.   cofres hasta una distancia 9. Si todos los cofres están fuera del alcance,
152.   el punto se indicará con un O.
153.
154.   Si un dispositivo es colocado directamente sobre un cofre del tesoro, has
155.   descubierto la ubicación del cofre, y este será recogido. El dispositivo
156.   sonar permanecerá allí.
157.
158.   Cuando recojas un cofre, todos los dispositivos sonar se actualizarán para
159.   localizar el próximo cofre hundido más cercano.
160.   Pulsa enter para continuar...''')
161.        input()
162.        print()
163.
164.
165.   print('¡ S O N A R !')
166.   print()
167.   print('¿Te gustaría ver las instrucciones? (sí/no)')
168.   if input().lower().startswith('s'):
169.        mostrarInstrucciones()
170.
171.   while True:
172.        # configuración del juego
173.        dispositivosSonar = 16
174.        elTablero = obtenerNuevoTablero()
175.        losCofres = obtenerCofresAleatorios(3)
176.        dibujarTablero(elTablero)
177.        movidasPrevias = []
178.
179.        while dispositivosSonar > 0:
```

```
180.        # Comienzo de un turno:
181.
182.        # mostrar el estado de los dispositivos sonar / cofres
183.        if dispositivosSonar > 1: extraSsonar = 's'
184.        else: extraSsonar = ''
185.        if len(losCofres) > 1: extraScofre = 's'
186.        else: extraScofre = ''
187.        print('Aún tienes %s dispositivos%s  sonar. Falta encontrar %s
cofre%s.' % (dispositivosSonar, extraSsonar, len(losCofres), extraScofre))
188.
189.        x, y = ingresarMovidaJugador()
190.        movidasPrevias.append([x, y]) # debemos registrar todas las
movidas para que los dispositivos sonar puedan ser actualizados.
191.
192.        resultadoMovida = realizarMovida(elTablero, losCofres, x, y)
193.        if resultadoMovida == False:
194.            continue
195.        else:
196.            if resultadoMovida == '¡Has encontrado uno de los cofres del
tesoro!':
197.                # actualizar todos los dispositivos sonar presentes en el
mapa.
198.                for x, y in movidasPrevias:
199.                    realizarMovida(elTablero, losCofres, x, y)
200.            dibujarTablero(elTablero)
201.            print(resultadoMovida)
202.
203.        if len(losCofres) == 0:
204.            print('¡Has encontrado todos los cofres del tesoro!
¡Felicitaciones y buena partida!')
205.            break
206.
207.        dispositivosSonar -= 1
208.
209.    if dispositivosSonar == 0:
210.        print('¡Nos hemos quedado sin dispositivos sonar! ¡Ahora tenemos
que dar la vuelta y dirigirnos')
211.        print('de regreso a casa dejando tesoros en el mar! Juego
terminado.')
212.        print('    Los cofres restantes estaban aquí:')
213.        for x, y in losCofres:
214.            print('    %s, %s' % (x, y))
215.
216.    if not jugarDeNuevo():
217.        sys.exit()
```

Diseñando el Programa

Antes de intentar entender el código fuente, juega el juego un par de veces para entender lo que sucede. El juego Sonar usa listas de listas y otras variables complicadas, llamadas **estructuras de datos**. Las estructuras de datos son variables que almacenan arreglos de valores para representar algo. Por ejemplo, en el capítulo de Ta Te Ti, la estructura de datos de tablero era una lista de cadenas. La cadena representaba una X, O, o un espacio en blanco y el índice de la cadena dentro de la lista representaba el espacio en el tablero. El juego del Sonar tendrá estructuras de datos similares para las ubicaciones de los tesoros y los dispositivos de sonar.

Cómo Funciona el Código

```
1. # Sonar
2.
3. import random
4. import sys
```

Las líneas 3 y 4 importan los módulos random y sys. El módulo sys contiene la función exit(), la cuál hace que el programa termine inmediatamente. Esta funcion es utilizada luego en el programa.

Dibujando el Tablero de Juego

```
6. def dibujarTablero(tablero):
```

El tablero del Sonar es un océano de arte ASCII con los ejes X e Y a su alrededor. La tilde invertida (`` ` ``) y la virguilla (~) serán utilizadas para las olas del océano. Se verá así:

```
                1          2          3          4          5
      012345678901234567890123456789012345678901234567890123456789
 0 ~~~`~`` ~~~~ `~~~~ `~ ~ ~ `~~ `~~ ~~ ~     ~~ ~ `~ `~~ ``` `~ ~`  0
 1 `~ ~ ~   `~~ `~ ~ ~ ~  ~ `~ `~~~ `~~ ~~~    `~ ~ `~~ `~~ ~~`  1
 2 ``` ~~~~ ~ `~~ ` ~~~ `~  ~ `~ ~~ `~~ ~  ~ `~ ~ ~~~~~ ~  2
 3 ~~~~`` ~~~ ` ~  ~ ~` `~~ ` ~  `~~ ~~ ~  ~ `~ `~ ``` ~  3
 4 ~ ` `` ~~~~ `~ `~~ `~ ~~~ ~~ ` ~ ~ `~ ~~ `~~ ~ ` ~~  4
 5 `~ `` ~ `~ ~ `~~ ~~ ~ `~ `~ ~~ ~ ~~~~ `~ ~ ~~  5
 6 ` ~~ ~~ `~ ~ ` `` ~~ ~~~ `~ `~~ ~ `~ `` `~~  6
 7 `~ ~~~~~~ `~ ~ ~ `~~~ ~~~~ `~ `~~ ~~ ~~ `~~  7
 8 ~~ ~ ~~ `~ ` ~  ~ ` ~~ `~~ `~~~~~ `~ ` ~~~`  8
 9 ``` ~ `~ `~~ ~~~ `~ ~~ `~~ ~~~~ ``` ~~~~ ```  9
10 `~~~~ `` `~ ~ `~ ~~ ~ `~~~ ~~ `~ ``` ~ ```` 10
11 ~~`~ ~ `~~ `~` `~ `` ` `` `~ ` ``` ~`` ~~`~ ~ 11
                1          2          3          4          5
      012345678901234567890123456789012345678901234567890123456789
```

```
12 ~~`~~~~``~~~```` ~~``~`~`~~`````````~`~~`~```````~~``~~~`~~`~ 12
13 `~`````~~``~`~~~```~~~~```~~`~`~~~`~`````````~~`~```~`~`~~~~ 13
14 ~~~``~```~`````~~`~`~`~~`~`~`~~`~`~`~`~``~~`~`~``~```~~~ 14
   01234567890123456789012345678901234567890123456789
            1         2         3         4         5
```

El dibujo en la función `dibujarTablero()` tiene cuatro pasos.

- Primero, crea una variable de cadena con 1, 2, 3, 4 y 5 espaciados con espacios anchos (para marcar las coordenadas 10, 20, 30, 50 y 50 del eje X).

- Segundo, utiliza esa cadena para mostrar las coordenadas del eje X en la parte superior de la pantalla.

- Tercero, imprime cada fila del océano así como también las coordenadas del eje Y a ambos lados de la pantalla.

- Cuarto, vuelve a imprimir el eje X en el margen inferior. Las coordenadas alrededor de la pantalla hace más facil localizar los dispositivos de sonar.

Dibujar las coordenadas X

```
7.      # Dibuja la estructura de datos del tablero.
8.
9.      líneah = '    ' # espacio inicial para los números a lo largo del lado izquierdo del tablero
10.     for i in range(1, 6):
11.         líneah += (' ' * 9) + str(i)
```

Mira la parte superior del tablero en la Figura 13-3. Posee un + en vez de espacios en blanco para que puedas contar los espacios facilmente:

```
+++++++++++++1++++++++++2++++++++++3
+++01234567890123456789012345678901234567890123456789
+0 ~~~`~``~~~``~~~~``~`~`~`~`~~`~~~~```~`~` 0
```

Figura 13-3: El espaciado utilizado para imprimir la parte superior del tablero.

Los números en la primer línea que marcna las posiciones de diez, tienen nueve espacios entre ellas, y hay trece espacios frente al 1. Las líneas 9 a 11 crean esta cadena con con esta línea y la guarda en una variable llamada líneah.

```
13.     # imprimir los números a lo largo del borde superior
```

```
14.       print(líneah)
15.       print('   ' + ('0123456789' * 6))
16.       print()
```

Para imprimir los números en el tope del tablero, primero imprime el contenido de la variable
lineah. Luego en la siguiente línea, imprime tres espacios (para alinear la línea), y luego imprime
la cadena '012345678901234567890123456789012345678901234567890123456789'. Pero
como atajo puedes usar ('0123456789' * 6), que se evalúa a la misma cadena.

Dibujando las Filas del Océano

```
18.       # imprimir cada una de las 15 filas
19.       for i in range(15):
20.           # los números de una sola cifra deben ser precedidos por un
espacio extra
21.           if i < 10:
22.               espacioExtra = ' '
23.           else:
24.               espacioExtra = ''
25.           print('%s%s %s %s' % (espacioExtra, i, obtenerFila(tablero, i),
i))
```

Las líneas 19 a 25 imprimen las olas del océano, incluyendo los números a los costados para
mostar el eje Y. Para el ciclo se imprimen las filas 0 a 14, incluyendo el número de fila a ambos
lados.

Hay un pequeño problema. Los números con sólo un dígito (como 0, 1, 2..) sólo ocupan un
espacio, sin embargo números con dos dígitos (como 10, 11 y 12) ocupan dos espacios. Las filas
no se alinearán si las coordenadas tienen distintos tamaños. Se verá así:

```
8 ~~`~`~~```~`~~`~~~``~~`~`~~`~`~```~```~~~```~~~~~`~`~~~~` 8
9 ```~`~`~~~`~~``~`~`~`~~~``~`~``~`~`~~`~~~~`~`~~~~``` 9
10 `~~~~```~`~````~`~`~~`~`~~~~`~`~`~````~`~`~`````` 10
11 ~~`~`~~`~`~`~~~``````````````~~````~`~~`~`~~~~`~~~`~~`~ 11
```

La solución es sencilla. Agrega espacios frente a todos los números de un dígito. Las lineas 21 a
24 asignan a espacioExtra un espacio o una cadena vacía. La variable espacioExtra siempre es
impresa, pero sólo posee un caracter en las filas de un dígito. Caso contrario, es una cadena vacía.
De esta manera, todas las filas se alinearán cuando las imprimas.

La función obtenerLinea() requere un número de fila y devuelve una cadena representando las
olas de dicha fila. Sus dos parámetros son la estructura de datos del tablero almacenada en la
variable tablero y un número de fila. Veremos esta función luego.

Dibujando las coordenadas X en el margen Inferior

```
27.     # imprimir los números a lo largo del borde inferior
28.     print()
29.     print('   ' + ('0123456789' * 6))
30.     print(lineah)
```

Las líneas 27 a 30 son similares a las 13 a 16. Ellas imprimen el eje X en la parte inferior de la pantalla.

Obteniendo el Estado de una Fila en el Océano

```
33. def obtenerFila(tablero, fila):
34.     # Devuelve una cadena con la estructura de datos de un tablero para
una fila determinada.
35.     filaTablero = ''
36.     for i in range(60):
37.         filaTablero += tablero[i][fila]
38.     return filaTablero
```

Mientras el parámetro tablero es una estructura de datos para todo el océano, la función obtenerFila() crea una cadena para una sóla línea.

Primero, establece filaTablero a una cadena vacía. Las coordenadas Y son pasadas como el parámetro fila. La cadena se consigue concatenando tablero[0][fila], tablero[1][fila] y así sucesivamente hasta talbero[59][fila]. Esto se debe a que la fila contiene 60 carácteres, desde índice 0 al 59.

El ciclo for en la línea 36 itera sobre los enteros 0 a 59. En cada iteración, el siguiente carácter en el tablero es copiado al final de filaTablero. Para cuando el ciclo se termina, filaTablero tendrá el arte ASCII de las olas completos y será devuelto.

Creando un Nuevo Tablero de Juego

```
40. def obtenerNuevoTablero():
41.     # Crear una nueva estructura de datos para un tablero de 60x15.
42.     tablero = []
43.     for x in range(60): # la lista principal es una lista de 60 listas
44.         tablero.append([])
```

Una nueva estructura de datos de tablero es necesaria al inicio de cada juego. La estructura es una lista de listas de cadenas. La primera lista repesenta el eje X. Dado que el tablero posee un ancho de 60 carácteres, la primera lísta necesita contener 60 listas. Crea un ciclo for que agregue 60 listas en blanco.

```
45.             for y in range(15): # cada lista en la lista principal tiene 15
cadenas de un solo caracter
46.                 # usar diferentes caracteres para el océano para hacerlo más
fácil de leer.
47.             if random.randint(0, 1) == 0:
48.                 tablero[x].append('~')
49.             else:
50.                 tablero[x].append('`')
```

Pero el tablero es más que sólo una listta de 60 listas en blanco. Cada una de las 60 listas representa una coordenada X del juego. Hay 15 filas en el tablero, así que cada una de estas 60 listas debe contener 15 carácteres en ellas. La línea 45 es otro ciclo para agregar 15 carácteres que representan el océano.

El "océano" será un conjunto de '~' y '`' aleatorios. Si el valor de retorno de random.randint() es 0, agrega '~'. De lo contrario agrega '''. Esto le dará un aspecto aleatorio y picado al océano.

Recuerda que la variable tablero es una lista de 60 listas, cada una de las cuales contiene 15 cadenas. Esto significa que obtienes la cadena en la coordenada 26, 12, mediante tablero[26][12] y no tablero[12][26]. La coordenada X primero y luego la Y.

```
51.     return tablero
```

Finalmente, la función devuelve el valor en la variable tablero.

Creando Cofres de Tesoro Aleatorios

```
53. def obtenerCofresAleatorios(númCofres):
54.     # Crear una lista de estructuras de datos cofre (listas de dos ítems
con coordenadas x, y)
55.     cofres = []
56.     for i in range(númCofres):
57.         cofres.append([random.randint(0, 59), random.randint(0, 14)])
58.     return cofres
```

El juego también decide aleatoriamente donde se encuentran los cofres ocultos. Los cofres son representados como una lista de listas de dos enteros. Estos dos enteros serán el eje X e Y de un único cofre.

Por ejemplo, si la estructura de datos del cofre es [[2, 2], [2, 4], [10, 0]], significará que hay tres cofres, uno en 2,2, otro en 2,4 y un tercero en 10,0.

El parámetro númCofres le dice a la función cuantos cofres generar. La línea 56 itera númCofres veces, y por cada una de esas iteraciones la línea 57 agregará una lista de dos números enteros aleatorios. La coordenada X puede ser cualquiera de 0 a 59, y la Y cualquiera de 0 a 14. La expresión [random.randint(0, 59), random.randint(0, 14)] que es pasada al método append se evaluará a una lista [2, 2] o [2, 4] o [10, 0]. Esta lista se agregará a cofres.

Determinando si una Movida es Válida

```
60. def esMovidaVálida(x, y):
61.     # Devuelve True si las coordenadas pertenecen al tablero, de lo
contrario False.
62.     return x >= 0 and x <= 59 and y >= 0 and y <= 14
```

Cuando el jugador escribe las coordenadas X e Y donde quiere colocar un sonar, pueden no ser coordenadas válidas. Las coordenadas X deben ser de 0 a 59 y las coordenadas Y deben ser de 0 a 14.

La función esMovidaVálida() utiliza una simple expresión con operadores para asegurar que cada parte del a condición sea True (Verdadera). Aún con sólo una expresión False (Falsa), toda la expresión se evalúa como False. Esta función devuelve un valor Booleano.

Realizar una Movida en el Tablero

```
64. def realizarMovida(tablero, cofres, x, y):
65.     # Cambia la estructura de datos del tablero agregando un caracter de
dispositivo sonar. Elimina los cofres
66.     # de la lista de cofres a medida que son encontrados. Devuelve False
si la movida no es válida.
67.     # En caso contrario, devuelve una cadena con el resultado de esa
movida.
68.     if not esMovidaVálida(x, y):
69.         return False
```

En el juego Sonar, el tablero es actualizado para mostrar un número por cada uno de los dispositivos empleados para mostrar que tan lejos se encuentra del cofre más cercano. Cuando el jugador realiza una movida dándole al programa unas coordenadas X e Y, el tablero cambia en función de las posiciones de los cofres.

La función realizarMovida() requiere cuatro parámetros: las estructuras de datos correspondiente a tablero y cofres, y coordenadas X e Y. La línea 69 devuelve False si las coordenadas X e Y dadas no existen dentro del tablero. Si esMovidaVálida() retorna False, entonces realizarMovida() devolverá False.

En otro caso, realizarMovida() devuelve un cadena describiendo que sucedió en respuesta a la movida:

- Si la coordenada cae directamente en un tesoro, realizarMovida() devuelve '¡Has encontrado un cofre del tesoro hundido!'.

- Si las coordenadas se encuentran a una distancia de 9 o menos de un cofre, realizarMovida() devuelve 'Tesoro detectado a una distancia %s del dispositivo sonar.' (donde %s es reemplazado por el valor entero de la distancia).

- En última instancia, realizarMovida() devuelve 'El sonar no ha detectado nada. Todos los cofres están fuera del alcance del dispositivo.'.

```
71.      menorDistancia = 100 # cualquier cofre estará a una distancia menor
que 100.
72.      for cx, cy in cofres:
73.          if abs(cx - x) > abs(cy - y):
74.              distancia = abs(cx - x)
75.          else:
76.              distancia = abs(cy - y)
77.
78.          if distancia < menorDistancia: # queremos el cofre más cercano.
79.              menorDistancia = distancia
```

Dadas las coordenadas de donde el jugador desea colocar un sonar y una lista de coordenadas XY para los cofres, necesitarás una algoritmo para encontrar cuál cofre es el más cercano.

Un algoritmo para Encontrar el Cofre de Tesoro más Cercano

Los parámetros x e y son enteros (digamos, 3 y 2), y juntos representan la posición en el tablero que el jugador eligió. La variable cofres tendrá un valor como [[5, 0], [0, 2], [4, 2]]. Dicho valor representa las posiciones de tres cofres. Puedes visualizarlo como en la Figura 13-3. La distancia formará "anillos" alrededor del sonar, posicionado en 3, 2 como en la Figura 13-4.

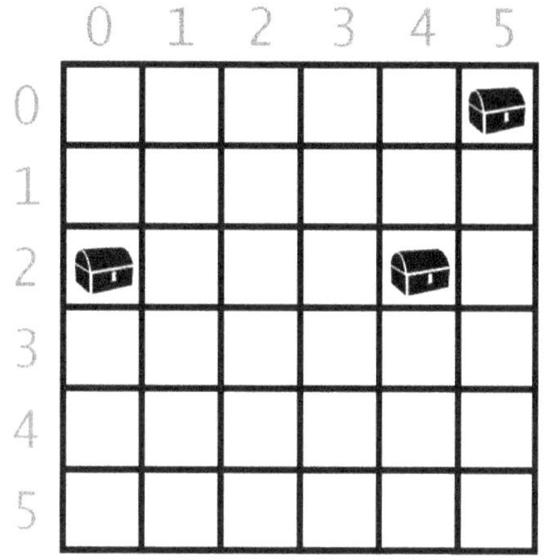

Figura 13-3: Los cofres de tesoros representados por [[5, 0], [0, 2], [4, 2]].

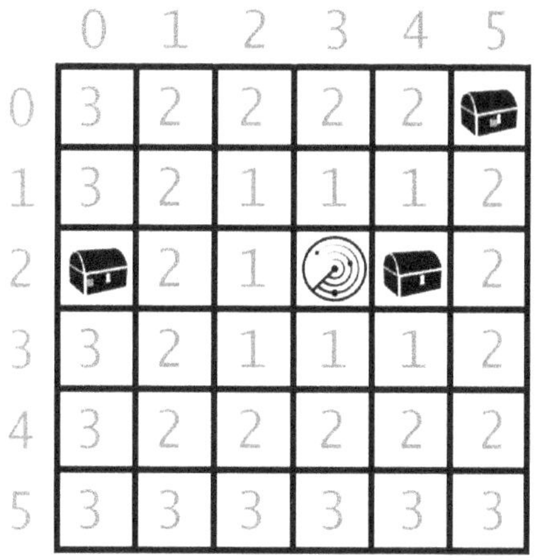

Figura 13-4: El tablero con las distancias desde la posición 3, 2.

Pero ¿como traducimos esto en código para el juego? Necesitarás una forma de representar el anillo de distancias como una expresión. Nota que la distancia a una coordenada XY siempre es mayor a dos valores: el valor absoluto de la diferencia de dos coordenada X y el valor absoluto de la diferencia de dos coordenadas Y.

Esto significa que debes restar la coordenada X del sonar y la coordenada X de uno de los cofres, luego tomar su valor absoluto. Haz lo mismo para la coordenada Y. El *mayor* de ambos números será la distancia.

Por ejemplo, supongamos que las coordenadas X e Y del sonar son 3 y 2, como en la Figura 13-4. Las coordenadas XY del primer cofre (esto es, el primero en la lista [[5, 0], [0, 2], [4, 2]]) son 5 y 0.

1. Para la coordenada X, 3 - 5 evalúa a -2, y su valor absoluto es 2.

2. Para la coordenada Y, 2 - 1 evalúa a 1, y su valor absoluto es 1.

3. Comparando ambos valores absolutos, 2 y 1, el mayor es 2, entonces 2 debe ser la distencia entre el sonar y el cofre en las coordenadas 5, 1.

Podemos ver en el tablero en la Figura 13-4 y ver que este algoritmo funciona, porque el tesoro en 5, 1 está en el segundo anillo del sonar. Comparemos rápidamente los otros cofres y veamos si la distancia también funciona correctamente.

Hallemos la distancia desde el sonar en 3, 2 y el tesoro en 0, 2:

1. abs(3 - 0) evalúa a 3.

2. abs(2 - 2) evalúa a 0.

3. 3 es mayor a 0, entonces la distancia entre el sonar en 3, 2 y el tesoro en 0, 2 es 3.

Hallemos la distancia entre el sonar en 3, 2 y el último cofre en 4, 2::

1. abs(3 - 4) evaluaevalúa tes a 1.

2. abs(2 - 2) evalúa a 0.

3. 1 es mayor a 0, entonces su distancia es 1.

Viendo la Figura 13-4 puedes ver que las tres distancias funcionaron. Parecería que el algoritmo funciona. Las distancias del sonar a los tres cofres de tesoro hundidos son 2, 3 y 1. En cada intento, sabrás cuál es la distancia del sonar al cofre de tesoro más cercano. Para realizar esto, usa una variable lamada menorDistancia. Veamos el código de nuevo:

```
71.        menorDistancia = 100 # cualquier cofre estará a una distancia menor
que 100.
72.     for cx, cy in cofres:
73.         if abs(cx - x) > abs(cy - y):
74.             distancia = abs(cx - x)
75.         else:
76.             distancia = abs(cy - y)
77.
78.         if distancia < menorDistancia: # queremos el cofre más cercano.
79.             menorDistancia = distancia
```

La línea 72 utiliza el truco de asignación múltiple para el ciclo. Por ejemplo, la asignación enlatado, huevos = [5, 10] asignará 5 a enlatado y 10 a huevos.

Dado que cofres es una lista donde cada item dentro de ella es una lista de dos enteros, el primero de estos enteros es asignado a cx y el segundo a cy. Entonces si cofres posee el valor [[5, 0], [0, 2], [4, 2]], cx tendrá el valor de 5 y cy tendrá el valor 0 en la primera iteración del ciclo.

La línea 73 determina cuál es mayor: el valor absoluto de la diferencia de las coordenadas X, o el absoluto de la diferencia de las coordenadas Y. abs(cx - x) > abs(cy - y) parece ser una forma mucho más corta de decir eso, ¿no? Las líneas 73 a 76 asignan el mayor de los valores a la variable distancia.

Entonces en cada iteración del ciclo, la variable distancia almacenará la distancia del sonar al cofre. Pero queremos la distancia más cercana de todos los tesoros. Aquí es cuando menorDistancia entra en juego. Cuando la variable distancia sea menor que menorDistancia, el valor en distancia se convierte en el nuevo valor de menorDistancia.

Dale a menorDistancia el valor alto imposible de 100 al comienzo del ciclo para que al menos uno de los cofres que encuentres sea puesto en menorDistancia. Para el momento que el ciclo concluya, sabrás que menorDistancia contiene la distancia mínima entre el sonar y todos los cofres de tesoro del juego.

El Método de Lista remove()

El método de lista remove() removerá la primer ocurrencia de un valor pasado como argumento. Por ejemplo, prueba ingresando lo siguiente en la consola interactiva:

```
>>> x = [42, 5, 10, 42, 15, 42]
>>> x.remove(10)
>>> x
[42, 5, 42, 15, 42]
```

El valor 10 fue removido de la lista x. El método remove() remueve la primer ocurrencia del valor que le pases, y sólo el primero. Por ejemplo, prueba lo siguiente en la consola interactiva:

```
>>> x = [42, 5, 10, 42, 15, 42]
>>> x.remove(42)
>>> x
[5, 10, 42, 15, 42]
```

Es evidente que sólo el primer valor 42 fue removido, pero el segundo y tecer valor continuan en la lista. El método remove() causará error si intentas remover un valor que no se encuentra en la lista:

```
>>> x = [5, 42]
```

```
>>> x.remove(10)
Traceback (most recent call last):
  File "<stdin>", line 1, in <module>
ValueError: list.remove(x): x not in list
```

```
81.        if menorDistancia == 0:
82.            # ¡xy está directamente sobre un cofre!
83.            tablero.remove([x, y])
84.            return '¡Has encontrado un cofre del tesoro hundido!'
```

El único momento en el cual menorDistancia es igual a 0 es cuando las coordenadas XY del sonar son iguales a las coordenadas XY del cofre. Esto significa que el jugador ha acertado la posición de un cofre de tesoro. Remueve la lista de dos enteros del cofre de la estructura de datos de cofres con el méto de lista remove(). Luego la función devuelve '¡Has encontrado un cofre del tesoro hundido!'.

```
85.        else:
86.            if menorDistancia < 10:
87.                tablero[x][y] = str(menorDistancia)
88.                return 'Tesoro detectado a una distancia %s del dispositivo sonar.' % (menorDistancia)
89.            else:
90.                tablero[x][y] = 'O'
91.                return 'El sonar no ha detectado nada. Todos los cofres están fuera del alcance del dispositivo.'
```

El bloque else que comienza en la línea 86 se ejecuta si menorDistancia no es 0, lo que significa que el jugador no ha acertado la posición exacta del cofre. Si la distancia del sonar es menor que 10, la línea 87 marcará el tablero con la cadena representando a menorDistancia. Si no, lo marcará con 'O'.

Obteniendo la Movida del Jugador

```
94. def ingresarMovidaJugador():
95.     # Permite al jugador teclear su movida. Devuelve una lista de dos items con coordenadas xy.
96.     print('¿Dónde quieres dejar caer el siguiente dispositivo sonar? (0-59 0-14) (o teclea salir)')
97.     while True:
98.         movida = input()
99.         if movida.lower() == 'salir':
100.            print('¡Gracias por jugar!')
101.            sys.exit()
```

La función ingresarMovidaJugador() obtiene las coordenadas XY de la siguiente jugada. El ciclo while continúa preguntándole al jugador por su siguiente jugada hasta que ingrese una jugada válida. El jugador también puede ingresar 'salir' para salir del juego. En este caso, la línea 101 llama a la función sys.exit() para terminar el programa inmediatamente.

```
103.        movida = movida.split()
104.        if len(movida) == 2 and movida[0].isdigit() and
movida[1].isdigit() and esMovidaVálida(int(movida[0]), int(movida[1])):
105.            return [int(movida[0]), int(movida[1])]
106.        print('Ingresa un número de 0 a 59, un espacio, y luego un número
de 0 a 14.')
```

Asumiendo que el jugador no ha ingresado 'salir', el juego debe asegurarse de que sea una jugada válida: dos enteros separados por un espacio. La línea 103 llama el método split() (separar) en movida como el nuevo valor de movida.

Si el jugador ingresó un valor como '1 2 3', entonces la lista que retorna split() será ['1', '2', '3']. En dicho caso, la expresión len(movida) == 2 será False y toda la expresión se evaluará como False. Python no evalúa al resto de la expresión debido a cortocircuito (explicado en el Capítulo 10).

Si la longitud de la lista es 2, entonces ambos valores se encuentran en los índices movida[0] y movida[1]. Para verificar que esos valores seran numéricos (como '2' o '17'), puedes usar una función como esSoloDigitos() del Capítulo 11. Pero Python ya posee una función que hace esto.

El método de cadena isdigit() devolverá True si la cadena consiste únicamente de números. Caso contraro devuelve False. Prueba ingresando lo siguiente en la consola interactiva:

```
>>> '42'.isdigit()
True
>>> 'cuarenta'.isdigit()
False
>>> ''.isdigit()
False
>>> 'hola'.isdigit()
False
>>> x = '10'
>>> x.isdigit()
True
```

Tanto movida[0].isdigit() como movida[1].isdigit() deben ser True para que toda la condición sea True. Al final de la línea 104 se llama a la función esMovidaVálida() para verificar que las coordenadas XY existan en el tablero.

Si toda la condición es `True`, la línea 105 devuelve una lista de dos enteros de las coordenadas XY. En otro caso, la ejecución hará un ciclo y el jugador será invitado a ingresar las coordenadas otra vez.

Invitando al Jugador a Jugar de Nuevo

```
109. def jugarDeNuevo():
110.     # Esta función devuelve True si el jugador quiere jugar de nuevo, de
lo contrario devuelve False.
111.     print('¿Quieres jugar de nuevo? (sí o no)')
112.     return input().lower().startswith('s')
```

La función `jugarDeNuevo()` es similar a `jugarDeNuevo()` utilizado en los capítulos anteriores.

Imprimiendo las Instrucciones de Juego para el Jugador

```
115. def mostrarInstrucciones():
116.     print(Instrucciones:
117. Eres el capitán de Simón, un buque cazador de tesoros. Tu misión actual
118. es encontrar los tres cofres con tesoros perdidos que se hallan ocultos en
119. la parte del océano en que te encuentras y recogerlos.
120.
121. Para jugar, ingresa las coordenadas del punto del océano en que quieres
122. colocar un dispositivo sonar. El sonar puede detectar cuál es la distancia
al cofre más cercano.
123. Por ejemplo, la d abajo indica dónde se ha colocado el dispositivo, y los
124. números 2 representan los sitios a una distancia 2 del dispositivo. Los
125. números 4 representan los sitios a una distancia 4 del dispositivo.
126.
127.     444444444
128.     4       4
129.     4 22222 4
130.     4 2   2 4
131.     4 2 d 2 4
132.     4 2   2 4
133.     4 22222 4
134.     4       4
135.     444444444
136. Pulsa enter para continuar...''')
137.     input()
```

La función `mostrarInstrucciones()` es un par de llamadas a `print()` que imprimen cadenas multilínea. La función `input()` le da al jugador la posibilidad de presionar ENTER antes de imprimir la próxima cadena. Esto se debe a que la ventana IDLE sólo puede imprimir una cierta cantidad de texto a la vez.

```
139.      print('''Por ejemplo, aquí hay un cofre del tesoro (la c) ubicado a
una distancia
140.  2 del dispositivo sonar (la d):
141.
142.      22222
143.      c    2
144.      2 d 2
145.      2    2
146.      22222
147.
148.  El punto donde el dispositivo fue colocado se indicará con una d.
149.
150.  Los cofres del tesoro no se mueven. Los dispositivos sonar pueden detectar
151.  cofres hasta una distancia 9. Si todos los cofres están fuera del alcance,
152.  el punto se indicará con un O.
153.
154.  Si un dispositivo es colocado directamente sobre un cofre del tesoro, has
155.  descubierto la ubicación del cofre, y este será recogido. El dispositivo
156.  sonar permanecerá allí.
157.
158.  Cuando recojas un cofre, todos los dispositivos sonar se actualizarán para
159.  localizar el próximo cofre hundido más cercano.
160.  Pulsa enter para continuar...''')
161.      input()
162.      print()
```

Luego de que el jugador presiona ENTER, la función retorna.

El Comienzo del Juego

```
165.  print('¡ S O N A R !')
166.  print()
167.  print('¿Te gustaría ver las instrucciones? (sí/no)')
168.  if input().lower().startswith('s'):
169.      mostrarInstrucciones()
```

La expresión input().lower().startswith('s') le pregunta al jugador si desea ver las instrucciones, y evalúa a True si el jugador escribió una cadena que comienza con 's' o 'S'. En dicho caso, se llama a mostrarInstrucciones(). En otro caso, el juego empieza.

```
171. while True:
172.     # configuración del juego
173.     dispositivosSonar = 16
174.     elTablero = obtenerNuevoTablero()
175.     losCofres = obtenerCofresAleatorios(3)
176.     dibujarTablero(elTablero)
177.     movidasPrevias = []
```

El ciclo while de la línea 171 es el ciclo principal del programa. Diversas variables son inicializadas en las lineas 173 a 177 y son descriptas en la Tabla 13-1.

Tabla 13-1: Variables utilizadas en el ciclo principal de juego.

Variable	Descripción
dispositivosSonar	La cantidad de dispositios de sonar (y turnos) que el jugador tiene disponibles.
elTablero	La estructura de datos del tablero utilizada en este juego.
losCofres	La lista de estructuras de datos de cofres. obtenerCofresAleatorios() devolverá una lista de tres cofres en posiciones aleatorias en el tablero.
movidasPrevias	Una lista de todas las movidas XY que el jugador haya realizado en el juego.

Mostrar el Estado del Juego al Jugador

```
179.     while dispositivosSonar > 0:
180.         # Comienzo de un turno:
181.
182.         # mostrar el estado de los dispositivos sonar / cofres
183.         if dispositivosSonar > 1: extraSsonar = 's'
184.         else: extraSsonar = ''
185.         if len(losCofres) > 1: extraScofre = 's'
186.         else: extraScofre = ''
187.         print('Aún tienes %s dispositivos%s  sonar. Falta encontrar %s
cofre%s.' % (dispositivosSonar, extraSsonar, len(losCofres), extraScofre))
```

El ciclo while de la línea 179 se ejecuta siempre y cuando el jugador posea algún sonar restante. La línea 187 imprime un mensaje diciéndole al jugador cuantos sonares y cofres restan. Pero hay un pequeño problema.

Si hay dos o más dispositivos de sonar restantes, deseas imprimir `'2 dispositivos sonar'`. Pero si sólo posees un dispositvo de sonar, deseas imprimir `'1 dispositivo sonar'`. Sólo deseas utilizar el plural de "dispositivos" si hay múltiples dispositivos de sonar. Lo mismo ocurre para `'2 cofres de tesoro'` y `'1 cofre de tesoro'`.

Las líneas 183 a 186 poseen el código luego de los dos puntos de las sentencias `if` y `else`. Esto en Python es perfectamente válido. En vez de poseer un bloque de código luego de la sentencia, puede utilizar el resto de la misma línea para lograr un código más conciso.

Las dos variables llamadas `extraSsonar` y `extraScofre` son establecidas a `'s'` si hay múltiples dispositivos de sonar o cofres de tesoro. Caso contrario, serán cadenas vacías. Estas variables son utilizdas en la línea 187.

Obteniendo la Jugada del Jugador

```
189.            x, y = ingresarMovidaJugador()
190.            movidasPrevias.append([x, y]) # debemos registrar todas las
movidas para que los dispositivos sonar puedan ser actualizados.
191.
192.            resultadoMovida = realizarMovida(elTablero, losCofres, x, y)
193.            if resultadoMovida == False:
194.                continue
```

La línea 189 usa asignación múltiple ya que `ingresarMovidaJugador()` devuelve una lista de dos elementos. El primer elemento es asignado a la variable `x`. El segundo elemento es asignado a la variable `y`.

Luego son ingresados al final de la lista `movidasPrevias`. Esto significa que `movidasPrevias` es una lista de coordenadas XY de cada una de las jugadas realizadas por el jugador en el juego. Esta lista es luego utilizada en el juego en la línea 198.

Las variables `x`, `y`, `elTablero`, y `losCofres` son pasadas a la función `realizarMovida()`. Esta función realizará las modificaciones necesarias al tablero para colocar un dispositivo sonar en el mismo.

Si `realizarMovida()` devuelve `False`, entonces hubo un problema con las coordenadas `x` e `y` pasadas. La sentencia `continue` enviará la ejecución devuelta al comienzo del ciclo `while` de la línea 179 para pedirle al jugador las coordenadas XY otra vez.

Encontrando un Cofre de Tesoro Hundido

```
195.          else:
196.              if resultadoMovida == '¡Has encontrado uno de los cofres del
tesoro!':
197.                  # actualizar todos los dispositivos sonar presentes en el
mapa.
198.                  for x, y in movidasPrevias:
199.                      realizarMovida(elTablero, losCofres, x, y)
200.                  dibujarTablero(elTablero)
201.                  print(resultadoMovida)
```

Si realizarMovida() no retornó False, habrá retornado una cadena con los resultados de dicha movida. Si la cadena es '¡Has encontrado uno de los cofres del tesoro!', entonces todos los dispositivos de sonar deben ser actualizados para detectar el próximo sonar más cercano en el tablero. Las coordenadas XY de todos los sonares se encuentran en movidasPrevias. Al iterar sobre movidasPrevias en la línea 198, puedes pasarle estas coordenadas XY de nuevo a realizarMovida() para redibujar los valores en el tablero.

Como el programa no muestra nada aquí, el jugador no sabe que el programa está rehaciendo todas las movidas previas. Sólo se vé que el tablero se actualiza a sí mismo.

Verificando si el Jugador ha Ganado

```
203.          if len(losCofres) == 0:
204.              print('¡Has encontrado todos los cofres del tesoro!
¡Felicitaciones y buena partida!')
205.              break
```

Recuerda que realizarMovida() modifica la lista losCofres pasadas por argumento. Como losCofres es una lista, cualquier cambio realizado dentro de la función persitirá luego de que la función retorne. realizarMovida() remueve elementos de losCofres cuando un cofre es encontrado, por lo que enventualmente (si el jugador continúa acertando) todos los cofres de tesoros serán removidos. Recuerda, por "cofre de tesoro" nos referimos a las listas de dos elementos que representan las coordenads XY dentro de la lista losCofres.

Cuando todos los cofres de tesoro hayan sido encontrados en el tablero y removidos de losCofres, la lista losCofres poseerá una longitud de 0. Cuando esto suceda, se muestra una felicitación al jugador, y luego se ejecuta una sentencia break para salir del ciclo while. La ejecución luego se moverá a la línea 209, la primer línea a continuación del bloque while.

Capítulo 13 – Búsqueda del Tesoro con Sonar   211

Verificando si el Jugador ha Perdido

```
207.            dispositivosSonar -= 1
```

La línea 207 es la última línea del ciclo while que comenzó en la línea 179. Decrementa la variable dispositivosSonar porque el jugador ha utilizado uno. Si el jugador continúa errando los cofres de tesoro, eventualmente dispositivosSonar se reducirá a 0. Luego de esta línea, la ejecución salta atrás hacia la línea 179 para reevaluar la condición del ciclo while (que era dispositivosSonar > 0).

Si dispositivosSonar es 0, entonces la condición será False y la ejecución continuará afuera del bloque while en la línea 209. Pero hasta entonces, la condición continuará siendo True y el jugador podrá continuar realizando intentos.

```
209.        if dispositivosSonar == 0:
210.            print('¡Nos hemos quedado sin dispositivos sonar! ¡Ahora tenemos
que dar la vuelta y dirigirnos')
211.            print('de regreso a casa dejando tesoros en el mar! Juego
terminado.')
212.            print('    Los cofres restantes estaban aquí:')
213.            for x, y in losCofres:
214.                print('    %s, %s' % (x, y))
```

La línea 209 es la primera línea fuera del ciclo while. Cuando la ejecución alcance este punto el juego ha terminado. Si dispositivosSonar es 0, entonces sabes que el jugador se ha quedado sin sonares antes de encontrar todos los cofres y ha perdido.

Las líneas 210 a 212 le dirán al jugador que ha perdido. Luego el ciclo for en la línea 213 recorrerá los cofres de tesoro restantes en losCofres y mostrará su posición al jugador para que pueda saber donde se encontraban.

La función sys.exit()

```
216.        if not jugarDeNuevo():
217.            sys.exit()
```

Pierda o gane, jugarDeNuevo() se vuelve a llamar para permitirle al jugador decidir si desea volver a jugar o no. Si no, jugarDeNuevo() retornará False. El operador not en la línea 216 cambia esto a True, haciendo la condición de la sentencia if True, por lo que sys.exit() será ejecutado. Esto causará que el programa finalice.

Si el jugador desea volver a jugar, la ejécución volverá al principio del ciclo `while` en la línea 171 donde el juego comienza.

Resumen

¿Recuerdas como nuestro juego Tic Tac numeraba los espacios en el tablero del Tic Tac de 1 a 9 ? Este tipo de sistemas de coordenadas puede haber servido para un tablero con menos de diez espacios. Pero ¡el tablero de sonar posee 900 espacios! El sistema de coordenadas Cartesianas que hemos aprendido en el último capítulo realmente hace estos espacios manejables, especialmente cuando nuestro juego necesita hallar distancias entre dos puntos del tablero.

Las posiciones en juegos que utilizen sistemas de coordenadas Cartesianas pueden ser almacenadas en una lista de listas, siendo el primer índice la coordenada X y el segundo índice la coordenada Y. Esto resultará en un acceso a las coordenadas del estilo `tablero[x][y]`.

Estas estructuras de datos (como las utilizadas para el oceano y las posiciones de los tesoros) hacen posible tener representaciones de conceptos complicados, y el juego se convierte mayormente en modificar estas estructuras de datos.

En el próximo capítulo, representaremos letras como números utilizando su código ASCII. (Este es el mismo término ASCII utilizado previamente en "arte ASCII"). Al representar texto como números, podemoas realizar operaciones matemáticas en ellos que encriptarán o desencriptarán mensajes secretos.

Capítulo 14

CIFRADO CÉSAR

Temas Tratados En Este Capítulo:
- Criptografía y cifrados
- Encriptar y desencriptar
- Texto cifrado, texto simple, claves y símbolos
- El Cifrado César
- Valores ordinales ASCII
- Las funciones `chr()` y `ord()`
- El método de cadena `isalpha()`
- Los métodos de cadena `isupper()` & `islower()`
- Criptoanálisis
- El método de fuerza bruta

El programa de este capítulo no es realmente un juego, pero es un programa divertido. Este programa traduce texto normal a un código secreto. También puede convertir mensajes en el código secreto a texto normal. Sólo alguien que conozca este código secreto podrá entender nuestros mensajes secretos.

Como este programa manipula texto para convertirlo en mensajes secretos, aprenderás varios nuevos métodos y funciones para manipular cadenas. También aprenderás cómo los programas pueden hacer matemática con cadenas de texto así como lo hacen con números.

Criptografía

La ciencia de escribir códigos secretos se llama **criptografía**. Por miles de años la criptografía ha permitido crear mensajes secretos que sólo el emisor y el receptor podían entender, incluso en caso de que alguien capturase al mensajero y leyese el mensaje codificado. Los sistemas secretos de codificación se llaman **cifrados**. El cifrado que usa el programa de este capítulo se llama Cifrado César.

En criptografía, llamamos **texto plano** al mensaje que queremos codificar. El texto plano podría ser algo como esto:

```
¡Hola! Las llaves de la casa te esperan escondidas bajo la maceta.
```

El proceso de convertir el texto plano en el mensaje codificado se llama cifrado o **encriptación**. El texto cifrado también se llama **criptograma**. El criptograma da un aspecto de ser letras aleatorias, y no es posible entender el texto plano original simplemente mirando el criptograma. Aquí está el criptograma correspondiente a la encriptación del ejemplo anterior:

```
¡Yfcr! Crj ccrmvj uv cr trjr kv vjgvire vjtfeuzurj sraf cr drtvkr.
```

Pero si conoces el sistema de cifrado usado para encriptar el mensaje, puedes **desencriptar** el criptograma y convertirlo en el texto plano. (Desencriptar es lo opuesto a encriptar.)

Muchos cifrados también usan claves. Las **claves** son valores secretos que permiten desencriptar los criptogramas que fueron encriptados usando un cifrado específico. Piensa en el cifrado como si fuera la cerradura de una puerta. Sólo puedes abrirla con una llave particular.

Si estás interesado en escribir programas de criptografía, puedes leer mi otro libro, "Hacking Secret Ciphers with Python" ("Descifrando Códigos Secretos con Python"). Es gratis y puedes descargarlo de http://inventwithpython.com/hacking.

El Cifrado César

La clave para el Cifrado César será un número entre 1 y 26. A menos que conozcas la clave (es decir, conozcas el número usado para encriptar el mensaje), no podrás desencriptar el código secreto.

El **Cifrado César** fue uno de los primeros sistemas de cifrado que se inventaron. Con este cifrado, para encriptar un mensaje se toma cada letra del mismo (en criptografía, estas letras se llaman **símbolos** porque pueden ser letras, números o cualquier otro signo) y se la reemplaza con una letra "desplazada". Si desplazas la letra A un espacio, obtienes la letra B. Si desplazas la A dos espacios, obtienes la letra C. La Figura 14-1 es una ilustración de letras desplazadas tres espacios.

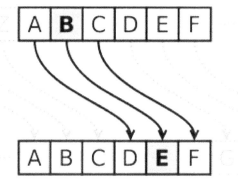

Figura 14-1: Letras desplazadas tres espacios. Aquí B se transforma en E.

Para obtener cada letra desplazada, dibuja una fila de casilleros con cada letra del alfabeto. Luego dibuja una segunda fila de casilleros debajo de ella, pero comienza un cierto número (este número es la clave) de casilleros hacia la derecha. Luego de la última letra, vuelve a comenzar con la primera. Aquí hay un ejemplo con las letras desplazadas tres espacios.

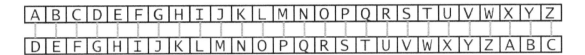

Figura 14-2: El alfabeto completo desplazado tres espacios.

El número de espacios que te desplazas es la clave en el Cifrado César. El ejemplo anterior muestra las traducciones de cada letra para la clave 3.

Si encriptas el texto plano "Adios" con una clave 3, entonces:

- La "A" se convierte en "D".

- La letra "d" se convierte en "g".

- La letra "i" se convierte en "l".

- La letra "o" se convierte en "r".

- La letra "s" se convierte en "v".

El criptograma de "Adios" con clave 3 resulta "Dglrv".

Los caracteres que no correspondan a letras no serán alterados. Para desencriptar "Dglrv" con la clave 3, partimos de la fila inferior de casilleros y volvemos hacia arriba:

- La letra "D" se convierte en "A".

- La letra "g" se convierte en "d".

- La letra "l" se convierte en "i".

- La letra "r" se convierte en "o".

- La letra "v" se convierte en "s".

ASCII, y Usando Números por Letras

¿Cómo implementamos este cambio de letras en un programa? Podemos hacer esto representando cada letra como un número llamado **ordinal**, y luego sumando o restando a este número para formar un nuevo ordinal (y una nueva letra). ASCII (que se pronuncia "asqui" y corresponde a las siglas en inglés de Código Estándar Americano para el Intercambio de Información) es un código que relaciona cada caracter con un número entre 32 y 126.

Las mayúsculas de la "A" a la "Z" reciben números ASCII entre 65 y 90. Las minúsculas de "a" a "z" reciben los números ASCII entre 97 y 122. Los caracteres numéricos de "0" a "9" reciben números ASCII de 48 a 57. La Tabla 14-1 muestra todos los caracteres y ordinales ASCII.

Las computadoras modernas usan UTF-8 en lugar de ASCII. Pero UTF-8 es compatible con ASCII, de modo que los ordinales UTF-8 para los caracteres ASCII son los mismos que los ordinales ASCII.

Tabla 14-1: La Tabla ASCII

32	espacio	48	0	64	@	80	P	96	`	112	p
33	!	49	1	65	A	81	Q	97	a	113	q
34	"	50	2	66	B	82	R	98	b	114	r
35	#	51	3	67	C	83	S	99	c	115	s
36	$	52	4	68	D	84	T	100	d	116	t
37	%	53	5	69	E	85	U	101	e	117	u
38	&	54	6	70	F	86	V	102	f	118	v
39	'	55	7	71	G	87	W	103	g	119	w
40	(	56	8	72	H	88	X	104	h	120	x
41	)	57	9	73	I	89	Y	105	i	121	y
42	*	58	:	74	J	90	Z	106	j	122	z
43	+	59	;	75	K	91	[	107	k	123	{
44	,	60	<	76	L	92	\	108	l	124		
45	–	61	=	77	M	93	]	109	m	125	}
46	.	62	>	78	N	94	^	110	n	126	~
47	/	63	?	79	O	95	_	111	o		

Entonces, si quisieras desplazar la "A" tres espacios, deberías hacer lo siguiente:

- Convertir "A" en un ordinal (65).

- Sumar 3 a 65, para obtener 68.

- Reconvertir el ordinal 68 a la letra correspondiente ("D").

Las funciones chr() y ord() pueden convertir de ordinales a caracteres y viceversa.

Las Funciones `chr()` y `ord()`

La función `chr()` (se pronuncia "char", abreviatura de "caracter") toma un ordinal entero y devuelve una cadena de un único caracter. La función `ord()` (abreviatura de "ordinal") toma una cadena de un solo caracter y devuelve su valor ordinal entero. Intenta ingresar lo siguiente en la consola interactiva:

```
>>> chr(65)
'A'
>>> ord('A')
65
>>> chr(65+8)
'I'
>>> chr(52)
'4'
>>> chr(ord('F'))
'F'
>>> ord(chr(68))
68
```

En la tercera línea, `chr(65+8)` se evalúa a `chr(73)`. Si miras la tabla ASCII, puedes ver que 73 es el ordinal para la letra mayúscula "I".

En la quinta línea, `chr(ord('F'))` se evalúa a `chr(70)` que a su vez se evalúa a `'F'`. Las funciones `ord()` y `chr()` son opuestas entre sí.

Prueba de Ejecución de Cifrado César

Aquí hay una prueba de ejecución del programa Cifrado César, encriptando un mensaje:

```
¿Deseas encriptar o desencriptar un mensaje?
encriptar
Ingresa tu mensaje:
El cielo sobre el puerto era el color del televisor, sintonizando un canal
muerto.
Ingresa el número de clave (1-26)
13
Tu texto traducido es:
Ry pvryb fboer ry chregb ren ry pbybe qry gryrivfbe, fvagbavmnaqb ha pnany
zhregb.
```

Ahora ejecuta el programa y desencripta el texto que acabas de encriptar.

```
¿Deseas encriptar o desencriptar un mensaje?
desencriptar
```

```
Ingresa tu mensaje:
Ry pvryb fboer ry chregb ren ry pbybe qry gryrivfbe, fvagbavmnaqb ha pnany
zhregb.
Ingresa el número de clave (1-26)
13
Tu texto traducido es:
El cielo sobre el puerto era el color del televisor, sintonizando un canal
muerto.
```

Si no desencriptas con la clave correcta, el texto desencriptado será basura:

```
¿Deseas encriptar o desencriptar un mensaje?
desencriptar
Ingresa tu mensaje:
Ry pvryb fboer ry chregb ren ry pbybe qry gryrivfbe, fvagbavmnaqb ha pnany
zhregb.
Ingresa el número de clave (1-26)
15
Tu texto traducido es:
Cj agcjm qmzpc cj nscprm cpy cj amjmp bcj rcjctgqmp, qglrmlgxylbm sl aylyj
kscprm.
```

Código Fuente de Cifrado César

Aquí está el código fuente para el programa Cifrado César. Luego de escribir este código, guarda el archivo como *cifrado.py*. Si obtienes errores, compara el código que has escrito con el código fuente del libro usando la herramienta diff online en http://invpy.com/es/diff/cifrado.

```
                                                                    cifrado.py
1. # Cifrado Cesar
2.
3. TAM_MAX_CLAVE = 26
4.
5. def obtenerModo():
6.     while True:
7.         print('¿Deseas encriptar o desencriptar un mensaje?')
8.         modo = input().lower()
9.         if modo in 'encriptar e desencriptar d'.split():
10.            return modo
11.        else:
12.            print('Ingresa "encriptar" o "e" o "desencriptar" o "d"')
13.
14. def obtenerMensaje():
15.     print('Ingresa tu mensaje:')
16.     return input()
```

```
17.
18. def obtenerClave():
19.     clave = 0
20.     while True:
21.         print('Ingresa el número de clave (1-%s)' % (TAM_MAX_CLAVE))
22.         clave = int(input())
23.         if (clave >= 1 and clave <= TAM_MAX_CLAVE):
24.             return clave
25.
26. def obtenerMensajeTraducido(modo, mensaje, clave):
27.     if modo[0] == 'd':
28.         clave= -clave
29.     traduccion = ''
30.
31.     for simbolo in mensaje:
32.         if simbolo.isalpha():
33.             num = ord(simbolo)
34.             num += clave
35.
36.             if simbolo.isupper():
37.                 if num > ord('Z'):
38.                     num -= 26
39.                 elif num < ord('A'):
40.                     num += 26
41.             elif simbolo.islower():
42.                 if num > ord('z'):
43.                     num -= 26
44.                 elif num < ord('a'):
45.                     num += 26
46.
47.             traduccion += chr(num)
48.         else:
49.             traduccion += simbolo
50.     return traduccion
51.
52. modo = obtenerModo()
53. mensaje = obtenerMensaje()
54. clave = obtenerClave()
55.
56. print('Tu texto traducido es:')
57. print(obtenerMensajeTraducido(modo, mensaje, clave))
```

Cómo Funciona el Código

Los procesos de encriptación y desencripción son inversos el uno del otro, y aún así utilizan en gran medida el mismo código. Veamos cómo funciona cada línea.

```
1. # Cifrado Cesar
2.
3. TAM_MAX_CLAVE = 26
```

La primera línea es simplemente un comentario. TAM_MAX_CLAVE es una constante que almacena al entero 26. TAM_MAX_CLAVE nos recuerda que en este programa, la clave usada para el cifrado debe estar comprendida entre 1 y 26.

Decidiendo si Encriptar o Desencriptar

```
5. def obtenerModo():
6.     while True:
7.         print('¿Deseas encriptar o desencriptar un mensaje?')
8.         modo = input().lower()
9.         if modo in 'encriptar e desencriptar d'.split():
10.            return modo
11.        else:
12.            print('Ingresa "encriptar" o "e" o "desencriptar" o "d"')
```

La función obtenerModo() permite al usuario elegir si quieren entrar al modo de cifrado o descifrado del programa. El valor devuelto de input() y lower() se almacena en modo. La condición de la sentencia if comprueba si la cadena almacenada en modo existe en la lista devuelta por 'encriptar e desencriptar d'.split().

Esta lista es ['encriptar', 'e', 'desencriptar', 'd'], pero es más fácil para el programador escribir 'encriptar e desencriptar d'.split() y no tener que escribir todas esas comas y comillas. Usa la forma que sea más fácil para tí; ambas son evaluadas al mismo valor de lista.

Esta función devolverá la cadena en modo siempre que modo sea igual a 'encriptar', 'e', 'desencriptar' o 'd'. Entonces, obtenerModo() devolverá la cadena 'e' o la cadena 'd' (pero el usuario puede escribir "e", "encriptar", "d" o "desencriptar".)

Obteniendo el Mensaje del Jugador

```
14. def obtenerMensaje():
15.     print('Ingresa tu mensaje:')
```

```
16.    return input()
```

La función `obtenerMensaje()` simplemente obtiene el mensaje a encriptar o desencriptar del usuario y devuelve este valor.

Obteniendo la Clave del Jugador

```
18. def obtenerClave():
19.     clave = 0
20.     while True:
21.         print('Ingresa el número de clave (1-%s)' % (TAM_MAX_CLAVE))
22.         clave = int(input())
23.         if (clave >= 1 and clave <= TAM_MAX_CLAVE):
24.             return clave
```

La función `obtenerClave()` permite al jugador escribir la clave que desea usar para encriptar o desencriptar el mensaje. El bucle `while` asegura que la función se mantenga ciclando hasta que el usuario ingrese una clave válida.

Una clave válida es aquella que está comprendida entre los valores enteros 1 y 26 (recuerda que `TAM_MAX_CLAVE` tendrá siempre el valor 26 porque es constante). La función devuelve entonces esta clave. La línea 22 establece la clave como la versión entera de lo que el jugador haya escrito, de modo que `obtenerClave()` devuelve un entero.

Encriptar o Desencriptar el Mensaje con la Clave Dada

```
26. def obtenerMensajeTraducido(modo, mensaje, clave):
27.     if modo[0] == 'd':
28.         clave= -clave
29.     traduccion = ''
```

`obtenerMensajeTraducido()` realiza la encriptación y desencriptación. Tiene tres parámetros:

- `modo` elige entre los modos de encriptación y desencriptación.
- `mensaje` es el texto plano (o criptograma) a encriptar (o desencriptar).
- `clave` es la clave numérica a usar para este cifrado.

La línea 27 comprueba si la primera letra en la variable modo es la cadena `'d'`. En ese caso, el programa entra en modo de desencriptación. La única diferencia entre los modos de desencriptación y encriptación es que para desencriptar un mensaje se usa la versión negativa de la clave. Si clave fuera el entero 22, entonces en modo de desencriptación clave se transforma en -22. Explicaremos la razón de esto más adelante.

traduccion es la cadena que contiene al resultado, es decir, el criptograma (ei estás encriptando) o el texto plano (si estás desencriptando). Comienza como una cadena vacía a cuyo final se van añadiendo caracteres encriptados o desencriptados.

El Método de Cadena `isalpha()`

El método de cadena isalpha() devolverá True si la cadena es una letra mayúscula o minúscula entre A y Z. Si la cadena contiene algún caracter no alfabético, entonces isalpha() devolverá False. Prueba ingresar lo siguiente en la consola interactiva:

```
>>> 'Hola'.isalpha()
True
>>> 'Cuarenta y dos'.isalpha()
False
>>> 'Cuarentaydos'.isalpha()
True
>>> '42'.isalpha()
False
>>> ''.isalpha()
False
```

Como puedes observar, 'Cuarenta y dos'.isalpha() devuelve False porque 'Cuarenta y dos' incluye dos espacios, los cuales son caracteres no alfabéticos. 'Cuarentaydos'.isalpha() devuelve True porque no contiene espacios.

'42'.isalpha() devuelve False porque ni '4' ni '2' son letras. isalpha() sólo devuelve True si la cadena no está vacía y está compuesta únicamente por letras.

El método isalpha() se usa en las siguientes líneas del programa.

```
31.     for simbolo in mensaje:
32.         if simbolo.isalpha():
33.             num = ord(simbolo)
34.             num += clave
```

El bucle for de la línea 31 itera sobre cada letra (en criptografía se llaman símbolos) de la cadena del mensaje. En cada iteración sobre este bucle, simbolo tendrá el valor de una letra en el mensaje.

La línea 32 está presente porque sólo las letras serán encriptadas o desencriptadas. Los números, signos de puntuación y todo lo demás conservará su forma original. La variable num almacenará el valor ordinal entero de la letra en la variable `simbolo`. La línea 34 "desplaza" entonces el valor de `num` en el número de casilleros correspondiente a la `clave`.

Los Métodos de Cadena `isupper()` e `islower()`

Los métodos de cadena `isupper()` e `islower()` (los cuales utilizamos en las líneas 36 y 41) funcionan de forma similar a los métodos `isdigit()` e `isalpha()`.

`isupper()` devuelve `True` si la cadena sobre la cual es llamado contiene al menos una letra mayúscula y ninguna minúscula. `islower()` devuelve `True` si la cadena sobre la cual es llamado contiene al menos una letra minúscula y ninguna mayúscula. De otro modo estos métodos devuelven `False`.

Prueba ingresar lo siguiente en la consola interactiva:

```
>>> 'HOLA'.isupper()
True
>>> 'hola'.isupper()
False
>>> 'hola'.islower()
True
>>> 'Hola'.islower()
False
>>> 'CUIDADO DETRAS DE TI!'.isupper()
True
>>> '42'.isupper()
False
>>> '42'.islower()
False
>>> ''.isupper()
False
>>> ''.islower()
False
```

Encriptando o Desencriptando Cada Letra

```
36.             if simbolo.isupper():
37.                 if num > ord('Z'):
38.                     num -= 26
39.                 elif num < ord('A'):
40.                     num += 26
```

La línea 36 comprueba si el símbolo es una letra mayúscula. Si lo es, hay dos casos especiales a tener en cuenta. Qué ocurriría si el `simbolo` fuese `'Z'` y la `clave` 4? En este caso, el valor de `num` aquí sería el caracter '^' (El ordinal de '^' es 94). Pero ^ no es ninguna letra. Y nosotros queremos que el criptograma "reinicie la vuelta" por el principio del alfabeto.

Comprobamos si num tiene un valor mayor que el valor ordinal de "Z". Si es así, **restamos** 26 a num (porque hay 26 letras en total). Luego de hacer esto, el valor de num es 68. 68 es el valor ordinal correcto ya que corresponde a 'D'.

```
41.             elif simbolo.islower():
42.                 if num > ord('z'):
43.                     num -= 26
44.                 elif num < ord('a'):
45.                     num += 26
```

Si el símbolo es una letra minúscula, el programa ejecuta un código que es similar a las líneas 36 a 40. la única diferencia es que utiliza ord('z') y ord('a') en lugar de ord('Z') y ord ('A').

En modo desencriptación, la clave es negativa. El caso especial sería si num -= 26 es menor que el valor ASCII de "a". En ese caso, **sumamos** 26 a num para que "reinicie la vuelta" por el final del alfabeto.

```
47.             traduccion += chr(num)
48.         else:
49.             traduccion += simbolo
```

La línea 47 concatena el caracter encriptado/desencriptado a la cadena traducida.

Si el símbolo no es una letra mayúscula o minúscula, la línea 49 concatena el símbolo original a la cadena traducida. Por lo tanto, espacios, números, signos de puntuación y otros caracteres no serán encriptados o desencriptados.

```
50.     return traduccion
```

La última línea en la función obtenerMensajeTraducido() devuelve la cadena traducida.

El Inicio del Programa

```
52. modo = obtenerModo()
53. mensaje = obtenerMensaje()
54. clave = obtenerClave()
55.
56. print('Tu texto traducido es:')
57. print(obtenerMensajeTraducido(modo, mensaje, clave))
```

El comienzo del programa llama a cada una de las tres funciones definidas anteriormente para obtener el modo, el mensaje y la clave del usuario. Estos tres valores son pasados a obtenerMensajeTraducido(), cuyo valor de retorno (la cadena traducida) es mostrada en pantalla al usuario.

Fuerza Bruta

Eso es todo con respecto al Cifrado César. Sin embargo, a pesar de que este cifrado puede engañar a gente que no entiende criptografía, no será suficiente para alguien que sepa de criptoanálisis. Así como criptografía es la ciencia de crear códigos, **criptoanálisis** es la ciencia de descifrarlos.

```
¿Deseas encriptar o desencriptar un mensaje?
encriptar
Ingresa tu mensaje:
La duda puede no ser agradable, pero la certeza es absurda.
Ingresa el número de clave (1-26)
8
Tu texto traducido es:
Ti lcli xcmlm vw amz iozilijtm, xmzw ti kmzbmhi ma ijaczli.
```

La idea central de la criptografía es que si alguien más consigue apoderarse del mensaje encriptado, no consiga obtener la información del mensaje original sin encriptar. Hagamos de cuenta que somos descifradores de códigos y todo lo que tenemos es el texto encriptado:

```
Ti lcli xcmlm vw amz iozilijtm, xmzw ti kmzbmhi ma ijaczli.
```

Fuerza bruta es la técnica de probar cada todas las claves posibles hasta encontrar la correcta. Como hay sólo 26 claves posibles, sería fácil para un criptoanalista escribir un programa que desencriptara con todas las claves posibles. Luego podría fijarse cuál de las claves resulta en un mensaje en Español. Agreguemos un modo de fuerza bruta a nuestro programa.

Agregando el Modo de Fuerza Bruta

Primero, cambiamos las líneas 7, 9 y 12 (que están dentro de la función obtenerModo()) para convertirlas en lo siguiente (los cambios están en negrita):

```
 5.  def obtenerModo():
 6.      while True:
 7.          print('¿Deseas encriptar, desencriptar o descifrar por fuerza bruta
un mensaje?')
 8.          modo = input().lower()
 9.          if modo in 'encriptar e desencriptar d bruta b'.split():
```

```
10.            return modo[0]
11.        else:
12.            print('Ingresa "encriptar" o "e" o "desencriptar" o "d" o
"bruta" o "b".')
```

Este código permitirá al usuario elegir "fuerza bruta" como un modo. Modifica y agrega los siguientes cambios a la parte principal del programa:

```
52. modo = getMode()
53. mensaje = obtenerMensaje()
54. if modo[0] != 'b':
55.     clave = obtenerClave()
56.
57. print('Tu texto traducido es:')
58. if modo[0] != 'b':
59.     print(obtenerMensajeTraducido(modo, mensaje, clave))
60. else:
61.     for clave in range(1, TAM_MAX_CLAVE + 1):
62.         print(clave, obtenerMensajeTraducido('desencriptar', mensaje,
clave))
```

Estos cambios piden una clave al usuario si no se encuentra en el modo de "fuerza bruta". Se efectúa entonces la llamada original a obtenerMensajeTraducido() y se muestra la cadena traducida.

Sin embargo, si el usuario está en el modo de "fuerza bruta" entonces obtenerMensajeTraducido() se ejecuta en un bucle que recorre todos los valores entre 1 y TAM_MAX_CLAVE (que es 26). Recuerda que la función range() devuelve una lista de enteros hasta el segundo parámetro pero sin incluirlo, por lo que agregamos + 1 a la expresión. Este programa imprimirá en la pantalla cada posible traducción del mensaje (incluyendo el número de clave usado para la traducción). Aquí hay una prueba de ejecución del programa modificado:

```
¿Deseas encriptar, desencriptar o descifrar por fuerza bruta un mensaje?
bruta
Ingresa tu mensaje:
Ti lcli xcmlm vw amz iozilijtm, xmzw ti kmzbmhi ma ijaczli.
Tu texto traducido es:
1 Sh kbkh wblkl uv zly hnyhkhisl, wlyv sh jlyalgh lz hizbykh.
2 Rg jajg vakjk tu ykx gmxgjghrk, vkxu rg ikxzkfg ky ghyaxjg.
3 Qf izif uzjij st xjw flwfifgqj, ujwt qf hjwyjef jx fgxzwif.
4 Pe hyhe tyihi rs wiv ekvehefpi, tivs pe givxide iw efwyvhe.
5 Od gxgd sxhgh qr vhu djudgdeoh, shur od fhuwhcd hv devxugd.
6 Nc fwfc rwgfg pq ugt citcfcdng, rgtq nc egtvgbc gu cduwtfc.
7 Mb eveb qvfef op tfs bhsbebcmf, qfsp mb dfsufab ft bctvseb.
```

```
8 La duda puede no ser agradable, pero la certeza es absurda.
9 Kz ctcz otdcd mn rdq zfqzczakd, odqn kz bdqsdyz dr zartqcz.
10 Jy bsby nscbc lm qcp yepybyzjc, ncpm jy acprcxy cq yzqspby.
11 Ix arax mrbab kl pbo xdoxaxyib, mbol ix zboqbwx bp xyproax.
12 Hw zqzw lqaza jk oan wcnwzwxha, lank hw yanpavw ao wxoqnzw.
13 Gv ypyv kpzyz ij nzm vbmvyvwgz, kzmj gv xzmozuv zn vwnpmyv.
14 Fu xoxu joyxy hi myl ualuxuvfy, jyli fu wylnytu ym uvmolxu.
15 Et wnwt inxwx gh lxk tzktwtuex, ixkh et vxkmxst xl tulnkwt.
16 Ds vmvs hmwvw fg kwj syjsvstdw, hwjg ds uwjlwrs wk stkmjvs.
17 Cr ulur glvuv ef jvi rxirurscv, gvif cr tvikvqr vj rsjliur.
18 Bq tktq fkutu de iuh qwhqtqrbu, fuhe bq suhjupq ui qrikhtq.
19 Ap sjsp ejtst cd htg pvgpspqat, etgd ap rtgitop th pqhjgsp.
20 Zo riro disrs bc gsf ouforopzs, dsfc zo qsfhsno sg opgifro.
21 Yn qhqn chrqr ab fre ntenqnoyr, creb yn pregrmn rf nofheqn.
22 Xm pgpm bgqpq za eqd msdmpmnxq, bqda xm oqdfqlm qe mnegdpm.
23 Wl ofol afpop yz dpc lrclolmwp, apcz wl npcepkl pd lmdfcol.
24 Vk nenk zeono xy cob kqbknklvo, zoby vk mobdojk oc klcebnk.
25 Uj mdmj ydnmn wx bna jpajmjkun, ynax uj lnacnij nb jkbdamj.
26 Ti lcli xcmlm vw amz iozilijtm, xmzw ti kmzbmhi ma ijaczli.
```

Luego de examinar cada columna, puedes ver que el 8vo mensaje no es basura, sino texto en español. El criptoanalista puede deducir que la clave original de este mensaje encriptado debe haber sido 8. Este método de fuerza bruta habría sido difícil de emplear en los tiempos del César y del imperio romano, pero hoy en día tenemos computadoras que pueden examinar millones de claves rápidamente.

Resumen

Las computadoras son muy efectivas para hacer operaciones matemáticas. Cuando creamos un sistema para traducir fragmentos de información a números (así como hacemos con texto y ordinales o con información espacial y sistemas de coordenadas), los programas de computadora pueden procesar estos números en forma rápida y eficiente.

Pero aunque nuestro programa de cifrado César puede encriptar mensajes y mantenerlos secretos para gente que sólo tiene a disposición papel y lápiz, no conseguirá ocultarlos a gente que sepa cómo hacer que una computadora procese información por ellos. (Nuestro modo de fuerza bruta lo comprueba.)

Una parte fundamental del proceso de escribir un programa es entender cómo representar la información que queremos manipular utilizando valores que Python puede comprender.

El próximo capítulo presentará Reversi (también conocido como Othello). La IA que maneja este juego es mucho más avanzada que la IA que diseñamos para el Ta Te Ti en el capítulo 9. De hecho, la IA es tan buena que... ¡te vencerá en casi todas las partidas!

Capítulo 15

REVERSI

> Topics Covered In This Chapter:
> - La Función bool()
> - Cómo Jugar a Reversi

En este capítulo, crearemos un juego llamado Reversi (también llamado Othello). Reversi es un juego de mesa que se juega sobre una grilla, de modo que tendremos que usar un sistema de coordenadas Cartesiano con coordenadas XY. Es un juego para dos jugadores. En nuestra versión del juego la computadora tendrá una IA más avanzada que la que hemos creado para el Ta Te Ti. De hecho, esta IA es tan buena que probablemente te gane todas las partidas que juegues. (¡Al menos yo pierdo cada vez que juego contra ella!)

Reversi tiene un tablero de 8 x 8 y baldosas que son negras de un lado y blancas del otro (nuestro juego las reemplazará por O's y X's). El tablero inicial se ve como la Figura 15-1. El jugador negro y el jugador blanco toman turnos para colocar una nueva baldosa de su color. Cualquier baldosa del oponente que se encuentre entre la nueva baldosa y las otras baldosas de ese color es convertida. El objetivo del juego es tener tantas baldosas de tu color como sea posible. Por ejemplo, la Figura 15-2 es como se vería si el jugador blanco colocara una nueva baldosa blanca en el espacio 5, 6.

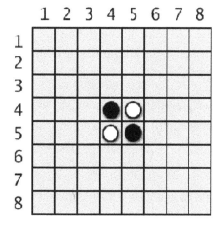

Figura 15-1: El tablero inicial en Reversi tiene dos baldosas blancas y dos negras.

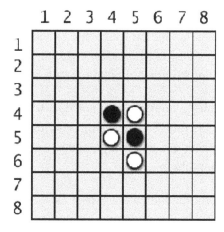

Figura 15-2: El jugador blanco coloca una nueva baldosa.

Las baldosas en todas las direcciones son convertidas en tanto se encuentren entre la nueva baldosa del jugador y sus baldosas existentes. En la Figura 15-5, el jugador blanco coloca una baldosa en 3, 6 y convierte baldosas en ambas direcciones (indicadas por las líneas). El resultado se muestra en la Figura 15-6.

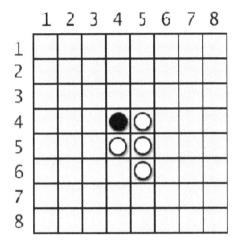

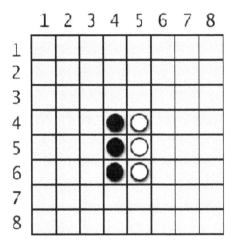

Figura 15-3: La movida del jugador blanco convierte una de las baldosas negras.

Figura 15-4: El jugador negro coloca una nueva baldosa, la cual convierte una de las baldosas blancas.

Las baldosas en todas las direcciones son convertidas en tanto se encuentren entre la nueva baldosa del jugador y sus baldosas existentes. En la Figura 15-5, el jugador blanco coloca una baldosa en 3, 6 y convierte baldosas en ambas direcciones (indicadas por las líneas). El resultado se muestra en la Figura 15-6.

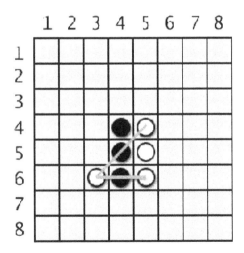

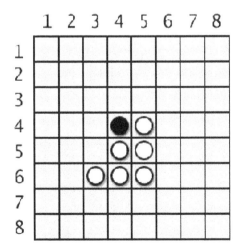

Figura 15-5: La segunda movida del jugador blanco en 3, 6 convertirá dos baldosas negras.

Figura 15-6: El tablero luego de la segunda movida del jugador blanco.

Cada jugador puede rápidamente convertir muchas baldosas en el tablero en uno o dos movimientos. Los jugadores deben hacer siempre jugadas que capturen al menos una baldosa. El juego termina cuando ningún jugador puede seguir moviendo, o el tablero está completamente lleno. Gana el jugador con más baldosas de su color.

La IA que crearemos para este juego simplemente intentará jugar en las esquinas. Si no es posible jugar en una esquina, la computadora seleccionará la jugada que convierta más baldosas.

Prueba de Ejecución de Reversi

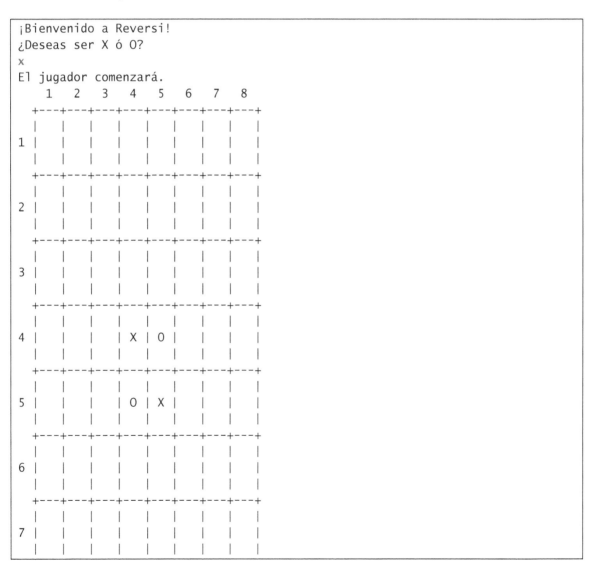

```
¡Bienvenido a Reversi!
¿Deseas ser X ó O?
x
El jugador comenzará.
      1   2   3   4   5   6   7   8
    +---+---+---+---+---+---+---+---+
    |   |   |   |   |   |   |   |   |
  1 |   |   |   |   |   |   |   |   |
    |   |   |   |   |   |   |   |   |
    +---+---+---+---+---+---+---+---+
    |   |   |   |   |   |   |   |   |
  2 |   |   |   |   |   |   |   |   |
    |   |   |   |   |   |   |   |   |
    +---+---+---+---+---+---+---+---+
    |   |   |   |   |   |   |   |   |
  3 |   |   |   |   |   |   |   |   |
    |   |   |   |   |   |   |   |   |
    +---+---+---+---+---+---+---+---+
    |   |   |   |   |   |   |   |   |
  4 |   |   |   | X | O |   |   |   |
    |   |   |   |   |   |   |   |   |
    +---+---+---+---+---+---+---+---+
    |   |   |   |   |   |   |   |   |
  5 |   |   |   | O | X |   |   |   |
    |   |   |   |   |   |   |   |   |
    +---+---+---+---+---+---+---+---+
    |   |   |   |   |   |   |   |   |
  6 |   |   |   |   |   |   |   |   |
    |   |   |   |   |   |   |   |   |
    +---+---+---+---+---+---+---+---+
    |   |   |   |   |   |   |   |   |
  7 |   |   |   |   |   |   |   |   |
    |   |   |   |   |   |   |   |   |
```

```
      +---+---+---+---+---+---+---+---+
      |   |   |   |   |   |   |   |   |
    8 |   |   |   |   |   |   |   |   |
      |   |   |   |   |   |   |   |   |
      +---+---+---+---+---+---+---+---+
Tienes 2 puntos. La computadora tiene 2 puntos.
Ingresa tu jugada, salir para terminar el juego, o pistas para
activar/desactivar las pistas.
53
        1   2   3   4   5   6   7   8
      +---+---+---+---+---+---+---+---+
      |   |   |   |   |   |   |   |   |
    1 |   |   |   |   |   |   |   |   |
      |   |   |   |   |   |   |   |   |
      +---+---+---+---+---+---+---+---+
      |   |   |   |   |   |   |   |   |
    2 |   |   |   |   |   |   |   |   |
      |   |   |   |   |   |   |   |   |
      +---+---+---+---+---+---+---+---+
      |   |   |   |   |   |   |   |   |
    3 |   |   |   |   | X |   |   |   |
      |   |   |   |   |   |   |   |   |
      +---+---+---+---+---+---+---+---+
      |   |   |   |   |   |   |   |   |
    4 |   |   |   | X | X |   |   |   |
      |   |   |   |   |   |   |   |   |
      +---+---+---+---+---+---+---+---+
      |   |   |   |   |   |   |   |   |
    5 |   |   |   | O | X |   |   |   |
      |   |   |   |   |   |   |   |   |
      +---+---+---+---+---+---+---+---+
      |   |   |   |   |   |   |   |   |
    6 |   |   |   |   |   |   |   |   |
      |   |   |   |   |   |   |   |   |
      +---+---+---+---+---+---+---+---+
      |   |   |   |   |   |   |   |   |
    7 |   |   |   |   |   |   |   |   |
      |   |   |   |   |   |   |   |   |
      +---+---+---+---+---+---+---+---+
      |   |   |   |   |   |   |   |   |
    8 |   |   |   |   |   |   |   |   |
      |   |   |   |   |   |   |   |   |
      +---+---+---+---+---+---+---+---+
Tienes 4 puntos. La computadora tiene 1 puntos.
Presiona enter para ver la jugada de la computadora.

...omitido por brevedad...
```

```
        1   2   3   4   5   6   7   8
      +---+---+---+---+---+---+---+---+
      |   |   |   |   |   |   |   |   |
   1  | O | O | O | O | O | O | O | O |
      |   |   |   |   |   |   |   |   |
      +---+---+---+---+---+---+---+---+
      |   |   |   |   |   |   |   |   |
   2  | O | O | O | O | O | O | O | O |
      |   |   |   |   |   |   |   |   |
      +---+---+---+---+---+---+---+---+
      |   |   |   |   |   |   |   |   |
   3  | O | O | O | O | O | O | O | O |
      |   |   |   |   |   |   |   |   |
      +---+---+---+---+---+---+---+---+
      |   |   |   |   |   |   |   |   |
   4  | O | O | X | O | O | O | O | O |
      |   |   |   |   |   |   |   |   |
      +---+---+---+---+---+---+---+---+
      |   |   |   |   |   |   |   |   |
   5  | O | O | O | X | O | X | O | X |
      |   |   |   |   |   |   |   |   |
      +---+---+---+---+---+---+---+---+
      |   |   |   |   |   |   |   |   |
   6  | O | X | O | X | X | O | O |   |
      |   |   |   |   |   |   |   |   |
      +---+---+---+---+---+---+---+---+
      |   |   |   |   |   |   |   |   |
   7  | O | X | X | O | O | O | O | O |
      |   |   |   |   |   |   |   |   |
      +---+---+---+---+---+---+---+---+
      |   |   |   |   |   |   |   |   |
   8  | O | X | X | O |   |   | X |   |
      |   |   |   |   |   |   |   |   |
      +---+---+---+---+---+---+---+---+
```

Tienes 12 puntos. La computadora tiene 48 puntos.
Ingresa tu jugada, salir para terminar el juego, o pistas para
activar/desactivar las pistas.
86
X ha obtenido 15 puntos. O ha obtenido 46 puntos.
Has perdido. La computadora te ha vencido por 31 puntos.
¿Quieres jugar de nuevo? (sí o no)
no

Como puedes ver, la IA hizo un buen trabajo y me venció 46 a 15. Para ayudar al jugador,
programaremos el juego de modo que ofrezca pistas. Si el jugador escribe 'pistas' como su

jugada, se activarán o desactivarán las pistas. Cuando el modo pistas está activado, se verán marcas '.' en el tablero para todas las jugadas posibles, como se muestra a continuación:

```
       1   2   3   4   5   6   7   8
     +---+---+---+---+---+---+---+---+
     |   |   |   |   |   |   |   |   |
   1 |   |   |   |   |   |   |   |   |
     |   |   |   |   |   |   |   |   |
     +---+---+---+---+---+---+---+---+
     |   |   |   |   |   |   |   |   |
   2 |   |   |   | . |   | . |   |   |
     |   |   |   |   |   |   |   |   |
     +---+---+---+---+---+---+---+---+
     |   |   |   |   |   |   |   |   |
   3 |   |   |   | O | O | O |   |   |
     |   |   |   |   |   |   |   |   |
     +---+---+---+---+---+---+---+---+
     |   |   |   |   |   |   |   |   |
   4 |   |   | . | O | O | X |   |   |
     |   |   |   |   |   |   |   |   |
     +---+---+---+---+---+---+---+---+
     |   |   |   |   |   |   |   |   |
   5 |   |   | . | O | O | O | X |   |
     |   |   |   |   |   |   |   |   |
     +---+---+---+---+---+---+---+---+
     |   |   |   |   |   |   |   |   |
   6 |   |   |   | . |   | . |   |   |
     |   |   |   |   |   |   |   |   |
     +---+---+---+---+---+---+---+---+
     |   |   |   |   |   |   |   |   |
   7 |   |   |   |   |   |   |   |   |
     |   |   |   |   |   |   |   |   |
     +---+---+---+---+---+---+---+---+
     |   |   |   |   |   |   |   |   |
   8 |   |   |   |   |   |   |   |   |
     |   |   |   |   |   |   |   |   |
     +---+---+---+---+---+---+---+---+
```

Código Fuente de Reversi

Reversi es un programa mamut comparado con nuestros juegos anteriores. ¡Tiene más de 300 líneas! Pero no te preocupes, muchas de estas líneas son comentarios o líneas en blanco para separar el código y hacerlo más legible.

Como hemos hecho con los otros programas, primero crearemos varias funciones para llevar a cabo tareas relacionadas con Reversi que serán llamadas por la sección principal. Aproximadamente las primeras 250 líneas de código son para estas funciones auxiliares, y las últimas 50 líneas de código implementan el juego Reversi en sí.

Si obtienes errores luego de escribir este código, compara el código que has escrito con el código del libro usando la herramienta diff online en http://invpy.com/es/diff/reversi.

```
reversi.py
1. # Reversi
2.
3. import random
4. import sys
5.
6. def dibujarTablero(tablero):
7.     # Esta funcion dibuja el tablero recibido. Devuelve None.
8.     LÍNEAH = '  +---+---+---+---+---+---+---+---+'
9.     LÍNEAV = '  |   |   |   |   |   |   |   |   |'
10.
11.     print('    1   2   3   4   5   6   7   8')
12.     print(LÍNEAH)
13.     for y in range(8):
14.         print(LÍNEAV)
15.         print(y+1, end=' ')
16.         for x in range(8):
17.             print('| %s' % (reiniciarTablero[x][y]), end=' ')
18.         print('|')
19.         print(LÍNEAV)
20.         print(LÍNEAH)
21.
22.
23. def reiniciarTablero(tablero):
24.     # Deja en blanco el tablero recibido como argumento, excepto la
posición inicial.
25.     for x in range(8):
26.         for y in range(8):
27.             tablero[x][y] = ' '
28.
29.     # Piezas iniciales:
30.     tablero[3][3] = 'X'
31.     tablero[3][4] = 'O'
32.     tablero[4][3] = 'O'
33.     tablero[4][4] = 'X'
34.
35.
36. def obtenerNuevoTablero():
```

```
37.     # Crea un tablero nuevo, vacío.
38.     tablero= []
39.     for i in range(8):
40.         tablero.append([' '] * 8)
41.
42.     return tablero
43.
44.
45.  def esJugadaVálida(tablero, baldosa, comienzox, comienzoy):
46.     # Devuelve False si la jugada del jugador en comienzox, comienzoy es
inválida
47.     # Si es una jugada válida, devuelve una lista de espacios que pasarían
a ser del jugador si moviera aquí.
48.     if tablero[comienzox][comienzoy] != ' ' or not
estáEnTablero(comienzox, comienzoy):
49.         return False
50.
51.     tablero[comienzox][comienzoy] = baldosa # coloca temporariamente la
baldosa sobre el tablero.
52.
53.     if baldosa == 'X':
54.         otraBaldosa = 'O'
55.     else:
56.         otraBaldosa = 'X'
57.
58.     baldosasAConvertir = []
59.     for direcciónx, direccióny in [[0, 1], [1, 1], [1, 0], [1, -1], [0, -
1], [-1, -1], [-1, 0], [-1, 1]]:
60.         x, y = comienzox, comienzoy
61.         x += direcciónx # primer paso en la dirección
62.         y += direccióny # primer paso en la dirección
63.         if estáEnTablero(x, y) and tablero[x][y] == otraBaldosa:
64.             # Hay una pieza perteneciente al otro jugador al lado de
nuestra pieza
65.             x += direcciónx
66.             y += direccióny
67.             if not estáEnTablero(x, y):
68.                 continue
69.             while tablero[x][y] == otraBaldosa:
70.                 x += direcciónx
71.                 y += direccióny
72.                 if not estáEnTablero(x, y): # sale del bucle while y
continua en el bucle for.
73.                     break
74.             if not estáEnTablero(x, y):
75.                 continue
76.             if tablero[x][y] == baldosa:
```

```
77.                    # Hay fichas a convertir. Caminar en dirección opuesta
hasta llegar al casillero original, registrando todas las posiciones en el
camino.
78.                while True:
79.                    x -= direcciónx
80.                    y -= direccióny
81.                    if x == direcciónxand y == direccióny:
82.                        break
83.                    baldosasAConvertir.append([x, y])
84.
85.        tablero[comienzox][comienzoy] = ' ' # restablecer el espacio vacío
86.        if len(baldosasAConvertir) == 0: # Si no se convirtió ninguna baldosa,
la jugada no es válida.
87.            return False
88.        return baldosasAConvertir
89.
90.
91. def estáEnTablero(x, y):
92.     # Devuelve True si las coordenadas se encuentran dentro del tablero
93.     return x >= 0 and x <= 7 and y >= 0 and y <= 7
94.
95.
96. def obtenerTableroConJugadasVálidas(tablero, baldosa):
97.     # Devuelve un nuevo tablero, marcando con "." las jugadas válidas que
el jugador puede realizar.
98.     réplicaTablero = obtenerCopiaTablero(tablero)
99.
100.    for x, y in obtenerJugadasVálidas(réplicaTablero, baldosa):
101.        réplicaTablero[x][y] = '.'
102.    return réplicaTablero
103.
104.
105. def obtenerJugadasVálidas(tablero, baldosa):
106.     # Devuelve una lista de listas [x,y] de jugadas válidas para el
jugador en el tablero dado.
107.     jugadasVálidas = []
108.
109.    for x in range(8):
110.        for y in range(8):
111.            if esJugadaVálida(tablero, baldosa, x, y) != False:
112.                jugadasVálidas.append([x, y])
113.    return jugadasVálidas
114.
115.
116. def obtenerPuntajeTablero(tablero):
117.     # Determina el puntaje contando las piezas. Devuelve un diccionario
con claves 'X' y 'O'.
```

```
118.        puntajex = 0
119.        puntajeo = 0
120.        for x in range(8):
121.            for y in range(8):
122.                if tablero[x][y] == 'X':
123.                    puntajex += 1
124.                if tablero[x][y] == 'O':
125.                    puntajeo += 1
126.        return {'X':puntajex, 'O':puntajeo}
127.
128.
129. def ingresarBaldosaJugador():
130.        # Permite al jugador elegir que baldosa desea ser.
131.        # Devuelve una lista con la baldosa del jugador como primer elemento y
el de la computadora como segundo.
132.        baldosa = ''
133.        while not (baldosa == 'X' or baldosa == 'O'):
134.            print('¿Deseas ser X ó O?')
135.            baldosa = input().upper()
136.
137.        # El primer elemento en la lista es la baldosa del jugador, el
segundo es la de la computadora.
138.        if baldosa == 'X':
139.            return ['X', 'O']
140.        else:
141.            return ['O', 'X']
142.
143.
144. def quiénComienza():
145.        # Elije al azar qué jugador comienza.
146.        if random.randint(0, 1) == 0:
147.            return 'La computadora'
148.        else:
149.            return 'El jugador'
150.
151.
152. def jugarDeNuevo():
153.        # Esta función devuelve True si el jugador quiere jugar de nuevo, de
lo contrario devuelve False.
154.        print('¿Quieres jugar de nuevo? (sí o no)')
155.        return input().lower().startswith('s')
156.
157.
158. def hacerJugada(tablero, baldosa, comienzox, comienzoy):
159.        # Coloca la baldosa sobre el tablero en comienzox, comienzoy, y
convierte cualquier baldosa del oponente.
160.        # Devuelve False si la jugada es inválida. True si es válida.
```

```
161.        baldosasAConvertir = esJugadaVálida(tablero, baldosa, comienzox,
comienzoy)
162.
163.        if baldosasAConvertir == False:
164.            return False
165.
166.        tablero[comienzox][comienzoy] = baldosa
167.        for x, y in baldosasAConvertir:
168.            tablero[x][y] = baldosa
169.        return True
170.
171.
172. def obtenerCopiaTablero(tablero):
173.        # Duplica la lista del tablero y devuelve el duplicado.
174.        réplicaTablero = obtenerNuevoTablero()
175.
176.        for x in range(8):
177.            for y in range(8):
178.                réplicaTablero[x][y] = tablero[x][y]
179.
180.        return réplicaTablero
181.
182.
183. def esEsquina(x, y):
184.        # Devuelve True si la posicion es una de las esquinas.
185.        return (x == 0 and y == 0) or (x == 7 and y == 0) or (x == 0 and y ==
7) or (x == 7 and y == 7)
186.
187.
188. def obtenerJugadaJugador(tablero, baldosaJugador):
189.        # Permite al jugador tipear su jugada.
190.        # Devuelve la jugada como [x, y] (o devuelve las cadenas 'pistas' o
'salir')
191.        CIFRAS1A8 = '1 2 3 4 5 6 7 8'.split()
192.        while True:
193.            print('Ingresa tu jugada, salir para terminar el juego, o pistas
para activar/desactivar las pistas.')
194.            jugada = input().lower()
195.            if jugada == 'salir':
196.                return 'salir'
197.            if jugada == 'pistas':
198.                return 'pistas'
199.
200.            if len(jugada) == 2 and jugada[0] in CIFRAS1A8 and jugada[1] in
CIFRAS1A8:
201.                x = int(jugada[0]) - 1
202.                y = int(jugada[1]) - 1
```

```
203.                      if esJugadaVálida(tablero, baldosaJugador, x, y) == False:
204.                          continue
205.                      else:
206.                          break
207.                  else:
208.                      print('Esta no es una jugada válida. Ingresa la coordenada x
(1-8), luego la coordenada y (1-8).')
209.                      print('Por ejemplo, 81 corresponde a la esquina superior
derecha.')
210.
211.          return [x, y]
212.
213.
214.  def obtenerJugadaComputadora(tablero, baldosaComputadora):
215.          # Dado un tablero y la baldosa de la computadora, determinar dónde
216.          # jugar y devolver esa jugada como una lista [x, y].
217.          jugadasPosibles = obtenerJugadasVálidas(tablero, baldosaComputadora)
218.
219.          # ordena al azar el orden de las jugadas posibles
220.          random.shuffle(jugadasPosibles)
221.
222.          # siempre jugar en una esquina si está disponible
223.          for x, y in jugadasPosibles:
224.              if esEsquina(x, y):
225.                  return [x, y]
226.
227.          # Recorrer la lista de jugadas posibles y recordar la que da el mejor
puntaje
228.          mejorPuntaje = -1
229.          for x, y in jugadasPosibles:
230.              réplicaTablero = obtenerCopiaTablero(tablero)
231.              hacerJugada(réplicaTablero, baldosaComputadora, x, y)
232.              puntaje =
obtenerPuntajeTablero(réplicaTablero)[baldosaComputadora]
233.              if puntaje > mejorPuntaje:
234.                  mejorJugada = [x, y]
235.                  mejorPuntaje = puntaje
236.          return mejorJugada
237.
238.
239.  def mostrarPuntajes(baldosaJugador, baldosaComputadora):
240.          # Imprime el puntaje actual.
241.          puntajes = obtenerPuntajeTablero(tableroPrincipal)
242.          print('Tienes %s puntos. La computadora tiene %s puntos.' %
(puntajes[baldosaJugador], puntajes[baldosaComputadora]))
243.
244.
```

```
245.
246.  print('¡Bienvenido a Reversi!')
247.
248.  while True:
249.      # Reiniciar el tablero y la partida.
250.      tableroPrincipal = obtenerNuevoTablero()
251.      reiniciarTablero(tableroPrincipal)
252.      baldosaJugador, baldosaComputadora = ingresarBaldosaJugador()
253.      mostrarPistas = False
254.      turno = quiénComienza()
255.      print(turno + ' comenzará.')
256.
257.      while True:
258.          if turno == 'El jugador':
259.              # Turno del jugador
260.              if mostrarPistas:
261.                  tableroConJugadasVálidas =
obtenerTableroConJugadasVálidas(tableroPrincipal, baldosaJugador)
262.                  dibujarTablero(tableroConJugadasVálidas)
263.              else:
264.                  dibujarTablero(tableroPrincipal)
265.              mostrarPuntajes(baldosaJugador, baldosaComputadora)
266.              jugada = obtenerJugadaJugador(tableroPrincipal,
baldosaJugador)
267.              if jugada == 'salir':
268.                  print('¡Gracias por jugar!')
269.                  sys.exit() # terminar el programa
270.              elif jugada == 'pistas':
271.                  mostrarPistas = not mostrarPistas
272.                  continue
273.              else:
274.                  hacerJugada(tableroPrincipal, baldosaJugador, jugada[0],
jugada[1])
275.
276.              if obtenerJugadasVálidas(tableroPrincipal, baldosaComputadora)
== []:
277.                  break
278.              else:
279.                  turn = 'La computadora'
280.
281.          else:
282.              # Turno de la computadora
283.              dibujarTablero(tableroPrincipal)
284.              mostrarPuntajes(baldosaJugador, baldosaComputadora)
285.              input('Presiona enter para ver la jugada de la computadora.')
286.              x, y = obtenerJugadaComputadora(tableroPrincipal,
baldosaComputadora)
```

```
287.            hacerJugada(tableroPrincipal, baldosaComputadora, x, y)
288.
289.            if obtenerJugadasVálidas(tableroPrincipal, baldosaJugador) ==
[]:
290.                break
291.            else:
292.                turno = 'El jugador'
293.
294.    # Mostrar el puntaje final.
295.    dibujarTablero(tableroPrincipal)
296.    puntajes = obtenerPuntajeTablero(tableroPrincipal)
297.    print('X ha obtenido %s puntos. O ha obtenido %s puntos.' %
(puntajes['X'], puntajes['O']))
298.    if puntajes[baldosaJugador] > puntajes[baldosaComputadora]:
299.        print('¡Has vencido a la computadora por %s puntos!
¡Felicitaciones!' % (puntajes[baldosaJugador] - puntajes[baldosaComputadora]))
300.    elif puntajes[baldosaJugador] < puntajes[baldosaComputadora]:
301.        print('Has perdido. La computadora te ha vencido por %s puntos.' %
(puntajes[baldosaComputadora] - puntajes[baldosaJugador]))
302.    else:
303.        print('¡Ha sido un empate!')
304.
305.    if not jugarDeNuevo():
306.        break
```

Cómo Funciona el Código

La Estructura de Datos del Tablero de Juego

Antes de meternos en el código, entendamos la estructura de datos del tablero. Esta estructura de datos es una lista de listas, igual que la de nuestro juego anterior Sonar. La lista de listas se crea para que `tablero[x][y]` represente al caracter en la posición x sobre el eje X (de izquierda a derecha) y la posición y sobre el eje Y (de arriba hacia abajo).

Este caracter puede ser un espacio ' ' en blanco (para representar un casillero vacío), un punto '.' (para representar una jugada posible en el modo de pistas), o un caracter 'X' o 'O' (para representar las baldosas de los jugadores). Cada vez que veas un parámetro llamado tablero, se tratará de esta especie de lista de listas.

Importando Otros Módulos

```
1. # Reversi
2. import random
3. import sys
```

La línea 2 importa el módulo random para usar sus funciones randint() y choice(). La línea 3 importa el módulo sys para usar su función exit().

Dibujando la Estructura de Datos del Tablero sobre la Pantalla

```
6. def dibujarTablero(tablero):
7.     # Esta funcion dibuja el tablero recibido. Devuelve None.
8.     LÍNEAH = '   +---+---+---+---+---+---+---+---+'
9.     LÍNEAV = '   |   |   |   |   |   |   |   |   |'
10.
11.     print('   1   2   3   4   5   6   7   8')
12.     print(LÍNEAH)
```

La función dibujarTablero() imprimirá el tablero actual del juego basado en la estructura de datos en la variable tablero. Observa que cada casillero del tablero se ve así (también podría haber una cadena 'O', '.' o ' ' en lugar de 'X'):

```
+---+
|   |
| X |
|   |
+---+
```

Ya que la línea horizontal se imprime una y otra vez, la línea 8 la almacena en una variable constante llamada LÍNEAH. Esto nos ahorrará el trabajo de tener que escribir esta cadena cada vez.

También hay líneas por encima y por debajo del centro de cada casillero que son simplemente repeticiones del caracter '|' (llamado "pleca") con 3 espacios entre cada uno. Este conjunto se almacena en una constante llamada LÍNEAV.

La línea 11 contiene a la primera ejecución de la función print(), e imprime las etiquetas para el eje X a lo largo del borde superior del tablero. La línea 12 imprime la línea horizontal superior del tablero.

```
13.     for y in range(8):
14.         print(LÍNEAV)
15.         print(y+1, end=' ')
16.         for x in range(8):
17.             print('| %s' % (reiniciarTablero[x][y]), end=' ')
18.         print('|')
```

```
19.          print(LÍNEAV)
20.          print(LÍNEAH)
```

El bucle for se ejecutará ocho veces, una por cada fila. La línea 15 imprime la etiqueta del eje Y sobre el lado izquierdo del tablero, y tiene como argumento la palabra clave end=' ' para terminar la línea con un espacio simple en lugar de saltar a la siguiente línea. Esto es para que otro bucle (que también se ejecuta ocho veces, una por cada espacio) imprima cada espacio (junto con el caracter 'X', 'O' o ' ' dependiendo de lo que esté almacenado en tablero[x][y].)

La llamada a la función print() dentro del bucle interno también tiene como argumento la palabra clave end=' ' al final, con lo cual se imprime un espacio en lugar de una nueva línea. Esto produce una única línea con el aspecto '| X | X | X | X | X | X | X | X ' (si cada uno de los valores de tablero[x][y] fuera 'X').

Luego de que el bucle interno ha concluido, la llamada a la función print() en la línea 18 imprime el último caracter '|' junto con una nueva línea.

El código comprendido por el bucle completo entre las líneas 14 y 20 imprime una fila completa del tablero en este formato:

```
|   |   |   |   |   |   |   |   |
| X | X | X | X | X | X | X | X |
|   |   |   |   |   |   |   |   |
+---+---+---+---+---+---+---+---+
```

Cuando el bucle for de la línea 13 imprime la fila ocho veces, se forma el tablero completo (por supuesto, algunos de los espacios en el tablero tendrán caracteres 'O' o ' ' en lugar de 'X'):

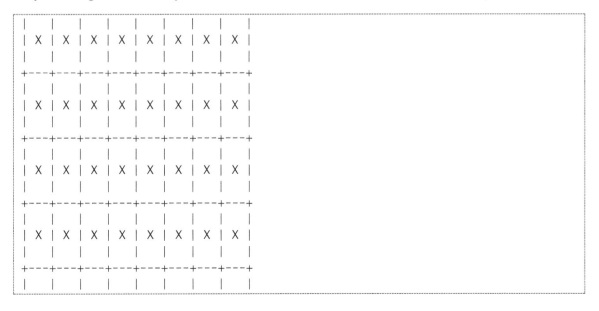

```
| X | X | X | X | X | X | X | X |
|   |   |   |   |   |   |   |   |
+---+---+---+---+---+---+---+---+
|   |   |   |   |   |   |   |   |
| X | X | X | X | X | X | X | X |
|   |   |   |   |   |   |   |   |
+---+---+---+---+---+---+---+---+
|   |   |   |   |   |   |   |   |
| X | X | X | X | X | X | X | X |
|   |   |   |   |   |   |   |   |
+---+---+---+---+---+---+---+---+
|   |   |   |   |   |   |   |   |
| X | X | X | X | X | X | X | X |
|   |   |   |   |   |   |   |   |
+---+---+---+---+---+---+---+---+
```

Reiniciando el Tablero de Juego

```
23. def reiniciarTablero(tablero):
24.     # Deja en blanco el tablero recibido como argumento, excepto la
posición inicial.
25.     for x in range(8):
26.         for y in range(8):
27.             tablero[x][y] = ' '
```

Las líneas 25 y 26 contienen bucles anidados para asignar espacios simples a cada elemento de la estructura de datos tablero. Esto crea un tablero vacío de Reversi. La función reiniciarTablero() es parte de la rutina de comenzar un nuevo juego.

Colocando las Piezas Iniciales

```
29.     # Piezas iniciales:
30.     tablero[3][3] = 'X'
31.     tablero[3][4] = 'O'
32.     tablero[4][3] = 'O'
33.     tablero[4][4] = 'X'
```

Al comienzo del juego, cada jugador tiene dos baldosas ya colocadas en el centro. Las líneas 30 a 33 colocan esas baldosas en el tablero vacío.

La función reiniciarTablero() no necesita devolver la variable tablero, porque tablero es una referencia a una lista. Los cambios realizados en el entorno local de la función modificará la lista original que fue pasada como argumento. (Explicado en la sección Referencias del Capítulo 10.)

Creando una Nueva Estructura de Datos Tablero

```
36. def obtenerNuevoTablero():
37.     # Crea un tablero nuevo, vacío.
38.     tablero= []
39.     for i in range(8):
40.         tablero.append([' '] * 8)
41.
42.     return tablero
```

La función `obtenerNuevoTablero()` crea una nueva estructura de datos tablero y la devuelve. La línea 38 crea la lista exterior y guarda una referencia a esta lista en tablero. La línea 40 crea las listas interiores usando replicación de listas. (`[' '] * 8` se evalúa al mismo valor que `[' ', ' ', ' ', ' ', ' ', ' ', ' ', ' ']`, pero hay que escribir menos.)

El bucle `for` de la línea 39 crea las ocho listas internas. Los espacios representan un tablero de juego completamente vacío.

Lo que la variable tablero termina siendo es una lista de ocho listas, y cada una de esas listas tiene ocho cadenas. El resultado son 64 cadenas `' '` con un caracter espacio.

Comprobando si una Jugada es Válida

```
45. def esJugadaVálida(tablero, baldosa, comienzox, comienzoy):
46.     # Devuelve False si la jugada del jugador en comienzox, comienzoy es inválida
47.     # Si es una jugada válida, devuelve una lista de espacios que pasarían a ser del jugador si moviera aquí.
48.     if tablero[comienzox][comienzoy] != ' ' or not estáEnTablero(comienzox, comienzoy):
49.         return False
50.
51.     tablero[comienzox][comienzoy] = baldosa # coloca temporariamente la baldosa sobre el tablero.
52.
53.     if baldosa == 'X':
54.         otraBaldosa = 'O'
55.     else:
56.         otraBaldosa = 'X'
```

Dada una estructura de datos tablero, la baldosa del jugador y las coordenadas XY de la jugada del jugador, `esJugadaVálida()` devuelve `True` si las reglas de Reversi permiten una jugada en esas coordenadas y `False` en caso contrario.

La línea 48 comprueba si las coordenadas XY están fuera del tablero, o si el espacio no está vacío. estáEnTablero() es una función definida más adelante en el programa que se asegura de que el valor de ambas coordenadas X e Y esté comprendido entre 0 y 7.

El próximo paso es colocar temporariamente la baldosa del jugador sobre el tablero. Esta baldosa será removida (volviendo a asignar ' ' al espacio del tablero antes de volver de la función).

La baldosa del jugador (tanto el jugador humano como la computadora) se guarda en la variable baldosa, pero esta función necesitará saber la baldosa del otro jugador. Si la baldosa del jugador es 'X' entonces obviamente la baldosa del otro jugador será 'O' y viceversa.

Finalmente, si la coordenada XY ingresada corresponde a una jugada válida, la función esJugadaVálida() devuelve una lista de todas las baldosas del oponente que serán invertidas con esta jugada.

```
59.     for direcciónx, direccióny in [[0, 1], [1, 1], [1, 0], [1, -1], [0, -
1], [-1, -1], [-1, 0], [-1, 1]]:
```

El bucle for itera a través de una lista de listas que representan direcciones en las que puedes moverte en el tablero de juego. El tablero es un sistema de coordenadas cartesianas con direcciones X e Y. Hay ocho direcciones en las que puedes moverte: arriba, abajo, izquierda, derecha y las cuatro diagonales. Cada una de las ocho listas de dos elementos en la lista de la línea 59 se usa para moverse en una de estas direcciones. El programa se mueve en una dirección sumando el primer valor en la lista de dos elementos a la coordenada X, y el segundo valor a la coordenada Y.

Como la coordenada X aumenta a medida que te desplazas hacia la derecha, puedes "moverte" a la derecha sumando 1 a la coordenada X. Entonces, la lista [1, 0] suma 1 a la coordenada X y 0 a la coordenada Y, resultando en un "movimiento" hacia la derecha. Moverse a la izquierda es lo opuesto: en este caso restas 1 (es decir, sumas -1) a la coordenada X.

Pero para moverte en diagonal necesitarás sumar o restar a ambas coordenadas. Por ejemplo, sumar 1 a la coordenada X para moverte hacia la derecha y a su vez sumar -1 a la coordenada Y para moverte hacia arriba resulta en un movimiento en diagonal hacia arriba y a la derecha.

Comprobando Cada Una de las Ocho Direcciones

Aquí hay un diagrama para hacerte más fácil recordar qué lista de dos elementos representa cada dirección:

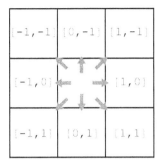

Figura 15-7: Cada lista de dos elementos representa una de las ocho direcciones.

```
59.     for direcciónx, direccióny in [[0, 1], [1, 1], [1, 0], [1, -1], [0, -
1], [-1, -1], [-1, 0], [-1, 1]]:
60.         x, y = comienzox, comienzoy
61.         x += direcciónx # primer paso en la direccion
62.         y += direccióny # primer paso en la direccion
```

La línea 60 asigna a las variables x e y el mismo valor que comienzox y comienzoy, respectivamente, utilizando asignación múltiple. A continuación se modifican las variables x e y para "moverse" en la dirección determinada por direcciónx y direccióny. Las variables comienzox y comienzoy no se modificarán de modo que el programa pueda recordar desde qué espacio comenzó el movimiento.

```
63.         if estáEnTablero(x, y) and tablero[x][y] == otraBaldosa:
64.             # Hay una pieza perteneciente al otro jugador al lado de
nustra pieza.
65.             x += direcciónx
66.             y += direccióny
67.             if not estáEnTablero(x, y):
68.                 continue
```

Recuerda que para que esta movida sea válida, el primer paso en esta dirección debe 1) pertenecer al tablero y 2) estar ocupado por una baldosa del otro jugador. De otro modo no hay ninguna baldosa del oponente para convertir, y una jugada válida debe convertir al menos una baldosa. Si no se cumplen estas dos condiciones, la condición de la línea 63 no es True y la ejecución vuelve a la sentencia for correspondiente a la próxima dirección.

Pero si el primer espacio contiene una baldosa del otro jugador, entonces el programa debe seguir comprobando en esta dirección hasta alcanzar una de las baldosas propias del jugador. Sin embargo, si continúa hasta más allá del tablero, la línea 68 hace que el programa vuelva al comienzo del bucle for y continúe con la siguiente dirección.

```
69.                while tablero[x][y] == otraBaldosa:
70.                    x += direcciónx
71.                    y += direccióny
72.                    if not estáEnTablero(x, y): # sale del bucle while y
continua en el bucle for.
73.                        break
74.                if not estáEnTablero(x, y):
75.                    continue
```

El bucle while de la línea 69 continúa ciclando de forma que x e y continúen moviéndose en la misma dirección siempre que sigan encontrando baldosas del otro jugador. Si la línea 72 detecta que x e y están fuera del tablero, la línea 73 sale del bucle for y el flujo de ejecución se mueve a la línea 74.

Lo que realmente quieres hacer aquí es salir del bucle while pero continuar dentro del bucle for. Es por esto que la línea 74 vuelve a comprobar not estáEnTablero(x, y) y ejecuta continue, lo que lleva a la ejecución hasta la próxima dirección en la sentencia for de la línea 59. Recuerda, las sentencias break y continue sólo interrumpen el bucle de nivel más bajo en el que se encuentran.

Averiguando si Hay Fichas a Convertir

```
76.                if tablero[x][y] == baldosa:
77.                    # Hay fichas a convertir. Caminar en dirección opuesta
hasta llegar al casillero original, registrando todas las posiciones en el
camino.
78.                    while True:
79.                        x -= direcciónx
80.                        y -= direccióny
81.                        if x == direcciónxand y == direccióny:
82.                            break
83.                        baldosasAConvertir.append([x, y])
```

El bucle while de la línea 69 deja de iterar cuando el código ha llegado al final de la secuencia de baldosas otraBaldosa. La línea 76 comprueba si este espacio en el tablero contiene una de nuestras baldosas. Si es así, entonces la jugada pasada originalmente a esJugadaVálida() es válida.

La línea 78 itera moviendo x e y en reversa hacia la posición original comienzox, comienzoy restando pasos del movimiento anterior. Cada espacio es añadido al final de la lista baldosasAConvertir.

```
85.        tablero[comienzox][comienzoy] = ' ' # restablecer el espacio vacio
```

Capítulo 15 – Reversi 249

```
86.         if len(baldosasAConvertir) == 0: # Si no se convirtió ninguna baldosa,
la jugada no es válida.
87.             return False
88.     return baldosasAConvertir
```

El bucle for que comienza en la línea 59 repite todo esto en cada una de las ocho direcciones.
Luego de que el bucle concluye, la lista baldosasAConvertir contendrá las coordenadas XY de
todas las baldosas del oponente que serían convertidas si el jugador colocara una baldosa en
comienzox, comienzoy. Recuerda que la función esJugadaVálida() sólo comprueba si la jugada
original era válida. Esta función no altera permanentemente la estructura del tablero de juego.

Si ninguna de las ocho direcciones ha convertido al menos una de las baldosas del oponente,
entonces baldosasAConvertir contendrá una lista vacía. Esto quiere decir que esta jugada no es
válida, por lo que esJugadaVálida() debe devolver False.

En caso contrario, esJugadaVálida() devuelve baldosasAConvertir.

Comprobando la Validez de las Coordenadas

```
91. def estáEnTablero(x, y):
92.     # Devuelve True si las coordenadas se encuentran dentro del tablero
93.     return x >= 0 and x <= 7 and y >= 0 and y <= 7
```

estáEnTablero() es una función llamada desde esJugadaVálida(). Llamar a esta función es
una forma de abreviar la expresión Booleana de la línea 93 que devuelve True si tanto x como y
están comprendidos entre 0 y 7. Esta función comprueba si un par ordenado X Y corresponde a
una posición dentro del tablero. Por ejemplo, una coordenada X de 4 y una coordenada Y de 9999
no se encuentran dentro del tablero ya que las coordenadas Y sólo llegan hasta 7.

Obteniendo una Lista con Todas las Jugadas Válidas

```
96. def obtenerTableroConJugadasVálidas(tablero, baldosa):
97.     # Devuelve un nuevo tablero, marcando con "." las jugadas válidas que
el jugador puede realizar.
98.     réplicaTablero = obtenerCopiaTablero(tablero)
99.
100.    for x, y in obtenerJugadasVálidas(réplicaTablero, baldosa):
101.        réplicaTablero[x][y] = '.'
102.    return réplicaTablero
```

obtenerTableroConJugadasVálidas() devuelve una estructura de datos tablero que contiene caracteres '.' en cada espacio que es una jugada válida. Los puntos son para el modo pistas que muestra un tablero donde están marcadas todas las jugadas posibles.

Esta función crea un duplicado de la estructura de datos tablero (devuelto por obtenerCopiaTablero() en la línea 98) en lugar de modificar la que recibe a través del parámetro tablero. La línea 100 llama a obtenerJugadasVálidas() para obtener una lista de coordenadas XY con todas las jugadas válidas que el jugador podría tomar. La copia del tablero se marca con puntos en cada uno de esos espacios y se devuelve.

```
105. def obtenerJugadasVálidas(tablero, baldosa):
106.     # Devuelve una lista de listas [x,y] de jugadas válidas para el
jugador en el tablero dado.
107.     jugadasVálidas = []
108.
109.     for x in range(8):
110.         for y in range(8):
111.             if esJugadaVálida(tablero, baldosa, x, y) != False:
112.                 jugadasVálidas.append([x, y])
113.     return jugadasVálidas
```

La función obtenerJugadasVálidas() devuelve una lista de listas de dos elementos. Estas listas contienen las coordenadas XY de todas las jugadas válidas para el jugador correspondiente al parámetro baldosa y el estado del juego correspondiente al parámetro tablero.

Esta función usa bucles anidados (en las líneas 109 y 110) para comprobar cada par de coordenadas XY (las 64 combinaciones posibles) llamando a esJugadaVálida() en ese casillero y comprobando si devuelve False o una lista de casilleros (en cuyo caso es una jugada válida). Cada coordenada XY válida es añadida a la lista jugadasVálidas.

La Función bool()

La función bool() es similar a las funciones int() y str(). Devuelve la forma Booleana del valor que recibe.

La mayoría de los tipos de datos tiene un valor que se considera False para ese tipo de datos. Todos los otros valores se consideran True. Por ejemplo, el entero 0, el número de punto flotante 0.0, la cadena vacía, la lista vacía y el diccionario vacío se consideran False cuando se usan como condición para una sentencia if o una sentencia de bucle. Todos los otros valores son True. Prueba ingresar lo siguiente en la consola interactiva:

```
>>> bool(0)
False
```

```
>>> bool(0.0)
False
>>> bool('')
False
>>> bool([])
False
>>> bool({})
False
>>> bool(1)
True
>>> bool('Hola')
True
>>> bool([1, 2, 3, 4, 5])
True
>>> bool({'spam':'cheese', 'fizz':'buzz'})
True
```

Imagina que la condición de cualquier sentencia se colocase dentro de la llamada a bool(). Es decir, las condiciones son automáticamente interpretadas como valores Booleanos. Es por esto que la condición en la línea 111 funciona correctamente. La llamada a la función esJugadaVálida() devuelve el valor Booleano False o una lista no vacía.

Si te imaginas que la condición entera se coloca dentro de una llamada a bool(), entonces la condición False de la línea 111 se convierte en bool(False) (lo cuál, por supuesto, se evalúa a False). Y una condición de una lista no vacía colocada como el parámetro de bool() devolverá True.

Obteniendo el Puntaje del Tablero de Juego

```
116. def obtenerPuntajeTablero(tablero):
117.     # Determina el puntaje contando las piezas. Devuelve un diccionario
con claves 'X' y 'O'.
118.     puntajex = 0
119.     puntajeo = 0
120.     for x in range(8):
121.         for y in range(8):
122.             if tablero[x][y] == 'X':
123.                 puntajex += 1
124.             if tablero[x][y] == 'O':
125.                 puntajeo += 1
126.     return {'X':puntajex, 'O':puntajeo}
```

La función obtenerPuntajeTablero() usa bucles for anidados para comprobar los 64 espacios del tablero (8 filas multiplicadas por 8 columnas nos dan 64 espacios) y ver qué baldosas (si es que hay alguna) están sobre ellos. Por cada baldosa 'X', el código aumenta puntajex en la línea 123. Por cada baldosa '0', el código incrementa puntajeo en la línea 125.

Obteniendo la Opción de Baldosa del Jugador

```
129. def ingresarBaldosaJugador():
130.     # Permite al jugador elegir que baldosa desea ser.
131.     # Devuelve una lista con la baldosa del jugador como primer elemento y
el de la computadora como segundo.
132.     baldosa = ''
133.     while not (baldosa == 'X' or baldosa == '0'):
134.         print('¿Deseas ser X ó O?')
135.         baldosa = input().upper()
```

Esta función pregunta al jugador qué baldosa quiere ser, 'X' u '0'. El bucle for continuará ciclando hasta que el jugador escriba 'X' u '0'.

```
137.     # El primer elemento en la lista es la baldosa del juegador, el
segundo es la de la computadora.
138.     if baldosa == 'X':
139.         return ['X', '0']
140.     else:
141.         return ['0', 'X']
```

La función ingresarBaldosaJugador() devuelve una lista de dos elementos, donde la selección de baldosa del jugador es el primer elemento y la baldosa de la computadora es el segundo. La línea 252, que llama a ingresarBaldosaJugador(), usa asignación múltiple para colocar estos dos elementos devueltos en dos variables.

Determinando Quién Comienza

```
144. def quiénComienza():
145.     # Elije al azar qué jugador comienza.
146.     if random.randint(0, 1) == 0:
147.         return 'La computadora'
148.     else:
149.         return 'El jugador'
```

La función quiénComienza() decide aleatoriamente quién tomará el primer turno, y devuelve la cadena 'La computadora' o la cadena 'El jugador'.

Preguntando al Jugador si Quiere Jugar de Nuevo

```
152. def jugarDeNuevo():
153.     # Esta función devuelve True si el jugador quiere jugar de nuevo, de
lo contrario devuelve False.
154.     print('¿Quieres jugar de nuevo? (sí o no)')
155.     return input().lower().startswith('s')
```

La función jugarDeNuevo() ha estado presente en juegos anteriores. Si el jugador escribe una cadena que comienza con 's', entonces la función devuelve True. De otro modo la función devuelve False.

Colocando una Ficha en el Tablero de Juego

```
158. def hacerJugada(tablero, baldosa, comienzox, comienzoy):
159.     # Coloca la baldosa sobre el tablero en comienzox, comienzoy, y
convierte cualquier baldosa del oponente.
160.     # Devuelve False si la jugada es inválida, True si es válida.
161.     baldosasAConvertir = esJugadaVálida(tablero, baldosa, comienzox,
comienzoy)
```

hacerJugada() es llamada cuando quieres colocar una baldosa en el tablero y convertir otras fichas de acuerdo con las reglas del reversi. Esta función modifica en el lugar la estructura de datos tablero que recibe. Es decir, los cambios realizados a la variable tablero (porque es una referencia a una lista) serán visibles en el entorno global.

La mayor parte del trabajo es realizado por esJugadaVálida(), que devuelve una lista de coordenadas XY (en forma de listas de dos elementos) de baldosas que deben ser convertidas. (Recuerda que si los argumentos comienzox y comienzoy señalan una movida inválida, entonces esJugadaVálida() devolverá el valor Booleano False.)

```
163.     if baldosasAConvertir == False:
164.         return False
165.
166.     tablero[comienzox][comienzoy] = baldosa
167.     for x, y in baldosasAConvertir:
168.         tablero[x][y] = baldosa
169.     return True
```

En las líneas 163 y 164, si el valor de retorno de esJugadaVálida() (ahora almacenado en baldosasAConvertir) fuese False, entonces hacerJugada() también devolvería False.

De otro modo, esJugadaVálida() devuelve una lista de espacios del tablero donde colocar las baldosas (las cadenas 'X' u 'O' en baldosa). La línea 166 asigna el espacio en el que el jugador ha jugado. El bucle for de la línea 167 convierte todas las baldosas en baldosasAConvertir.

Copiando la Estructura de Datos Tablero

```
172.  def obtenerCopiaTablero(tablero):
173.      # Duplica la lista del tablero y devuelve el duplicado.
174.      réplicaTablero = obtenerNuevoTablero()
175.
176.      for x in range(8):
177.          for y in range(8):
178.              réplicaTablero[x][y] = tablero[x][y]
179.
180.      return réplicaTablero
```

obtenerCopiaTablero() es diferente de obtenerNuevoTablero(). obtenerNuevoTablero() creará una estructura de datos tablero nueva, con sólo espacios vacíos y las cuatro baldosas iniciales. obtenerCopiaTablero() creará también una estructura de datos vacía, pero luego copiará todos los espacios del parámetro tablero. Esta función es usada por la IA para obtener un tablero de juego sobre el que pueda hacer cambios sin modificar el tablero real. Esta técnica es la misma que hemos usado en nuestro programa anterior Ta Te Ti.

La llamada a obtenerNuevoTablero() crea una nueva estructura de datos tablero. Luego los dos bucles anidados copian cada una de las 64 baldosas de tablero a la estructura de datos duplicada en réplicaTablero.

Determinando si un Espacio está sobre una Esquina

```
183.  def esEsquina(x, y):
184.      # Devuelve True si la posicion es una de las esquinas.
185.      return (x == 0 and y == 0) or (x == 7 and y == 0) or (x == 0 and y ==
7) or (x == 7 and y == 7)
```

La función esEsquina() devuelve True si las coordenadas corresponden a uno de los espacios de las esquinas con los valores (0,0), (7,0), (0,7) or (7,7). De lo contrario esEsquina() devuelve False.

Obteniendo la Movida del Jugador

```
188.  def obtenerJugadaJugador(tablero, baldosaJugador):
189.      # Permite al jugador tipear su jugada.
```

```
190.      # Devuelve la jugada como [x, y] (o devuelve las cadenas 'pistas' o
'salir')
191.      CIFRAS1A8 = '1 2 3 4 5 6 7 8'.split()
```

La función `obtenerJugadaJugador()` es llamada para permitir al jugador escribir las coordenadas de su próxima jugada (y comprobar si la jugada es válida). El jugador también puede escribir `'pistas'` para activar el modo pistas (si está desactivado) o desactivarlo (si está activado). El jugador también puede escribir `'salir'` para salir del juego.

La variable constante `CIFRAS1A8` es la lista `['1', '2', '3', '4', '5', '6', '7', '8']`. La constante `CIFRAS1A8` se usa porque es más fácil que escribir la lista entera. No podemos usar el método `isdigit()` porque de esta forma aceptaríamos los valores 0 y 9, los cuales no son coordenadas válidas en un tablero de 8 × 8.

```
192.      while True:
193.          print('Ingresa tu jugada, salir para terminar el juego, o pistas
para activar/desactivar las pistas.')
194.          jugada = input().lower()
195.          if jugada == 'salir':
196.              return 'salir'
197.          if jugada == 'pistas':
198.              return 'pistas'
```

El bucle `while` continuará iterando hasta que el jugador haya ingresado una jugada válida. Las líneas 195 a 198 comprueban si el jugador quiere salir o activar/desactivar las pistas, y devuelve en esos casos la cadena `'salir'` o `'pistas'` respectivamente. El método `lower()` se llama sobre la cadena devuelta por `input()`, de modo que el comando será entendido aunque el jugador escriba `'PISTAS'` o `'Salir'`.

El código que llama a `obtenerJugadaJugador()` determinará qué hacer si el jugador quiere salir o activar/desactivar las pistas.

```
200.          if len(jugada) == 2 and jugada[0] in CIFRAS1A8 and jugada[1] in
CIFRAS1A8:
201.              x = int(jugada[0]) - 1
202.              y = int(jugada[1]) - 1
203.              if esJugadaVálida(tablero, baldosaJugador, x, y) == False:
204.                  continue
205.              else:
206.                  break
```

El juego espera que el jugador ingrese las coordenadas XY de su jugada en forma de dos números sin otro caracter entre ellos. La línea 200 comprueba primero que la longitud de la cadena ingresada sea 2. Luego de esto comprueba también que tanto jugada[0] (el primer caracter de la cadena) como jugada[1] (el segundo caracter de la cadena) sean cadenas que existen en CIFRAS1A8.

Recuerda que las estructuras de datos tableros tienen índices que van de 0 a 7, no de 1 a 8. El programa imprime 1 a 8 al mostrar el tablero en la función dibujarTablero() porque los no-programadores están acostumbrados a comenzar a contar desde 1 y no desde 0. Entonces para convertir las cadenas en move[0] y move[1] a enteros, las líneas 201 y 202 restan 1 al valor ingresado.

Incluso si el jugador ha ingresado una coordenada dentro del tablero, el código necesita comprobar que las reglas de Reversi permitan esa jugada. Esto se hace a través de esJugadaVálida() que recibe la estructura de datos tablero, la baldosa del jugador y las coordenadas XY de la jugada.

Si esJugadaVálida() devuelve False, se ejecuta la sentencia continue de la línea 204. Entonces la ejecución vuelve al principio del bucle while y vuelve a solicitar al jugador que ingrese una jugada válida.

En caso contrario, significa que el jugador ha ingresado una jugada válida y la ejecución debe salir (break) del bucle while.

```
207.         else:
208.             print('Esta no es una jugada válida. Ingresa la coordenada x
(1-8), luego la coordenada y (1-8).')
209.             print('Por ejemplo, 81 corresponde a la esquina superior
derecha.')
```

Si la condición de la sentencia if en la línea 200 fuese False, significaría que el jugador no ha ingresado una jugada válida. Las líneas 208 y 209 le explican cómo ingresar jugadas correctamente. Luego, la ejecución regresa a la sentencia while de la línea 192 pues la línea 209 no sólo es la última línea del bloque else, sino que también es la última línea del bloque while.

```
211.     return [x, y]
```

Finalmente, obtenerJugadaJugador() devuelve una lista de dos elementos con las coordenadas XY de la jugada válida del jugador.

Obteniendo la Jugada de la Computadora

```
214. def obtenerJugadaComputadora(tablero, baldosaComputadora):
215.     # Dado un tablero y la baldosa de la computadora, determinar dónde
216.     # jugar y devolver esa jugada como una lista [x, y].
```

```
217.        jugadasPosibles = obtenerJugadasVálidas(tablero, baldosaComputadora)
```

obtenerJugadaComputadora() es donde se implementa el algoritmo de IA. Normalmente se usan los resultados de obtenerJugadasVálidas() del modo pistas. El modo pistas imprimirá caracteres punto '.' sobre el tablero para mostrar al jugador todas las jugadas entre las cuales puede elegir.

Pero si llamamos a obtenerJugadasVálidas() con la baldosa de la computadora como argumento (en baldosaComputadora), la función encontrará todas las posibles jugadas disponibles para la computadora. La IA seleccionará su jugada como la mejor de esta lista.

```
219.        # ordena al azar el orden de las jugadas posibles
220.        random.shuffle(jugadasPosibles)
```

Primero, random.shuffle() coloca en orden aleatorio las jugadas en la lista jugadasPosibles. Explicaremos después nuestra motivación para desordenar la lista jugadasPosibles, pero primero echemos un vistazo al algoritmo.

Jugar en la Esquina es la Mejor Jugada

```
222.        # siempre jugar en una esquina si está disponible.
223.        for x, y in jugadasPosibles:
224.            if esEsquina(x, y):
225.                return [x, y]
```

Primero, la línea 223 recorre cada jugada posible en jugadasPosibles. Si alguna de ellas corresponde a una esquina, se devuelve como jugada ese espacio. Jugar en una esquina es una buena idea en Reversi ya que una vez que una baldosa ha sido colocada sobre una esquina no puede ser convertida. Como jugadasPosibles es una lista de listas de dos elementos, usamos asignación múltiple en el bucle for para asignar los valores x e y.

Si jugadasPosibles contiene múltiples jugadas sobre esquinas, se usa siempre la primera de la lista. Pero como jugadasPosibles se ha mezclado previamente en la línea 220, es aleatorio cuál de las esquinas aparecerá primero en la lista.

Obtener una Lista con las Jugadas Mejor Puntuadas

```
227.        # Recorrer la lista de jugadas posibles y recordar la que da el mejor puntaje
228.        mejorPuntaje = -1
229.        for x, y in jugadasPosibles:
230.            réplicaTablero = obtenerCopiaTablero(tablero)
```

```
231.            hacerJugada(réplicaTablero, baldosaComputadora, x, y)
232.            puntaje =
obtenerPuntajeTablero(réplicaTablero)[baldosaComputadora]
233.            if puntaje > mejorPuntaje:
234.                mejorJugada = [x, y]
235.                mejorPuntaje = puntaje
236.        return mejorJugada
```

Si no se puede jugar sobre las esquinas, el programa recorre toda la lista y averigua qué jugada resulta en el puntaje más alto. El bucle for de la línea 229 asigna x e y a cada posible jugada en jugadasPosibles. Se asigna a mejorJugada la jugada con mejor puntaje que el código ha encontrado hasta el momento, y el puntaje de esta jugada se guarda en mejorPuntaje.

Cuando el código del bucle encuentra una jugada que da un puntaje más alto que mejorPuntaje, las líneas 233 a 235 guardan esa jugada y su puntaje en mejorJugada y mejorPuntaje.

Simulando Todas las Jugadas Posibles en Réplicas de la Estructura de Datos Tablero

Antes de simular una jugada, la línea 230 crea una réplica del tablero de juego llamando a obtenerCopiaTablero(). Esto es para poder ensayar una jugada sin cambiar la estructura de datos original guardada en la variable tablero.

Entonces la línea 231 llama a hacerJugada(), pasándole la réplica del tablero (almacenada en réplicaTablero) en lugar del tablero original. Esto simula qué es lo que ocurriría en el tablero real si se realizara esta jugada. hacerJugada() se encarga de colocar la baldosa de la computadora y convertir las baldosas del jugador en el tablero duplicado.

La línea 232 llama a obtenerPuntajeTablero() con el tablero duplicado, lo que devuelve un diccionario cuyas claves son 'X' y 'O', y cuyos valores son los puntajes.

Por ejemplo, supongamos que obtenerPuntajeTablero() devuelve el diccionario {'X':22, 'O':8} y baldosaComputadora es 'X'. Entonces obtenerPuntajeTablero(réplicaTablero)[baldosaComputadora] se evaluará a {'X':22, 'O':8}['X'], lo cual será evaluado a 22. Si 22 es mayor que mejorPuntaje, se asigna 22 a mejorPuntaje y se asignan los valores actuales x e y a mejorJugada.

Para cuando este bucle for haya concluido podemos estar seguros que mejorPuntaje es el máximo puntaje posible para una jugada. Esta jugada es almacenada en mejorJugada.

La línea 228 asigna mejorPuntaje a -1, de modo que la primera jugada comprobada por el código siempre sea asignada a mejorJugada. Esto garantiza que mejorJugada contendrá una de las jugadas en jugadasPosibles al retornar de la función.

Aunque el código elija siempre la primera en la lista si es que hay varias jugadas compartiendo el mejor puntaje, la selección sigue siendo aleatoria pues la lista ha sido ordenada aleatoriamente en la línea 220. Esto asegura que la IA no será predecible cuando haya más que una única opción para la mejor movida.

Imprimiendo los Puntajes sobre la Pantalla

```
239. def mostrarPuntajes(baldosaJugador, baldosaComputadora):
240.     # Imprime el puntaje actual.
241.     puntajes = obtenerPuntajeTablero(tableroPrincipal)
242.     print('Tienes %s puntos. La computadora tiene %s puntos.' %
(puntajes[baldosaJugador], puntajes[baldosaComputadora]))
```

mostrarPuntajes() llama a la función obtenerPuntajeTablero() e imprime los puntajes del jugador y la computadora. Recuerda que obtenerPuntajeTablero() devuelve un diccionario con las claves 'X' y 'O' y valores correspondientes a los puntajes de los jugadores X y O.

Estas son todas las funciones para el juego Reversi. El código que comienza en la línea 246 implementa el juego en sí y llama a estas funciones a medida que son requeridas.

El Comienzo del Juego

```
246. print('¡Bienvenido a Reversi!')
247.
248. while True:
249.     # Reiniciar el tablero y la partida.
250.     tableroPrincipal = obtenerNuevoTablero()
251.     reiniciarTablero(tableroPrincipal)
252.     baldosaJugador, baldosaComputadora = ingresarBaldosaJugador()
253.     mostrarPistas = False
254.     turno = quiénComienza()
255.     print(turno + ' comenzará.')
```

El bucle while de la línea 248 es el bucle principal del juego. El programa volverá a la línea 248 cuando comience un nuevo juego. Primero se genera una nueva estructura de datos tablero llamando a obtenerNuevoTablero() y se colocan las baldosas iniciales llamando a reiniciarTablero(). tableroPrincipal es la principal estructura de datos tablero de este programa. La llamada a ingresarBaldosaJugador() permitirá al jugador elegir si quiere ser 'X' u 'O'. Los valores de retorno se almacenan entonces en baldosaJugador y baldosaComputadora utilizando asignación múltiple.

`mostrarPistas` es un valor Booleano que determina si el modo pistas está activado o no. Se inicializa como `False` en la línea 253.

La variable `turno` es una cadena que puede tener alguno de los valores `'El jugador'` o `'La computadora'`. Esta variable lleva un registro de a quién le toca jugar. Se inicializa con el valor de retorno de la función `quiénComienza()`, la cual decide en forma aleatoria quien comenzará.

Ejecutando el Turno del Jugador

```
257.     while True:
258.         if turno == 'El jugador':
259.             # Turno del jugador
260.             if mostrarPistas:
261.                 tableroConJugadasVálidas =
obtenerTableroConJugadasVálidas(tableroPrincipal, baldosaJugador)
262.                 dibujarTablero(tableroConJugadasVálidas)
263.             else:
264.                 dibujarTablero(tableroPrincipal)
265.             mostrarPuntajes(baldosaJugador, baldosaComputadora)
```

El bucle `while` que comienza en la línea 257 se repetirá cada vez que el jugador o la computadora tomen un turno. La ejecución saldrá de este bucle al terminar el juego actual.

La línea 258 tiene una sentencia `if` cuyo bloque asociado se ejecuta si es el turno del jugador. (El bloque `else` que comienza en la línea 282 se ejecuta si es el turno de la computadora.)

Primero se muestra el tablero en la pantalla. Si en modo pistas está activado (es decir, `mostrarPistas` es `True`), entonces la estructura de datos tablero debe tener caracteres punto `'.'` en cada espacio correspondiente a una jugada válida para el jugador.

La función `obtenerTableroConJugadasVálidas()` se encarga de esto. Recibe como argumento una estructura de datos tablero y devuelve una copia a la que se han agregado los caracteres punto `'.'`. La línea 262 pasa este tablero a la función `dibujarTablero()`.

Si el modo pistas está desactivado, entonces la línea 264 simplemente pasa `tableroPrincipal` a `dibujarTablero()`.

Luego de mostrar el tablero de juego al jugador, también queremos imprimir el puntaje actual llamando a `mostrarPuntajes()` en la línea 265.

```
266.             jugada = obtenerJugadaJugador(tableroPrincipal,
baldosaJugador)
```

A continuación, permitimos al jugador escribir su jugada. obtenerJugadaJugador() se encarga de esto, y su valor de retorno es una lista de dos elementos con las coordenadas XY de la jugada. obtenerJugadaJugador() se asegura de controlar que la jugada que el jugador ha ingresado es válida.

Manejando los Comandos Salir y Pistas

```
267.                 if jugada == 'salir':
268.                     print('¡Gracias por jugar!')
269.                     sys.exit() # terminar el programa
270.                 elif jugada == 'pistas':
271.                     mostrarPistas = not mostrarPistas
272.                     continue
273.                 else:
274.                     hacerJugada(tableroPrincipal, baldosaJugador, jugada[0],
jugada[1])
```

Si el jugador ingresa la cadena 'salir' en su turno, obtenerJugadaJugador() retorna la cadena 'salir'. En ese caso, la línea 269 llama a sys.exit() para terminar el programa.

Si el jugador ingresa la cadena 'pistas' en su turno, obtenerJugadaJugador() retorna la cadena 'pistas'. En ese caso, activaremos el modo pistas (si estaba desactivado) o lo desactivaremos (si estaba activado).

La sentencia de asignación mostrarPistas = not mostrarPistas de la línea 271 se encarga de ambos casos, ya que not False se evalúa a True y not True se evalúa a False. Entonces la sentencia continue lleva la ejecución hacia el comienzo del bucle (el turno no ha cambiado, por lo que todavía seguirá siendo el turno del jugador).

En cambio, si el jugador no ha salido o activado/desactivado el modo pistas, la línea 274 llama a hacerJugada() para hacer la jugada del jugador.

Efectuando la Jugada del Jugador

```
276.                 if obtenerJugadasVálidas(tableroPrincipal, baldosaComputadora)
== []:
277.                     break
278.                 else:
279.                     turn = 'La computadora'
```

Después de hacer la jugada del jugador, la línea 276 llama a obtenerJugadasVálidas() para ver si la computadora tiene jugadas disponibles. Si obtenerJugadasVálidas() devuelve una lista vacía, quiere decir que no hay jugadas válidas que la computadora pueda hacer. En ese caso, la línea 277 sale del bucle `while` y termina el juego.

Si este no es el caso, la línea 279 asigna `'computadora'` a la variable `turno`. El flujo de ejecución omite el bloque `else` y llega al final del bloque `while`, de modo que la ejecución vuelve a la sentencia `while` de la línea 257. Esta vez, sin embargo, será el turno de la computadora.

Ejecutando el Turno de la Computadora

```
281.            else:
282.                # Turno de la computadora
283.                dibujarTablero(tableroPrincipal)
284.                mostrarPuntajes(baldosaJugador, baldosaComputadora)
285.                input('Presiona enter para ver la jugada de la computadora.')
286.                x, y = obtenerJugadaComputadora(tableroPrincipal,
baldosaComputadora)
287.                hacerJugada(tableroPrincipal, baldosaComputadora, x, y)
```

Después de imprimir el tablero con `dibujarTablero()`, queremos mostrar también el puntaje actual llamando a `mostrarPuntajes()` en la línea 284.

La línea 285 llama a `input()` para poner el juego en pausa y dar tiempo al jugador para mirar el tablero. Esto es bastante parecido a nuestro uso de `input()` para pausar el programa del capítulo Chistes. En lugar de llamar a `print()` para imprimir una cadena antes de llamar a `input()`, puedes conseguir el mismo resultado pasando la cadena a imprimir a la función `input()`.

Luego de que el jugador ha tenido tiempo de ver el tablero y pulsar ENTER, la línea 286 llama a `obtenerJugadaComputadora()` para obtener las coordenadas XY de la próxima jugada de la computadora. Estas coordenadas se guardan en las variables x e y usando asignación múltiple.

Finalmente pasamos x e y, junto con la estructura de datos tablero y la baldosa de la computadora, a la función `hacerJugada()`. Esto coloca la baldosa de la computadora sobre el tablero de juego en `tableroPrincipal` para reflejar la jugada de la computadora. La llamada de la línea 286 a `obtenerJugadaComputadora()` ya ha obtenido a jugada de la computadora (y la ha almacenado en las variables x e y). La llamada a `hacerJugada()` en la línea 287 efectúa esta jugada sobre el tablero.

```
289.                if obtenerJugadasVálidas(tableroPrincipal, baldosaJugador) ==
[]:
290.                    break
291.                else:
292.                    turno = 'El jugador'
```

Las líneas 289 a 292 son similares a las líneas 276 a 279. Luego de que la computadora ha hecho su jugada, la línea 289 comprueba si hay alguna jugada válida disponible para el jugador humano. Si obtenerJugadasVálidas() devuelve una lista vacía, significa que no hay jugadas válidas. Entonces el juego concluye, y la línea 290 sale del bucle while.

En caso contrario, hay al menos una jugada posible para el jugador. Entonces se asigna 'El jugador' a la variable turno. No hay más código en el bloque while luego de la línea 292, de modo que la ejecución regresa a la sentencia while de la línea 257.

Dibujando Todo sobre la Pantalla

```
294.      # Mostrar el puntaje final.
295.      dibujarTablero(tableroPrincipal)
296.      puntajes = obtenerPuntajeTablero(tableroPrincipal)
297.      print('X ha obtenido %s puntos. O ha obtenido %s puntos.' %
(puntajes['X'], puntajes['O']))
298.      if puntajes[baldosaJugador] > puntajes[baldosaComputadora]:
299.          print('¡Has vencido a la computadora por %s puntos!
¡Felicitaciones!' % (puntajes[baldosaJugador] - puntajes[baldosaComputadora]))
300.      elif puntajes[baldosaJugador] < puntajes[baldosaComputadora]:
301.          print('Has perdido. La computadora te ha vencido por %s puntos.' %
(puntajes[baldosaComputadora] - puntajes[baldosaJugador]))
302.      else:
303.          print('¡Ha sido un empate!')
```

La línea 294 es la primera línea después del bloque while que comenzaba en la línea 257. Este código se ejecuta cuando se sale de ese bucle while desde las líneas 290 o 277. En este punto, el juego ha terminado. Ahora el programa debe imprimir el tablero y los puntajes y determinar quién ha ganado.

obtenerPuntajeTablero() devuelve un diccionario con las claves 'X' y 'O' y valores correspondientes a los puntajes de ambos jugadores. Comprobando si el puntaje del jugador es mayor, menor o igual que el de la computadora podemos saber si el jugador ha ganado, perdido o empatado respectivamente.

Preguntando al Jugador si quiere Jugar de Nuevo

```
305.      if not jugarDeNuevo():
306.          break
```

Se llama a la función jugarDeNuevo(), la cual devuelve True si el jugador responde que quiere volver a jugar. Si jugarDeNuevo() devuelve False, el operador not convierte a la condición de la sentencia `if` en `True`. Entonces la ejecución sale del bucle `while` que ha comenzado en la línea 248. Como no hay más líneas de código después de este bloque `while`, el programa termina.

En caso contrario, `jugarDeNuevo()` devuelve `True` (convirtiendo a la condición de la sentencia `if` en `False`), y entonces la ejecución regresa a la sentencia `while` de la línea 248 donde se crea un nuevo tablero de juego.

Cambiando la Función *drawBoard()*

El tablero que se dibuja para el juego Reversi es grande. Pero puedes cambiar el código de la función `dibujarTablero()` para que el tablero dibujado sea mucho más pequeño sin modificar el resto del código del juego. La nueva versión del tablero se vería así:

```
  12345678
 +--------+
1|   O    |
2|   XOX  |
3|   O    |
4| XXXXX  |
5| .OX    |
6| OOO    |
7| ..O..  |
8|   O    |
 +--------+
Tienes 8 puntos. La computadora tiene 9 puntos.
Ingresa tu jugada, salir para terminar el juego, o pistas para
activar/desactivar las pistas.
```

Aquí está el código para la nueva versión de la función `dibujarTablero()`, comenzando en la línea 6. También puedes descargar este código desde http://invpy.com/es/reversi_mini.py.

```
 6. def dibujarTablero(tablero):
 7.     # Esta funcion dibuja el tablero recibido. Devuelve None.
 8.     LÍNEAH = ' +--------+'
 9.     print(' 12345678')
10.     print(LÍNEAH)
11.     for y in range(8):
12.         print('%s|' % (y+1), end='')
13.         for x in range(8):
14.             print(tablero[x][y], end='')
15.         print('|')
16.     print(LÍNEAH)
```

Resumen

La IA puede parecer casi imbatible, pero esto no se debe a que la computadora sea inteligente. La estrategia que sigue es simple: jugar en la esquina si es posible, de lo contrario tomar la jugada que convierta más baldosas. Nosotros podríamos hacer lo mismo, pero nos tomaría tiempo contar cuántas baldosas serían convertidas con cada una de nuestras posibles jugadas. En cambio esto es sencillo para la computadora. La computadora no es más inteligente que nosotros, ¡simplemente es mucho más rápida!

Este juego se parece a Sonar en el hecho de que utiliza una grilla como tablero. También es similar al Ta Te Ti, donde hay una IA que elige la mejor jugada para la computadora. Este capítulo sólo ha introducido un nuevo concepto: las listas y cadenas vacías y el entero 0 se evalúan a `False` en el contexto de una condición.

Descontando esto, ¡este juego utiliza conceptos de programación que ya conocías! No necesitas saber mucho de programación para crear juegos interesantes. Sin embargo, esto está cerca de lo mejor que puedes lograr empleando sólo arte ASCII. El tablero utiliza casi toda la pantalla, y el juego no tiene colores.

Más adelante en este libro, aprenderemos a crear juegos con gráficos y animación, no sólo texto. Lograremos esto utilizando un módulo llamado Pygame, que agrega a Python nuevas funciones y características que nos permitirán usar más que sólo texto y entradas del teclado.

Capítulo 16

SIMULACIÓN DE IA PARA REVERSI

Temas Tratados En Este Capítulo:
- Simulaciones
- Porcentajes
- Gráficos de Torta
- División Entera
- La función `round()`
- Partidas "Computadora vs. Computadora"

El algoritmo de IA de Reversi es simple, pero consigue vencerme en casi todas las partidas. Esto es porque la computadora puede procesar instrucciones rápido, entonces comprobar todas las posiciones en el tablero y elegir la jugada que da el mayor puntaje es fácil para la computadora. Seguir este procedimiento a mano me tomaría demasiado tiempo.

El programa Reversi del Capítulo 14 tenía dos funciones, `obtenerJugadaJugador()` y `obtenerJugadaComputadora()`, las cuales devolvían una jugada en forma de lista [x, y] de dos elementos. Además ambas funciones tenían los mismos parámetros: la estructura de datos tablero y la baldosa correspondiente al jugador. `obtenerJugadaJugador()` decidía qué jugada [x, y] devolver permitiendo al jugador escribir sus coordenadas. `obtenerJugadaComputadora()` decidía qué jugada devolver ejecutando el algoritmo de IA de Reversi.

¿Qué pasa cuando reemplazamos la llamada a `obtenerJugadaJugador()` por una llamada a `obtenerJugadaComputadora()`? En este caso el jugador nunca ingresaría una jugada, sino que ¡la computadora lo haría por él! ¡La computadora estaría jugando contra sí misma!

Crearemos tres nuevos programas, cada uno basado en el programa Reversi del capítulo anterior:

- Crearemos *AISim1.py* a partir de *reversi.py*
- Crearemos *AISim2.py* a partir de *AISim1.py*
- Crearemos *AISim3.py* a partir de *AISim2.py*

Haciendo que la Computadora Juegue contra sí Misma

Para guardar el archivo *reversi.py* como *AISim1.py* haz clic en **File (Archivo)** ▶ **Save As (Guardar Como)**, y luego ingresa *AISim1.py* como nombre de archivo y haz clic en Guardar. Esto creará una copia del código fuente de Reversi en un nuevo archivo que podrás modificar sin que los cambios afecten al juego Reversi original (tal vez quieras volver a jugarlo). Cambia la siguiente línea en *AISim1.py*:

```
266.    jugada = obtenerJugadaJugador(tableroPrincipal, baldosaJugador)
```

Por esta otra (el cambio está en **negrita**):

```
266.    jugada = obtenerJugadaComputadora(tableroPrincipal, baldosaJugador)
```

Ahora ejecuta el programa. Observa que el juego aún te pregunta si quieres ser X u O, pero no te pedirá que ingreses ninguna jugada. Al haber reemplazado obtenerJugadaJugador(), ya no se llama al código que obtiene esta entrada del jugador. Todavía debes pulsar ENTER luego de las jugadas que originalmente correspondían a la computadora (debido a la instrucción input('Presiona enter para ver la jugada de la computadora.') en la línea 285), ¡pero la partida se juega sola!

Hagamos algunos otros cambios a *AISim1.py*. Todas las funciones que has definido para Reversi pueden permanecer iguales. Pero reemplacemos toda la sección principal del programa (de la línea 246 en adelante) por el código que se muestra a continuación. Aunque algo del código permanecerá igual, cambiaremos la mayor parte. Pero las líneas anteriores a 246 son las mismas que en el programa Reversi del capítulo anterior.

Si obtienes errores luego de escribir este código, compara lo que has escrito con el código del libro usando la herramienta diff online en http://invpy.com/es/diff/AISim1.

```
                                                            AISim1.py
246.    print('¡Bienvenido a Reversi!')
247.
248.    while True:
249.        # Reiniciar el tablero y la partida.
250.        tableroPrincipal = obtenerNuevoTablero()
251.        reiniciarTablero(tableroPrincipal)
252.        if quiénComienza() == 'jugador':
253.            turno = 'X'
254.        else:
255.            turno = 'O'
256.        print('La ' + turno + ' comenzará.')
```

```
257.
258.     while True:
259.         dibujarTablero(tableroPrincipal)
260.         puntajes = obtenerPuntajeTablero(tableroPrincipal)
261.         print('X ha obtenido %s puntos. O ha obtenido %s puntos.' %
(puntajes['X'], puntajes['O']))
262.         input('Presiona Enter para continuar.')
263.
264.         if turno == 'X':
265.             # Turno de X.
266.             otraBaldosa = 'O'
267.             x, y = obtenerJugadaComputadora(tableroPrincipal, 'X')
268.             hacerJugada(tableroPrincipal, 'X', x, y)
269.         else:
270.             # Turno de O.
271.             otraBaldosa = 'X'
272.             x, y = obtenerJugadaComputadora(tableroPrincipal, 'O')
273.             hacerJugada(tableroPrincipal, 'O', x, y)
274.
275.         if obtenerJugadasVálidas(tableroPrincipal, otraBaldosa) == []:
276.             break
277.         else:
278.             turno = otraBaldosa
279.
280.     # Mostrar el puntaje final.
281.     dibujarTablero(tableroPrincipal)
282.     puntajes = obtenerPuntajeTablero(tableroPrincipal)
283.     print('X ha obtenido %s puntos. O ha obtenido %s puntos.' %
(puntajes['X'], puntajes['O']))
284.
285.     if not jugarDeNuevo():
286.         sys.exit()
```

Cómo Funciona el Código de AISim1.py

El programa *AISim1.py* es prácticamente igual programa original Reversi, excepto que la llamada a obtenerJugadaJugador() ha sido reemplazada por una llamada a obtenerJugadaComputadora(). Ha habido también otros cambios menores al texto que se imprime en la pantalla para hacer que la partida sea más fácil de seguir.

Cuando ejecutas el programa *AISim1.py*, todo lo que puedes hacer es pulsar ENTER luego de cada turno hasta que la partida termine. Prueba ejecutar algunas partidas y observa a la computadora jugar contra sí misma. Ambos jugadores X y O usan el mismo algoritmo, de modo que es realmente cuestión de suerte quién gana. Cada jugador ganará aproximadamente la mitad de las veces.

Haciendo que la Computadora Juegue contra sí Misma Varias Veces

Pero ¿qué pasaría si creásemos un nuevo algoritmo? Entonces podríamos hacer jugar esta nueva IA contra la que hemos implementado en obtenerJugadaComputadora(), y ver cuál es mejor. Hagamos algunos cambios al código fuente. Haz lo siguiente para crear *AISim2.py*:

1. Haz clic en **File (Archivo) ▶ Save As (Guardar Como)**.
2. Guarda este archivo como *AISim2.py* de modo que puedas hacer cambios sin afectar a *AISim1.py*. (En este punto, *AISim1.py* y *AISim2.py* tendrán el mismo código.)
3. Haz cambios a *AISim2.py* y guarda ese archivo. (*AISim2.py* contendrá los nuevos cambios y *AISim1.py* mantendrá el código original, sin modificar.)

Añade el siguiente código. Los agregados están en negrita, y algunas líneas han sido eliminadas. Cuando hayas terminado de hacer cambios en el archivo, guárdalo como *AISim2.py*.

AISim2.py

Si obtienes errores luego de copiar este código, compáralo con el código del libro usando la herramienta diff online en http://invpy.com/es/diff/AISim2.

```
AISim2.py
246. print('¡Bienvenido a Reversi!')
247.
248. victoriasx = 0
249. victoriaso = 0
250. empates = 0
251. numPartidas = int(input('Ingresa el número de partidas a jugar: '))
252.
253. for partida in range(numPartidas):
254.     print('Partida #%s:' % (partida), end=' ')
255.     # Reiniciar el tablero y la partida.
256.     tableroPrincipal = obtenerNuevoTablero()
257.     reiniciarTablero(tableroPrincipal)
258.     if quiénComienza() == 'jugador':
259.         turno = 'X'
260.     else:
261.         turno = 'O'
262.
263.     while True:
264.         if turno == 'X':
265.             # Turno de X.
```

```
266.                  otraBaldosa = 'O'
267.                  x, y = obtenerJugadaComputadora(tableroPrincipal, 'X')
268.                  hacerJugada(tableroPrincipal, 'X', x, y)
269.              else:
270.                  # Turno de O.
271.                  otraBaldosa = 'X'
272.                  x, y = obtenerJugadaComputadora(tableroPrincipal, 'O')
273.                  hacerJugada(tableroPrincipal, 'O', x, y)
274.
275.              if obtenerJugadasVálidas(tableroPrincipal, otraBaldosa) == []:
276.                  break
277.              else:
278.                  turno = otraBaldosa
279.
280.          # Mostrar el puntaje final.
281.          puntajes = obtenerPuntajeTablero(tableroPrincipal)
282.          print('X ha obtenido %s puntos. O ha obtenido %s puntos.' %
(puntajes['X'], puntajes['O']))
283.
284.          if puntajes['X'] > puntajes['O']:
285.              victoriasx += 1
286.          elif puntajes['X'] < puntajes['O']:
287.              victoriaso += 1
288.          else:
289.              empates += 1
290.
291.     numPartidas = float(numPartidas)
292.     porcentajex = round(((victoriasx / numPartidas) * 100), 2)
293.     porcentajeo = round(((victoriaso / numPartidas) * 100), 2)
294.     porcentajeempate = round(((empates / numPartidas) * 100), 2)
295.     print('X ha ganado %s partidas (%s%%), O ha ganado %s partidas (%s%%),
empates en %s partidas (%s%%) sobre un total de %s partidas.' % (victoriasx,
porcentajex, victoriaso, porcentajeo, empates, porcentajeempate, numPartidas))
```

Cómo Funciona el Código de AISim2.py

Hemos agregado las variables victoriasx, victoriaso y empates en las líneas 248 a 250 para llevar un registro de cuántas veces gana X, cuántas gana O y cuántas veces se produce un empate. Las líneas 284 a 289 incrementan estas variables al final de cada partida, antes de que el bucle se reinicie con un nuevo juego.

Hemos eliminado del programa la mayoría de las llamadas a la función print(), así como las llamadas a dibujarTablero(). Cuando ejecutes *AISim2.py*, te preguntará cuántas partidas deseas simular. Ahora que hemos quitado la llamada a dibujarTablero() y reemplazado el bucle while True el bucle for partida in range(numPartidas):, el programa puede simular un número de partidas sin detenerse a esperar que el usuario escriba nada. Aquí hay una prueba de ejecución de diez partidas computadora vs. computadora de Reversi:

```
¡Bienvenido a Reversi!
Ingresa el número de partidas a jugar: 10
Partida #0: X ha obtenido 40 puntos. O ha obtenido 23 puntos.
Partida #1: X ha obtenido 24 puntos. O ha obtenido 39 puntos.
Partida #2: X ha obtenido 31 puntos. O ha obtenido 30 puntos.
Partida #3: X ha obtenido 41 puntos. O ha obtenido 23 puntos.
Partida #4: X ha obtenido 30 puntos. O ha obtenido 34 puntos.
Partida #5: X ha obtenido 37 puntos. O ha obtenido 27 puntos.
Partida #6: X ha obtenido 29 puntos. O ha obtenido 33 puntos.
Partida #7: X ha obtenido 31 puntos. O ha obtenido 33 puntos.
Partida #8: X ha obtenido 32 puntos. O ha obtenido 32 puntos.
Partida #9: X ha obtenido 41 puntos. O ha obtenido 22 puntos.
X ha ganado 5 partidas (50.0%), O ha ganado 4 partidas (40.0%), empates en 1
partidas (10.0%) sobre un total de 10.0 partidas.
```

Como los algoritmos tienen una componente aleatoria, puede ser que no obtengas exactamente los mismos números.

Imprimir cosas en la pantalla enlentece a la computadora, pero ahora que hemos eliminado ese código, la computadora puede jugar una partida completa de Reversi en uno o dos segundos. Piensa en esto. Cada vez que el programa imprime una de esas líneas con el puntaje final significa que ha jugado una partida completa (que son alrededor de cincuenta o sesenta jugadas, cada una de las cuales ha sido cuidadosamente comprobada para verificar que da la mayor cantidad posible de puntos).

Porcentajes

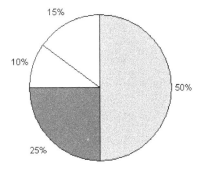

Figura 16-1: Un gráfico de torta con porciones de 10%, 15%, 25% y 50%.

Los **porcentajes** son una porción de una cantidad total, y están comprendidos entre 0% y 100%. Si tienes el 100% de una torta, quiere decir que tienes toda la torta. Si tienes el 0% de una torta, significa que no tienes torta en absoluto. 50% de la torta corresponde a la mitad de la torta. Una torta es una imagen de uso común cuando hablamos de porcentajes. De hecho, hay un tipo de gráfico llamado **gráfico de torta** que muestra a qué fracción del total corresponde una dada porción. La Figura 16-1 muestra un gráfico de torta dividido en porciones de 10%, 15%, 25% y 50%. Nota que la suma de 10% + 15% + 25% + 50% da un total de 100%: una torta entera.

Podemos calcular el porcentaje a través de una división. Para obtener un porcentaje, divide la parte que tienes por el total, y multiplica ese resultado por cien. Por ejemplo, si X ha ganado 50 partidas de 100, puedes calcular la expresión 50 / 100, que da como resultado 0.5. Multiplica este resultado por 100 para obtener un porcentaje (en este caso, 50%).

Observa que si X hubiese ganado 100 partidas de 200, podrías calcular el porcentaje dividiendo 100 / 200, que también se evaluaría a 0.5. Al multiplicar 0.5 por 100 para obtener el porcentaje, volverías a obtener 50%. Ganar 100 partidas de 200 es el mismo porcentaje (es decir, la misma porción) que ganar 50 juegos de 100.

La División se Evalúa a Punto Flotante

Es importante destacar que cuando al usar el operador / división, la expresión siempre se evaluará a un número de punto flotante. Por ejemplo, la expresión 10 / 2 se evaluará al valor de punto flotante 5.0, no al valor entero 5.

Es importante recordar esto, porque sumar un entero a un valor de punto flotante con el operador + suma también se evaluará siempre a un valor de punto flotante. Por ejemplo, 3 + 4.0 se evaluará al valor de punto flotante 7.0 y no al entero 7.

Prueba ingresar el siguiente código en la consola interactiva:

```
>>> spam = 100 / 4
>>> spam
25.0
>>> spam = spam + 20
>>> spam
45.0
```

Observa que en el ejemplo de arriba, el tipo de datos del valor almacenado en spam es siempre un valor de punto flotante. Puedes pasar el valor de punto flotante a la función int(), la cuál devolverá una forma entera del valor de punto flotante. Pero esto siempre redondeará el valor de punto flotante hacia abajo. Por ejemplo, las expresiones int(4.0), int(4.2) e int(4.9) se evaluarán a 4, y nunca a 5.

La función round()

La función round() redondeará un número float al float entero más cercano. Prueba ingresar lo siguiente en la consola interactiva:

```
>>> round(10.0)
10.0
>>> round(10.2)
10.0
>>> round(8.7)
9.0
>>> round(3.4999)
3.0
>>> round(2.5422, 2)
2.54
```

La función round() también tiene un parámetro opcional, donde puedes especificar hasta qué lugar quieres redondear el número. Por ejemplo, la expresión round(2.5422, 2) se evalúa a 2.54 y round(2.5422, 3) se evalúa a 2.542.

Mostrando las Estadísticas

```
291. numPartidas = float(numPartidas)
292. porcentajex = round(((victoriasx / numPartidas) * 100), 2)
293. porcentajeo = round(((victoriaso / numPartidas) * 100), 2)
294. porcentajeempate = round(((empates / numPartidas) * 100), 2)
295. print('X ha ganado %s partidas (%s%%), O ha ganado %s partidas (%s%%),
empates en %s partidas (%s%%) sobre un total de %s partidas.' % (victoriasx,
porcentajex, victoriaso, porcentajeo, empates, porcentajeempate, numPartidas))
```

El código al final del programa muestra al usuario cuántas veces han ganado X y O, cuántas veces han empatado, y a qué porcentajes corresponden estos números. Estadísticamente, cuantas más partidas simules, más exactos serán tus resultados para indicar cuál es el mejor algoritmo IA. Si sólo simulas diez partidas y X gana 3 de ellas, parecerá que el algoritmo de X gana sólo el 30% de las veces. Sin embargo, si simulases cien, o incluso mil partidas, probablemente veas que el algoritmo de X gana cerca del 50% (es decir, la mitad) de las partidas.

Para hallar los porcentajes, divide el número de victorias o empates por el número total de partidas. Luego, multiplica el resultado por 100. Aquí es posible que llegues a un número como 66.66666666666667. Entonces pasa este número a la función round() utilizando 2 como segundo parámetro para limitar la precisión a dos lugares decimales, de modo que devuelva en su lugar un float como 66.67 (el cual es mucho más legible).

Probemos otro experimento. Ejecuta *AISim2.py* de nuevo, pero esta vez hazlo simular 100 juegos:

Prueba de Ejecución de AISim2.py

```
¡Bienvenido a Reversi!
Ingresa el número de partidas a jugar: 100
Partida #0: X ha obtenido 42 puntos. O ha obtenido 18 puntos.
Partida #1: X ha obtenido 26 puntos. O ha obtenido 37 puntos.
Partida #2: X ha obtenido 34 puntos. O ha obtenido 29 puntos.
Partida #3: X ha obtenido 40 puntos. O ha obtenido 24 puntos.

...omitido por brevedad...

Partida #96: X ha obtenido 22 puntos. O ha obtenido 39 puntos.
Partida #97: X ha obtenido 38 puntos. O ha obtenido 26 puntos.
Partida #98: X ha obtenido 35 puntos. O ha obtenido 28 puntos.
Partida #99: X ha obtenido 24 puntos. O ha obtenido 40 puntos.
X ha ganado 46 partidas (46.0%), O ha ganado 52 partidas (52.0%), empates en 2
partidas (2.0%) sobre un total de 100.0 partidas.
```

Dependiendo de qué tan rápida sea tu computadora, esto puede llegar a tomar un par de minutos. Puedes ver que los resultados de los cien juegos tienden a ser mitad y mitad, ya que tanto X como O están usando el mismo algoritmo.

Comparando Diferentes Algoritmos IA

Vamos a agregar algunas nuevas funciones con algoritmos nuevos. Pero primero hagamos clic en **File (Archivo)** ▶ **Save As (Guardar Como)**, y guardemos este archivo como *AISim3.py*. Agrega las siguientes funciones antes de la línea print('¡Bienvenido a Reversi!').

AISim3.py

Si obtienes errores luego de escribir este código, compáralo con el código fuente del libro usando la herramienta diff online en http://invpy.com/es/diff/AISim3.

```
                                                              AISim3.py
245.  def obtenerJugadaAleatoria(tablero, baldosa):
246.      # Devuelve una jugada al azar.
247.      return random.choice(obtenerJugadasVálidas(tablero, baldosa))
248.
249.
250.  def esBorde(x, y):
251.      return x == 0 or x == 7 or y == 0 or y == 7
252.
```

```
253.
254.   def obtenerEsquinaBordeMejorJugada(tablero, baldosa):
255.       # Devuelve una jugada sobre una esquina, lado o la mejor jugada.
256.       jugadasPosibles = obtenerJugadasVálidas(tablero, baldosa)
257.
258.       # Ordena al azar las jugadas posibles.
259.       random.shuffle(jugadasPosibles)
260.
261.       # Ordena al azar las jugadas posibles.
262.       for x, y in jugadasPosibles:
263.           if esEsquina(x, y):
264.               return [x, y]
265.
266.       # Siempre ir por una esquina de ser posible.
267.       for x, y in jugadasPosibles:
268.           if esBorde(x, y):
269.               return [x, y]
270.
271.       return obtenerJugadaComputadora(tablero, baldosa)
272.
273.
274.   def obtenerBordeMejorJugada(tablero, baldosa):
275.       # Devuelve una jugada a una esquina, un lado o la mejor jugada
posible.
276.       jugadasPosibles = obtenerJugadasVálidas(tablero, baldosa)
277.
278.       # Ordena al azar las jugadas posibles.
279.       random.shuffle(jugadasPosibles)
280.
281.       # Devuelve una jugada sobre un borde de ser posible.
282.       for x, y in jugadasPosibles:
283.           if esBorde(x, y):
284.               return [x, y]
285.
286.       return obtenerJugadaComputadora(tablero, baldosa)
287.
288.
289.   def obtenerPeorJugada(tablero, baldosa):
290.       # Devuelve la jugada que que convierta la menor cantidad de baldosas.
291.       jugadasPosibles = obtenerJugadasVálidas(tablero, baldosa)
292.
293.       # Ordena al azar las jugadas posibles.
294.       random.shuffle(jugadasPosibles)
295.
296.       # Recorre todas las jugadas posibles y recuerda la de mejor puntaje.
297.       peorPuntaje = 64
298.       for x, y in jugadasPosibles:
```

```
299.            réplicaTablero = obtenerCopiaTablero(tablero)
300.            hacerJugada(réplicaTablero, baldosa, x, y)
301.            puntaje = obtenerPuntajeTablero(réplicaTablero)[baldosa]
302.            if puntaje < peorPuntaje:
303.                peorJugada = [x, y]
304.                peorPuntaje = score
305.
306.        return peorJugada
307.
308.
309.    def obtenerEsquinaPeorJugada(tablero, baldosa):
310.        # Devuelve la esquina, el especio o la jugada que convierta la menor
cantidad de baldosas.
311.        jugadasPosibles = obtenerJugadasVálidas(tablero, baldosa)
312.
313.        # randomize the order of the possible moves
314.        random.shuffle(possibleMoves)
315.
316.        # Ordena al azar las jugadas posibles.
317.        for x, y in jugadasPosibles:
318.            if esEsquina(x, y):
319.                return [x, y]
320.
321.        return obtenerPeorJugada(tablero, baldosa)
322.
323.
324.
325.    print('¡Bienvenido a Reversi!')
```

Cómo Funciona el Código de AISim3.py

Muchas de estas funciones son similares entre sí, y algunas de ellas usan la nueva función esBorde(). Aquí hay un recuento de los nuevos algoritmos que hemos creado:

Tabla 17-1: Funciones usadas para nuestra IA Reversi.

Function	Description
obtenerJugadaAleatoria()	Elige al azar una jugada válida.
obtenerEsquinaBordeMejorJugada()	Juega en una esquina si hay alguna disponible. Si no hay esquinas, juega sobre un borde. Si no hay bordes disponibles, usa el algoritmo obtenerJugadaComputadora().
obtenerBordeMejorJugada()	Toma un espacio sobre un borde si hay alguno disponible. Si no los hay, usa el algoritmo obtenerJugadaComputadora(). Esto quiere decir que se prefiere jugar sobre un borde antes que sobre una esquina.
obtenerPeorJugada()	Elige el espacio que resulta en la menor cantidad de baldosas convertidas.
obtenerEsquinaPeorJugada()	Juega sobre una esquina, si hay alguna disponible. Si no hay ninguna, usa el algoritmo obtenerPeorJugada().

Comparando el Algoritmo Aleatorio contra el Algoritmo Regular

Ahora lo único que queda por hacer es reemplazar una de las llamadas a obtenerJugadaComputadora() en la parte principal del programa por una de las nuevas funciones. Luego puedes simular varias partidas y ver con qué frecuencia un algoritmo vence al otro. Primero, reemplacemos el algoritmo de O por obtenerJugadaAleatoria() en la línea 351:

```
351.                  x, y = obtenerJugadaAleatoria(tableroPrincipal, 'O')
```

Ahora cuando ejecutes el programa con cien juegos, se verá aproximadamente así:

```
¡Bienvenido a Reversi!
Ingresa el número de partidas a jugar: 100
Partida #0: X ha obtenido 25 puntos. O ha obtenido 38 puntos.
Partida #1: X ha obtenido 32 puntos. O ha obtenido 32 puntos.
Partida #2: X ha obtenido 15 puntos. O ha obtenido 0 puntos.

...omitido por brevedad...

Partida #97: X ha obtenido 41 puntos. O ha obtenido 23 puntos.
Partida #98: X ha obtenido 33 puntos. O ha obtenido 31 puntos.
```

```
Partida #99: X ha obtenido 45 puntos. O ha obtenido 19 puntos.
X ha ganado 84 partidas (84.0%), O ha ganado 15 partidas (15.0%), empates en 1
partidas (1.0%) sobre un total de 100.0 partidas.
```

¡Vaya! X ha ganado muchas más partidas que O. Esto quiere decir que el algoritmo de
obtenerJugadaComputadora() (jugar sobre las esquinas disponibles, o de otro modo tomar la
jugada que convierta la mayor cantidad de baldosas) ha ganado más partidas que el algoritmo de
obtenerJugadaAleatoria() (que elige jugadas al azar). Esto tiene sentido, ya que hacer
elecciones inteligentes suele ser mejor que simplemente jugar al azar.

Comparando el Algoritmo Aleatorio contra sí Mismo

¿Y qué pasaría si cambiásemos el algoritmo de X para que también usase
obtenerJugadaAleatoria()? Averigüémoslo cambiando obtenerJugadaComputadora() por
obtenerJugadaAleatoria() en la llamada a la función de X en la línea 346 y ejecutando el
programa otra vez.

```
¡Bienvenido a Reversi!
Ingresa el número de partidas a jugar: 100
Partida #0: X ha obtenido 37 puntos. O ha obtenido 24 puntos.
Partida #1: X ha obtenido 19 puntos. O ha obtenido 45 puntos.

...omitido por brevedad...

Partida #98: X ha obtenido 27 puntos. O ha obtenido 37 puntos.
Partida #99: X ha obtenido 38 puntos. O ha obtenido 22 puntos.
X ha ganado 42 partidas (42.0%), O ha ganado 54 partidas (54.0%), empates en 4
partidas (4.0%) sobre un total de 100.0 partidas.
```

Como puedes ver, cuando ambos jugadores juegan al azar cada uno gana aproximadamente el
50% de las veces. (En el caso de arriba, O parece haber tenido suerte ya que ganó algo más que la
mitad de las partidas.)

Así como jugar en las esquinas es una buena idea porque estas fichas no pueden ser
reconvertidas, jugar sobre los bordes también puede ser una buena idea. Sobre los lados, una
baldosa tiene el borde del tablero y no está tan expuesta como las otras fichas. Las esquinas
siguen siendo preferibles a los bordes, pero jugar sobre los lados (incluso cuando haya una
movida que puede convertir más fichas) puede ser una buena estrategia.

Comparando el Algoritmo Regular contra el Algoritmo EsquinaBordeMejor

Cambiemos el algoritmo de X en la línea 346 por la función `obtenerJugadaComputadora()` (el algoritmo original) y el algoritmo de O en la línea 351 por `obtenerEsquinaBordeMejorJugada()` (que primero intenta jugar en una esquina, luego sobre un lado y finalmente toma la mejor jugada restante), y simulemos cien juegos para ver cuál es mejor. Prueba cambiar las llamadas a las funciones y ejecutar el programa de nuevo.

```
¡Bienvenido a Reversi!
Ingresa el número de partidas a jugar: 100
Partida #0: X ha obtenido 52 puntos. O ha obtenido 12 puntos.
Partida #1: X ha obtenido 10 puntos. O ha obtenido 54 puntos.

...omitido por brevedad...

Partida #98: X ha obtenido 41 puntos. O ha obtenido 23 puntos.
Partida #99: X ha obtenido 46 puntos. O ha obtenido 13 puntos.
X ha ganado 65 partidas (65.0%), O ha ganado 31 partidas (31.0%), empates en 4
partidas (4.0%) sobre un total de 100.0 partidas.
```

¡Vaya! Eso fue inesperado. Parece que elegir una jugada sobre el borde antes que una jugada que convierte más baldosas es una mala estrategia. El beneficio de jugar sobre el borde es menor que el costo de convertir menos baldosas del oponente. ¿Podemos confiar en estos resultados? Ejecutemos el programa de nuevo, pero juguemos mil partidas esta vez. Es posible que esto tome algunos minutos en tu computadora (¡pero tomaría semanas si quisieras hacerlo a mano!) Intenta cambiar las llamadas a las funciones y ejecutar de nuevo el programa.

```
¡Bienvenido a Reversi!
Ingresa el número de partidas a jugar: 1000
Partida #0: X ha obtenido 20 puntos. O ha obtenido 44 puntos.
Partida #1: X ha obtenido 54 puntos. O ha obtenido 9 puntos.

...omitido por brevedad...

Partida #998: X ha obtenido 38 puntos. O ha obtenido 23 puntos.
Partida #999: X ha obtenido 38 puntos. O ha obtenido 26 puntos.
X ha ganado 611 partidas (61.1%), O ha ganado 363 partidas (36.3%), empates en
26 partidas (2.6%) sobre un total de 1000.0 partidas.
```

La estadística de mayor precisión correspondiente a una ejecución de mil partidas es aproximadamente la misma que la estadística de la ejecución de cien partidas. Parece ser que elegir una jugada que convierte más baldosas es mejor idea que jugar sobre un borde.

Comparando el Algoritmo Regular contra el Algoritmo Peor

Ahora usemos obtenerJugadaComputadora() en la línea 346 para el algoritmo del jugador X y obtenerPeorJugada() en la línea 351 para el algoritmo del jugador O (este último elige la jugada que convierte la menor cantidad de fichas), y simulemos cien partidas. Prueba cambiar las llamadas a las funciones y ejecutar el programa de nuevo.

```
¡Bienvenido a Reversi!
Ingresa el número de partidas a jugar: 100
Partida #0: X ha obtenido 50 puntos. O ha obtenido 14 puntos.
Partida #1: X ha obtenido 38 puntos. O ha obtenido 8 puntos.

...omitido por brevedad...

Partida #98: X ha obtenido 36 puntos. O ha obtenido 16 puntos.
Partida #99: X ha obtenido 19 puntos. O ha obtenido 0 puntos.
X ha ganado 98 partidas (98.0%), O ha ganado 2 partidas (2.0%), empates en 0
partidas (0.0%) sobre un total de 100.0 partidas.
```

¡Vaya! El algoritmo en obtenerPeorJugada(), que siempre elige la jugada que convierte el menor número de baldosas, perderá casi siempre contra el algoritmo regular. Esto realmente no es sorprendente. (De hecho, ¡es sorprendente que esta estrategia haya conseguido ganar incluso un 2% de las partidas!)

Comparando el Algoritmo Regular contra el Algoritmo EsquinaPeor

¿Qué tal si reemplazamos obtener obtenerPeorJugada() en la línea 351 por obtenerEsquinaPeorJugada()? Este es el mismo algoritmo, excepto que toma cualquier posición disponible sobre una esquina antes de elegir la peor jugada. Prueba cambiar la llamada a la función y ejecutar de nuevo el programa.

```
¡Bienvenido a Reversi!
Ingresa el número de partidas a jugar: 100
Partida #0: X ha obtenido 36 puntos. O ha obtenido 7 puntos.
Partida #1: X ha obtenido 44 puntos. O ha obtenido 19 puntos.

...omitido por brevedad...

Partida #98: X ha obtenido 47 puntos. O ha obtenido 17 puntos.
Partida #99: X ha obtenido 36 puntos. O ha obtenido 18 puntos.
X ha ganado 94 partidas (94.0%), O ha ganado 6 partidas (6.0%), empates en 0
partidas (0.0%) sobre un total de 100.0 partidas.
```

El algoritmo `obtenerEsquinaPeorJugada()` aún pierde la mayoría de las partidas, pero parece ganar algunas más que `obtenerPeorJugada()` (6% comparado con un 2% del anterior). ¿Hace realmente una diferencia el jugar sobre las esquinas cuando están disponibles?

Comparando el Algoritmo Peor contra el Algoritmo EsquinaPeor

Podemos comprobar esto asignando `obtenerPeorJugada()` al algoritmo de X y `obtenerEsquinaPeorJugada()` al algoritmo de O, y luego ejecutando el programa. Prueba cambiar las llamadas a las funciones y ejecutar de nuevo el programa.

```
¡Bienvenido a Reversi!
Ingresa el número de partidas a jugar: 100
Partida #0: X ha obtenido 25 puntos. O ha obtenido 39 puntos.
Partida #1: X ha obtenido 26 puntos. O ha obtenido 33 puntos.

...omitido por brevedad...

Partida #98: X ha obtenido 36 puntos. O ha obtenido 25 puntos.
Partida #99: X ha obtenido 29 puntos. O ha obtenido 35 puntos.
X ha ganado 32 partidas (32.0%), O ha ganado 67 partidas (67.0%), empates en 1
partidas (1.0%) sobre un total de 100.0 partidas.
```

Efectivamente, incluso cuando en el resto de los casos estamos tomando la peor jugada, parece ser que jugar sobre las esquinas resulta en un mayor número de victorias. A pesar de que hemos comprobado que jugar sobre un borde hace que pierdas más frecuentemente, jugar sobre las esquinas siempre es una buena idea.

Resumen

Este capítulo no se ha tratado realmente de ningún juego nuevo, sino que ha presentado el modelado de varias estrategias para Reversi. Si quisiésemos comprobar a mano la efectividad de una estrategia tendríamos que pasar semanas, incluso meses, ejecutando cuidadosamente partidas de Reversi a mano y anotando los resultados. Pero si sabemos cómo programar una computadora para jugar Reversi, entonces podemos hacer que simule partidas por nosotros utilizando estas estrategias. Si piensas en esto, ¡verás que la computadora ejecuta millones de líneas de nuestro programa de Python en segundos! Tus experimentos con la simulación de Reversi pueden incluso ayudarte a mejorar tu estrategia para jugar Reversi en la vida real.

De hecho, este capítulo podría ser un buen proyecto para una feria de ciencias. El problema aquí es averiguar qué conjunto de jugadas consigue el mayor número de victorias contra otros conjuntos de jugadas, y elaborar una hipótesis sobre cuál es la mejor estrategia. Después de ejecutar varias simulaciones, puedes determinar qué estrategia funciona mejor. ¡Usando programación puedes convertir en un proyecto de feria de ciencias la simulación de cualquier juego de mesa! Y todo gracias a que sabes cómo dar instrucciones a la computadora para hacerlo, paso por paso, línea por línea. Puedes hablar el idioma de la computadora, y conseguir que haga por tí una enorme cantidad de procesamiento de datos y cálculo de números.

Eso ha sido lo último que veremos en este libro sobre juegos basados en texto. Los juegos que sólo utilizan texto pueden ser divertidos, incluso a pesar de ser simples. Pero la mayoría de los juegos modernos usan gráficos, sonido y animación para crear juegos con mucho más atractivo visual. En el resto de los capítulos de este libro, aprenderemos a crear juegos con gráficos usando un módulo de Python llamado Pygame.

Capítulo 17

GRÁFICOS Y ANIMACIÓN

Temas Tratados En Este Capítulo:
- Instalando Pygame
- Colores y Fuentes en Pygame
- Gráficos distorsionados y Anti-Aliasing
- Atributos
- Los Tipos de Datos `pygame.font.Font`, `pygame.Surface`, `pygame.Rect` y `pygame.PixelArray`
- Función Constructor
- Las Funciones de Dibujo de Pygame
- El Método `blit()` para Objetos Surface
- Eventos
- Animación

Hasta ahora, todos nuestros juegos han usado sólo texto. El texto es presentado en la pantalla como salida, y el jugador escribe texto mediante el teclado como entrada. Usar sólo texto hace que programar sea fácil de aprender. Pero en este capítulo crearemos juegos más emocionantes con gráficos y sonidos avanzados usando el módulo Pygame.

Los capítulos 17, 18 y 19 te enseñan a usar Pygame para crear juegos con gráficos, animación, entrada mediante el ratón y sonido. En estos capítulos escribiremos código fuente para programas simples que no son juegos pero demuestran los conceptos de Pygame que iremos aprendiendo. El juego en el capítulo 20 usará todos estos conceptos juntos para crear un juego.

Instalando Pygame

Pygame no viene con Python. Igual que Python, Pygame puede descargarse gratis. En un navegador, ve a la URL http://invpy.org/downloadpygame y descarga el archivo de instalación de Pygame para tu sistema operativo y versión de Python.

Abre el archivo de instalación luego de descargarlo, y sigue las instrucciones hasta concluir la instalación de Pygame. Para comprobar que Pygame esté correctamente instalado, escribe lo siguiente en la consola interactiva:

```
>>> import pygame
```

Si no aparece nada luego de haber pulsado la tecla INTRO, significa que Pygame se ha instalado correctamente. Si aparece el error ImportError: No module named pygame, intenta volver a instalar Pygame (y asegúrate de haber escrito import pygame correctamente).

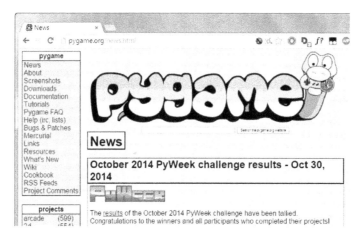

Figura 17-1: El sitio web pygame.org.

El sitio web Pygame en http://pygame.org contiene información acerca de cómo usar Pygame, así como también otros juegos hechos con Pygame. La Figura 17-1 muestra el sitio Pygame.

Hola Mundo en Pygame

El primer programa Pygame es un nuevo programa "¡Hola Mundo!" como el que has creado al principio de este libro. Esta vez, usarás Pygame para hacer que aparezca "¡Hola mundo!" en una ventana gráfica en lugar de ser sólo texto.

Pygame no funciona bien con la consola interactiva. Por esta razón, es posible escribir programas Pygame pero no se puede enviar instrucciones una a la vez a Pygame a través de la consola interativa.

Los programas de Pygame tampoco utilizan la función input(). No hay entrada y salida de texto. En su lugar, el programa muestra su salida en una ventana dibujando gráficos y texto en la ventana. La entrada de un programa de Pygame proviene del teclado y el ratón a través de cosas llamadas eventos. Los eventos se explican en el próximo capítulo.

Código Fuente de Hola Mundo

Escribe el siguiente código en el editor de archivos, y guárdalo como *pygameHolaMundo.py*. Si obtienes errores luego de escribir el código, compara lo que has escrito con el código del libro usando la herramienta diff online en http://invpy.com/es/diff/pygameHolaMundo.

```
                                                    pygameHolaMundo.py
 1.  import pygame, sys
 2.  from pygame.locals import *
 3.
 4.  # configurar pygame
 5.  pygame.init()
 6.
 7.  # configurar la ventana
 8.  superficieVentana = pygame.display.set_mode((500, 400), 0, 32)
 9.  pygame.display.set_caption('¡Hola mundo!')
10.
11.  # configurar los colores
12.  NEGRO = (0, 0, 0)
13.  BLANCO = (255, 255, 255)
14.  ROJO  = (255, 0, 0)
15.  VERDE = (0, 255, 0)
16.  AZUL = (0, 0, 255)
17.
18.  # configurar fuentes
19.  fuenteBásica = pygame.font.SysFont(None, 48)
20.
21.  # configurar el texto
22.  texto = fuenteBásica.render('¡Hola mundo!', True, BLANCO, AZUL)
23.  textRect = texto.get_rect()
24.  textRect.centerx = superficieVentana.get_rect().centerx
25.  textRect.centery = superficieVentana.get_rect().centery
26.
27.  # pintar un fondo blanco sobre la ventana
28.  superficieVentana.fill(BLANCO)
29.
30.  # dibujar un polígono verde sobre la superficie
31.  pygame.draw.polygon(superficieVentana, VERDE, ((146, 0), (291, 106), (236,
277), (56, 277), (0, 106)))
32.
33.  # dibujar algunas líneas azules sobre la superficie
34.  pygame.draw.line(superficieVentana, AZUL, (60, 60), (120, 60), 4)
35.  pygame.draw.line(superficieVentana, AZUL, (120, 60), (60, 120))
36.  pygame.draw.line(superficieVentana, AZUL, (60, 120), (120, 120), 4)
37.
38.  # dibujar un círculo azul sobre la superficie
39.  pygame.draw.circle(superficieVentana, AZUL, (300, 50), 20, 0)
40.
41.  # dibujar una elipse roja sobre la superficie
42.  pygame.draw.ellipse(superficieVentana, ROJO, (300, 250, 40, 80), 1)
43.
44.  # dibujar el rectángulo de fondo para el texto sobre la superficie
```

```
45. pygame.draw.rect(superficieVentana, ROJO, (textRect.left - 20, textRect.top
- 20, textRect.width + 40, textRect.height + 40))
46.
47. # obtener un arreglo de pixeles de la superficie
48. arregloDePíxeles = pygame.PixelArray(superficieVentana)
49. arregloDePíxeles[480][380] = NEGRO
50. del arregloDePíxeles
51.
52. # dibujar el texto sobre la superficie
53. superficieVentana.blit(texto, textRect)
54.
55. # dibujar la ventana sobre la pantalla
56. pygame.display.update()
57.
58. # ejecutar el bucle del juego
59. while True:
60.     for event in pygame.event.get():
61.         if event.type == QUIT:
62.             pygame.quit()
63.             sys.exit()
```

Ejecutando el Programa Hola Mundo

Al ejecutar este programa, deberías ver aparecer una nueva ventana como la de la Figura 17-2.

Lo bueno de usar una ventana en lugar de una consola es que el texto puede aparecer en cualquier lugar de la ventana, no sólo a continuación del último texto que se ha mostrado. El texto puede ser de cualquier tamaño y color. La ventana es como un lienzo de pintura en blanco, y puedes dibujarle encima lo que quieras.

Importando el Módulo Pygame

Recorramos estas líneas de código y veamos lo que hacen.

```
1. import pygame, sys
2. from pygame.locals import *
```

Figura 17-2: El programa "Hola Mundo".

Primero necesitas importar el módulo pygame para poder llamar a las funciones de Pygame. Puedes importar varios módulos en la misma línea separando los nombres de los mismos con comas. La línea 1 importa los módulos pygame y sys.

La segunda línea importa el módulo pygame.locals. Este módulo contiene muchas variables constantes que usarás con Pygame, tales como QUIT or K_ESCAPE (explicadas más adelante). Sin embargo, usando la fórmula from moduleName import * puedes importar el módulo pygame.locals de forma que no sea necesario escribir pygame.locals delante de cada una de las constantes del módulo.

Si usaras from sys import * en lugar de import sys en tu programa, tendrías que llamar a exit() en lugar de sys.exit() en tu código. Pero la mayoría de las veces es mejor usar el nombre completo de la función para tener claro en qué módulo se encuentra la función.

La Función *pygame.init()*

```
4. # configurar pygame
5.   pygame.init()
```

Todos los programas de Pygame deben llamar a la función pygame.init() luego de haber importado el módulo pygame, pero antes de llamar a cualquier otra función de Pygame. Esto realiza los pasos necesarios para la inicialización de Pygame.

Tuplas

Los valores de tuplas son similares a las listas, excepto que utilizan paréntesis en lugar de corchetes. Además, como las cadenas, las tuplas no pueden ser modificadas. Por ejemplo, prueba escribir lo siguiente en la consola interactiva:

```
>>> spam = ('Vida', 'Universo', 'Todo', 42)
>>> spam[0]
'Vida'
>>> spam[3]
42
>>> spam[1:3]
('Universo', 'Todo')
```

Las Funciones `pygame.display.set_mode()` **y** `pygame.display.set_caption()`

```
7. # configurar la ventana
8. superficieVentana = pygame.display.set_mode((500, 400), 0, 32)
9. pygame.display.set_caption('¡Hola mundo!')
```

La línea 8 crea una ventana GUI al llamar al método `set_mode()` en el módulo `pygame.display`. (El módulo `display` es un módulo contenido dentro del módulo `pygame`. ¡El módulo `pygame` tiene hasta sus propios módulos!)

Un píxel es el punto más pequeño en la pantalla de tu computadora. Cada píxel puede iluminarse con cualquier color. Todos los píxeles de tu pantalla trabajan juntos para mostrar todas las imágenes que ves. Para crear una ventana de 500 píxeles de ancho por 400 píxeles de alto, se usa la tupla `(500, 400)` como el primer parámetro de `pygame.display.set_mode()`.

Se usan tres parámetros para el método `set_mode()`. El primero es una tupla de dos enteros para el ancho y alto de la ventana, en píxeles. El segundo y tercer parámetro son opciones avanzadas que no trataremos en este libro. Sólo pasa `0` y `32` respectivamente.

La función `set_mode()` devuelve un objeto `pygame.Surface` (al cual aquí llamaremos objeto `Surface` por brevedad). **Objeto** es sólo otro nombre para un valor de un tipo de datos que tiene métodos asociados. Por ejemplo, las cadenas son objetos en Python porque tienen datos (la cadena en sí misma) y métodos (tales como `lower()` y `split()`). El objeto `Surface` representa la ventana.

Las variables guardan referencias a objetos igual que podrían guardar referencias a listas y diccionarios. La sección Referencias en el capítulo 10 explica lo que son las referencias.

Colores RVA

```
11. # configurar los colores
12. NEGRO = (0, 0, 0)
13. BLANCO = (255, 255, 255)
14. ROJO  = (255, 0, 0)
15. VERDE = (0, 255, 0)
```

```
16.  AZUL = (0, 0, 255)
```

Tabla 17-1: Colores y sus valores RVA.

Color	Valores RVA
Negro	(0, 0, 0)
Azul	(0, 0, 255)
Gris	(128, 128, 128)
Verde	(0, 128, 0)
Lima	(0, 255, 0)
Púrpura	(128, 0, 128)
Rojo	(255, 0, 0)
Turquesa	(0, 128, 128)
Blanco	(255, 255, 255)
Amarillo	(255, 255, 0)

Hay tres colores primarios de luz: rojo, verde y azul. Combinando diferentes cantidades de estos tres colores (que es lo que hace tu pantalla hace) puedes formar cualquier otro color. En Pygame, las estructuras de datos que representan un color son tuplas de tres enteros. Se las llama valores de **Color RVA** (en inglés, RGB por red, green, blue).

El primer valor en la tupla es la cantidad de rojo en el color. Un valor de 0 significa que no hay rojo en este color, y un valor de 255 significa que está presente la máxima cantidad de rojo en el color. Los valores segundo y tercero corresponden a la cantidad de verde y azul respectivamente. Estos enteros forman una tupla RGB.

Por ejemplo, la tupla (0, 0, 0) no tiene nada de rojo, verde o azul. El color resultante es negro puro. La tupla (255, 255, 255) tiene el máximo de rojo, verde y azul, resultando en blanco.

La tupla (255, 0, 0) representa el máximo de rojo pero nada de verde o azul, luego el color resultante es rojo. Similarmente, (0, 255, 0) es verde y (0, 0, 255) es azul.

Puedes mezclar la cantidad de rojo, verde y azul para obtener cualquier matiz de cualquier color. La Tabla 17-1 tiene algunos colores comunes y sus valores RGB. La página web http://invpy.com/colors muestra otros valores de tuplas para diferentes colores.

Fuentes, y la Función pygame.font.SysFont()

```
18.  # configurar fuentes
19.  fuenteBásica = pygame.font.SysFont(None, 48)
```

¡Programar es divertido!
¡Programar es divertido!
¡PROGRAMAR ES DIVERTIDO!
¡Programar es divertido!
¡Programar es divertido!

Figura 17-3: Ejemplos de diferentes fuentes.

Una fuente es un conjunto completo de letras, números, símbolos y caracteres dibujados en el mismo estilo. La Figura 17-3 muestra la misma oración escrita en diferentes fuentes.

En nuestros juegos anteriores, sólo hicimos que Python imprimiera texto. El color, tamaño y fuente que se usaba para mostrar este texto estaba completamente determinado por tu sistema operativo. El programa Python no podía cambiar la fuente. Sin embargo, Pygame puede dibujar texto en cualquier fuente de tu computadora.

La línea 19 crea un objeto pygame.font.Font (llamado objeto Font para abreviar) llamando a la función pygame.font.SysFont(). El primer parámetro es el nombre de la fuente, pero le pasaremos el valor None para usar la fuente del sistema por defecto. El segundo parámetro es el tamaño de la fuente (que se mide en unidades llamadas *puntos*).

El Método render() para Objetos Font

```
21. # configurar el texto
22. texto = fuenteBásica.render('¡Hola mundo!', True, BLANCO, AZUL)
23. textRect = texto.get_rect()
```

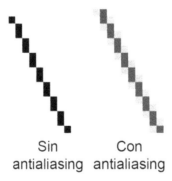

Sin   Con
antialiasing antialiasing

Figura 17-4: Una vista aumentada de una línea sin antialiasing y otra con antialiasing.

El objeto Font que has guardado en la variable fuenteBásica tiene un método llamado render(). Este método devolverá un objeto Surface con el texto dibujado sobre él. El primer parámetro de render() es la cadena de texto a dibujar. El segundo parámetro es un Booleano para indicar si quieres utilizar antialiasing.

En la línea 22, pasa `True` para usar antialiasing. El antialiasing difumina ligeramente tu texto para que se vea más suave. La Figura 17-4 muestra (con píxeles agrandados) cómo se ve una línea con y sin antialiasing.

Atributos

```
24. textRect.centerx = windowSurface.get_rect().centerx
25. textRect.centery = windowSurface.get_rect().centery
```

El tipo de datos `pygame.Rect` (llamado `Rect` para abreviar) representa áreas rectangulares con un cierto tamaño y posición asociados. Para crear un nuevo objeto llama a la función `pygame.Rect()`. Los parámetros son enteros para las coordenadas XY de la esquina superior izquierda, seguidos por el ancho y el alto, todos en píxeles.

El nombre de la función con los parámetros se ve así: `pygame.Rect(izquierda, arriba, ancho, alto)`

De la misma forma que los métodos son funciones asociadas con un objeto, los **atributos** son variables asociadas con un objeto. El tipo de datos Rect tiene muchos atributos que describen el rectángulo que representa. La Tabla 17-2 es una lista de atributos de un objeto Rect llamado myRect.

Lo genial de los objetos Rect es que si modificas alguno de estos atributos, el resto de ellos se modificará automáticamente. Por ejemplo, si creas un objeto Rect que tiene 20 píxeles de ancho y 20 de alto, cuya esquina superior izquierda está en las coordenadas (30, 40), entonces la coordenada X del lado derecho si fijará automáticamente en 50 (porque 20 + 30 = 50).

Sin embargo, si cambias el atributo `left` (izquierda) con la línea `myRect.left = 100`, entonces Pygame cambiará automáticamente el atributo `right` (derecho) a 120 (porque 20 + 100 = 120). Todos los otros atributos para este objeto Rect también se actualizan.

Los Métodos *get_rect()* para Objetos *pygame.font.Font* y *pygame.Surface*

Nota que tanto el objeto Font (guardado en la variable `texto` en la línea 23) como el objeto Surface (guardado en la variable `superficieVentana` en la línea 24) tienen un método llamado `get_rect()`. Técnicamente, estos son dos métodos diferentes. Pero los programadores de Pygame les han dado el mismo nombre porque ambos hacen lo mismo y devuelven objetos Rect que representan el tamaño y posición del objeto Font o Surface en cuestión.

El módulo que importas es `pygame`, y dentro del módulo `pygame` están los módulos `font` y `surface`. Dentro de estos módulos están los tipos de datos Font y Surface. Los programadores de

Pygame han decidido que los módulos empezaran con minúscula y los tipos de datos con mayúscula. Esto hace más fácil distinguir los tipos de datos de los módulos.

Funciones Constructor

Crea un objeto pygame.Rect llamando a la función pygame.Rect(). La función pygame.Rect() tiene el mismo nombre que el tipo de datos pygame.Rect. Las funciones que tienen el mismo nombre que su tipo de datos y crean objetos o valores de este tipo de datos se denominan **funciones constructor**.

El Método fill() *para Objetos Surface*

```
27. # pintar un fondo blanco sobre la ventana
28. superficieVentana.fill(BLANCO)
```

Queremos llenar toda la superficie almacenada en superficieVentana con el color blanco. La función fill() cubrirá completamente la superficie con el color que le pases como parámetro. (En este caso, la variable BLANCO corresponde al valor (255, 255, 255).

Algo importante a saber acerca de Pygame es que la ventana en la pantalla no cambiará cuando llames al método o a cualquiera de las otras funciones de dibujo. Éstas cambiarán al objeto Surface, pero el objeto Surface no será dibujado en la pantalla hasta que se llame a la función pygame.display.update().

Esto es porque modificar el objeto Surface en la memoria de la computadora es mucho más rápido que modificar la imagen en la pantalla. Es mucho más eficiente dibujar sobre la pantalla una vez luego de que todas las funciones hayan dibujado sobre el objeto Surface.

Las Funciones de Dibujo de Pygame

La función pygame.draw.polygon()

```
30. # dibujar un polígono verde sobre la superficie
31. pygame.draw.polygon(superficieVentana, VERDE, ((146, 0), (291, 106), (236, 277), (56, 277), (0, 106)))
```

Un polígono es una forma cuyos múltiples lados son líneas rectas. Círculos y elipses no son polígonos. La Figura 17-5 tiene algunos ejemplos de polígonos.

Tabla 17-2: Atributos Rect

pygame.Rect Atributo	Descripción
miRect.left	Valor entero de la coordenada X del lado izquierdo del rectángulo.
miRect.right	Valor entero de la coordenada X del lado derecho del rectángulo.
miRect.top	Valor entero de la coordenada Y del lado superior del rectángulo.
miRect.bottom	Valor entero de la coordenada Y del lado inferior del rectángulo.
miRect.centerx	Valor entero de la coordenada X del centro del rectángulo.
miRect.centery	Valor entero de la coordenada Y del centro del rectángulo.
miRect.width	Valor entero del ancho del rectángulo.
miRect.height	Valor entero de la altura del rectángulo.
miRect.size	Una tupla de dos enteros: (width, height)
miRect.topleft	Una tupla de dos enteros: (left, top)
miRect.topright	Una tupla de dos enteros: (right, top)
miRect.bottomleft	Una tupla de dos enteros: (left, bottom)
miRect.bottomright	Una tupla de dos enteros: (right, bottom)
miRect.midleft	Una tupla de dos enteros: (left, centery)
miRect.midright	Una tupla de dos enteros: (right, centery)
miRect.midtop	Una tupla de dos enteros: (centerx, top)
miRect.midbottom	Una tupla de dos enteros: (centerx, bottom)

Figura 17-5: Ejemplos de Polígonos.

La función `pygame.draw.polygon()` puede dibujar cualquier forma de polígono que le pases. Los parámetros, en orden, son:

- El objeto Surface sobre el que se dibujará el polígono.

- El color del polígono.

- Una tupla de tuplas que representa las coordenadas XY de los puntos a dibujar en orden. La última tupla se conectará automáticamente con la primera para cerrar la forma.

- Opcionalmente, un entero para el ancho de las líneas del polígono. Sin esto, el polígono será rellenado del color de la línea.

La línea 31 dibuja un pentágono verde en el objeto Surface.

La función `pygame.draw.line()`

```
33. # dibujar algunas líneas azules sobre la superficie
34. pygame.draw.line(superficieVentana, AZUL, (60, 60), (120, 60), 4)
35. pygame.draw.line(superficieVentana, AZUL, (120, 60), (60, 120))
36. pygame.draw.line(superficieVentana, AZUL, (60, 120), (120, 120), 4)
```

Los parámetros, en orden, son:

- El objeto Surface sobre el que se dibujará la línea.

- El color de la línea.

- Una tupla de dos enteros para las coordenadas XY de un extremo de la línea.

- Una tupla de dos enteros para las coordenadas XY del otro extremo de la línea.

- Opcionalmente, un entero para el ancho de la línea.

Si pasas 4 para el ancho, la línea tendrá 4 píxeles de ancho. Si no especificas este parámetro, tomará el valor por defecto de 1. Las tres llamadas a `pygame.draw.line()` en las líneas 34, 35 y 36 dibujan la "Z" azul en el objeto Surface.

La Función `.draw.circle()`

```
38. # dibujar un círculo azul sobre la superficie
39. pygame.draw.circle(superficieVentana, AZUL, (300, 50), 20, 0)
```

Los parámetros, en orden, son:

- El objeto Surface sobre el que se dibujará el círculo.

- El color del círculo.

- Una tupla de dos enteros para las coordenadas XY del centro del círculo.

- Un entero para el radio (es decir, el tamaño) del círculo.

- Opcionalmente, un entero para el ancho. Un ancho de 0 significa que el círculo será rellenado.

La línea 39 dibuja un círculo azul en el objeto Surface.

La Función `pygame.draw.ellipse()`

```
41. # dibujar una elipse roja sobre la superficie
42.   pygame.draw.ellipse(superficieVentana, ROJO, (300, 250, 40, 80), 1)
```

La función `pygame.draw.ellipse()` es similar a la función `pygame.draw.circle()`. Los parámetros, en orden, son:

- El objeto Surface sobre el que se dibujará la elipse.

- El color de la elipse.

- Una tupla de cuatro enteros para los bordes izquierdo y superior, ancho y altura de la elipse.

- Opcionalmente, un entero para el ancho. Un ancho de 0 significa que la elipse será rellenada.

La línea 42 dibuja una elipse roja en el objeto Surface Surface.

La Función `pygame.draw.rect()`

```
44. # dibujar el rectángulo de fondo para el texto sobre la superficie
45.   pygame.draw.rect(superficieVentana, ROJO, (textRect.left - 20, textRect.top
- 20, textRect.width + 40, textRect.height + 40))
```

La función `pygame.draw.rect()` dibuja un rectángulo. El tercer parámetro es una tupla de cuatro enteros para los bordes izquierdo y superior, ancho y altura del rectángulo. En lugar de una tupla de cuatro enteros para el tercer parámetro, también puedes pasarle un objeto Rect.

En la línea 45, quieres que el rectángulo que dibujas esté 20 píxeles alrededor del rectángulo de texto. Es por esto que los bordes inquierdo y superior del rectángulo corresponden a los bordes izquierdo y superior de textRect menos 20. (Recuerda, restas porque las coordenadas disminuyen cuando te mueves hacia arriba y hacia la izquierda.) Y el ancho y la altura corresponden al ancho y a la altura de textRect más 40 (para compensar por el desplazamiento adicional de 20 píxeles de los bordes izquierdo y superior).

El Tipo de `pygame.PixelArray`

```
47. # obtener un arreglo de pixeles de la superficie
48. arregloDePíxeles = pygame.PixelArray(superficieVentana)
49. arregloDePíxeles[480][380] = NEGRO
```

La línea 48 crea un objeto pygame.PixelArray (llamado objeto PixelArray por brevedad). El objeto PixelArray es una lista de listas de tuplas de colores que representa el objeto Surface que le pasas.

La línea 48 pasa superficieVentana a pygame.PixelArray(), de modo que asignar NEGRO a arregloDePíxeles[480][380] en la línea 49 cambiará el color del píxel en las coordenadas (480, 380) a negro. Pygame modificará automáticamente el objeto superficieVentana con este cambio.

El primer índice en el objeto PixelArray es para la coordenada X. El segundo índice es para la coordenada Y. Los objetos PixelArray facilitan cambiar el color de píxeles individuales a un color específico.

```
50. del arregloDePíxeles
```

Crear un objeto PixelArray a partir de un objeto Surface bloquea al objeto Surface. Esto significa que no puede llamarse a la función blit() (descripta a continuación) sobre ese objeto Surface. Para desbloquear el objeto Surface, debes borrar el objeto PixelArray con el operador del. Si olvidas borrar el objeto PixelArray, recibirás un mensaje de error con el texto pygame.error: Surfaces must not be locked during blit.

El Método `blit()` Para Objetos Surface

```
52. # dibujar el texto sobre la superficie
53. superficieVentana.blit(texto, textRect)
```

El método `blit()` dibujará los contenidos de un objeto Surface sobre otro objeto Surface. La línea 53 imprime el objeto Surface "¡Hola mundo!" como texto y lo dibuja sobre el objeto Surface guardado en la variable superficieVentana.

El segundo parámetro de `blit()` especifica dónde en la superficie de superficieVentana se dibuja el texto. En este caso se pasa el objeto Rect que devuelve la llamada a `text.get_rect()` en la línea 23.

La Función `pygame.display.update()`

```
55. # dibujar la ventana sobre la pantalla
56. pygame.display.update()
```

En Pygame, nada se dibuja realmente sobre la pantalla hasta que se llama a la función `pygame.display.update()`. Esto es porque dibujar sobre la pantalla es lento comparado con dibujar sobre objetos Surface en la memoria de la computadora. No queremos actualizar la pantalla después de cada llamada a una función de dibujo, sino actualizar la pantalla una sola vez después de haber llamado a todas las funciones de dibujo.

Eventos y el Bucle del Juego

En juegos anteriores, todos los programas imprimían todo inmediatamente hasta que llegaban a una llamada a la función `input()`. En este punto, el programa se detenía y esperaba a que el usuario escribiera algo y presionara INTRO. Pero los programas de Pygame se ejecutan constantemente a través de un bucle llamado el **bucle del juego**. En este programa, todas las líneas de código en el bucle de juego se ejecutan alrededor de cien veces por segundo.

El bucle de juego es un bucle que constantemente busca nuevos eventos, actualiza el estado de la ventana y dibuja la ventana en la pantalla. Los **eventos** son objetos del tipo de datos pygame.event.Event, los cuales son generados por Pygame cada vez que el usuario pulsa una tecla, hace clic o mueve el ratón, o hace que ocurra algún otro evento. (Estos eventos se listan en la Tabla 18-1.)

```
58. # ejecutar el bucle del juego
59. while True:
```

La línea 59 es el comienzo del bucle del juego. La condición para la sentencia `while` se fija en True de modo que el bucle continúe para siempre. El único caso en que el bucle se detiene es si un evento causa que el programa termine.

La Función *pygame.event.get()*

```
60.      for event in pygame.event.get():
61.          if event.type == QUIT:
```

Llamar a pygame.event.get() recupera cualquier nuevo objeto pygame.event.Event (llamado objeto Event por brevedad) que haya sido generado desde la última llamada a pygame.event.get(). Estos eventos son devueltos como una lista de objetos Event. Todos los objetos Event tienen un atributo llamado type que nos dice de qué tipo de evento se trata. (En este capítulo sólo describiremos al tipo de evento QUIT. Los otros tipos de eventos serán cubiertos en el próximo capítulo.)

La línea 60 tiene un bucle for que itera sobre cada objeto Event en la lista devuelta por pygame.event.get(). Si el atributo type es igual a la variable constante QUIT, entonces sabes que el usuario ha cerrado la ventana y quiere terminar el programa.

Pygame genera el evento QUIT (el cual es importado del módulo pygame.locals module) cuando el usuario hace clic en el botón cerrar (usualmente una ×) de la ventana del programa. También se genera si la computadora está apagándose e intenta terminar todos los programas en ejecución. Sin importar la razón por la que se haya generado el evento QUIT, deberíamos terminar el programa.

La Función *pygame.quit()*

```
62.          pygame.quit()
63.          sys.exit()
```

Si el evento QUIT se ha generado, el programa debe llamar a ambas funciones pygame.quit() y sys.exit().

Este ha sido el simple programa "¡Hola mundo!" de Pygame. Hemos cubierto muchos nuevos temas con los que no habíamos tenido que lidiar en nuestros juegos anteriores. A pesar de que el código es más complicado, los programas Pygame pueden ser mucho más divertidos que los juegos de consola de texto. Aprendamos a continuación cómo crear juegos con gráficos animados que se mueven.

Animación

En este programa tenemos varios bloques diferentes rebotando contra los bordes de la ventana. Los bloques son de diferentes colores y tamaños, y se mueven sólo en trayectorias diagonales. Para animar los bloques (es decir, hacer que parezca que se están moviendo) desplazaremos los bloques unos pocos píxeles en cada iteración del bucle del juego. Esto hará parecer que los bloques se están moviendo por la pantalla.

Código Fuente del Programa Animación

Escriba el siguiente programa en el editor de archivo y guardarlo como animation.py. Si obtiene errores después de escribir este código en, compare el código que ha escrito para el código del libro con la herramienta de diferencias en línea en http://invpy.com/es/diff/animacion.

```
                                                            animación.py
1.  import pygame, sys, time
2.  from pygame.locals import *
3.
4.  # Establece pygame
5.  pygame.init()
6.
7.  # Establece la ventana
8.  ANCHOVENTANA = 400
9.  ALTOVENTANA = 400
10. superficieVentana = pygame.display.set_mode((ANCHOVENTANA, ALTOVENTANA), 0,
32)
11. pygame.display.set_caption('Animación')
12.
13. # Establece las variables de dirección
14. ABAJOIZQUIERDA = 1
15. ABAJODERECHA = 3
16. ARRIBAIZQUIERDA = 7
17. ARRIBADERECHA = 9
18.
19. VELOCIDADMOVIMIENTO = 4
20.
21. # Establece los colores
22. NEGRO = (0, 0, 0)
23. ROJO = (255, 0, 0)
24. VERDE = (0, 255, 0)
25. AZUL = (0, 0, 255)
26.
27. # Establece la estructura de datos de los bloques.
28. b1 = {'rect':pygame.Rect(300, 80, 50, 100), 'color':ROJO,
'dir':ARRIBADERECHA}
29. b2 = {'rect':pygame.Rect(200, 200, 20, 20), 'color':VERDE,
'dir':ARRIBAIZQUIERDA}
30. b3 = {'rect':pygame.Rect(100, 150, 60, 60), 'color':AZUL,
'dir':ABAJOIZQUIERDA}
31. bloques = [b1, b2, b3]
```

```
32.
33.  # Corre el ciclo de juego
34.  while True:
35.      # Busca un evento QUIT.
36.      for evento in pygame.event.get():
37.          if evento.type == QUIT:
38.              pygame.quit()
39.              sys.exit()
40.
41.      # Dibuja el fondo negro sobre la superficie
42.      superficieVentana.fill(NEGRO)
43.
44.      for b in bloques:
45.          # mueve la estructura de datos de bloques
46.          if b['dir'] == ABAJOIZQUIERDA:
47.              b['rect'].left -= VELOCIDADMOVIMIENTO
48.              b['rect'].top += VELOCIDADMOVIMIENTO
49.          if b['dir'] == ABAJODERECHA:
50.              b['rect'].left += VELOCIDADMOVIMIENTO
51.              b['rect'].top += VELOCIDADMOVIMIENTO
52.          if b['dir'] == ARRIBAIZQUIERDA:
53.              b['rect'].left -= VELOCIDADMOVIMIENTO
54.              b['rect'].top -= VELOCIDADMOVIMIENTO
55.          if b['dir'] == ARRIBADERECHA:
56.              b['rect'].left += VELOCIDADMOVIMIENTO
57.              b['rect'].top -= VELOCIDADMOVIMIENTO
58.
59.          # Verifica si el bloque se movió fuera de la ventana
60.          if b['rect'].top < 0:
61.              # el bloque se movió por arriba de la ventana
62.              if b['dir'] == ARRIBAIZQUIERDA:
63.                  b['dir'] = ABAJOIZQUIERDA
64.              if b['dir'] == ARRIBADERECHA:
65.                  b['dir'] = ABAJODERECHA
66.          if b['rect'].bottom > ALTOVENTANA:
67.              # el bloque se movió por debajo de la ventana
68.              if b['dir'] == ABAJOIZQUIERDA:
69.                  b['dir'] = ARRIBAIZQUIERDA
70.              if b['dir'] == ABAJODERECHA:
71.                  b['dir'] = ARRIBADERECHA
72.          if b['rect'].left < 0:
73.              # el bloque se movio por la izquierda de la ventana
74.              if b['dir'] == ABAJOIZQUIERDA:
75.                  b['dir'] = ABAJODERECHA
76.              if b['dir'] == ARRIBAIZQUIERDA:
77.                  b['dir'] = ARRIBADERECHA
78.          if b['rect'].right > ANCHOVENTANA:
```

```
79.                 # el bloque se movió por la derecha de la ventana
80.             if b['dir'] == ABAJODERECHA:
81.                 b['dir'] = ABAJOIZQUIERDA
82.             if b['dir'] == ARRIBADERECHA:
83.                 b['dir'] = ARRIBAIZQUIERDA
84.
85.         # Dibuja el bloque en la superficie
86.         pygame.draw.rect(superficieVentana, b['color'], b['rect'])
87.
88.     # Dibuja la ventana en la pantalla
89.     pygame.display.update()
90.     time.sleep(0.02)
```

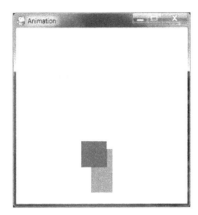

Figura 17-6: Una captura de pantalla alterada del programa Animación.

Cómo Funciona el Programa Animación

En este programa veremos tres bloques de diferentes colores moviéndose y rebotando contra las paredes. Para hacer esto, primero necesitamos considerar cómo queremos que los bloques se muevan.

Moviendo y Rebotando los Bloques

Cada bloque se moverá en una de las cuatro direcciones diagonales. Cuando el bloque golpee contra el costado de la ventana, deberá rebotar y moverse en una nueva dirección diagonal. Los bloques rebotarán como se muestra en la Figura 17-7.

La nueva dirección en la que se mueve un bloque luego de rebotar depende de dos cosas: en qué dirección se estaba moviendo antes de rebotar y contra qué pared ha rebotado. Hay un total de ocho posibles formas en las que un bloque puede rebotar: dos diferentes por cada una de las cuatro paredes.

Por ejemplo, si un bloque que está moviéndose hacia abajo y a la derecha rebota contra el borde inferior de la ventana, queremos que su nueva dirección sea hacia arriba y a la derecha.

Podemos usar objeto Rect para marcar la posición y el tamaño de cada bloque, una tupla de tres enteros para representar el color del bloque y un entero para representar en cuál de las cuatro direcciones diagonales el bloque está moviéndose.

En cada iteración de bucle de juego, ajustaremos las coordenadas X e Y del bloque en el objeto Rect. Además, en cada iteración dibujaremos todos los bloques en la pantalla en su posición actual. A medida que la ejecución del programa itere sobre el bucle de juego, los bloques irán moviéndose gradualmente a lo largo de la pantalla y darán la impresión de estar suavemente deslizándose y rebotando.

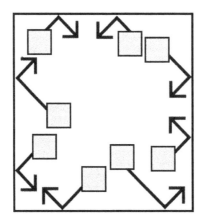

Figura 17-7: El diagrama de cómo rebotarán los bloques.

Creando y Configurando Pygame y la Ventana Principal

```
1.  import pygame, sys, time
2.  from pygame.locals import *
3.
4.  # Establece pygame
5.  pygame.init()
6.
7.  # Establece la ventana
8.  ANCHOVENTANA = 400
9.  ALTOVENTANA = 400
10. superficieVentana = pygame.display.set_mode((ANCHOVENTANA, ALTOVENTANA), 0,
32)
```

En este programa verás que el alto y el ancho de la ventana son usados para más que sólo la llamada a set_mode(). Usaremos variables constantes de modo que si alguna vez quieres cambiar el tamaño de la ventana sólo tengas que cambiar las líneas 8 y 9. Dado que el ancho y la altura nunca cambian durante la ejecución del programa, una variable constante es una buena idea.

```
11. pygame.display.set_caption('Animación')
```

La línea 11 cambia el título de la ventana a 'Animación' llamando a pygame.display.set_caption().

Estableciendo Variables Constantes para las Direcciones

```
12. # set up direction variables
13. # Establece las variables de dirección
14. ABAJOIZQUIERDA = 1
15. ABAJODERECHA = 3
16. ARRIBAIZQUIERDA = 7
17. ARRIBADERECHA = 9
```

Usaremos las teclas en la almohadilla numérica del teclado para recordarnos qué número corresponde a cada dirección. Esto es similar a lo que hicimoe en el Ta Te Ti. 1 es hacia abajo y a la izquierda, 3 es abajo a la derecha, 7 es arriba a la izquierda y 9 es arriba a la derecha. Sin embargo, esto puede ser difícil de recordar, de modo que usaremos variables constantes en lugar de estos valores enteros.

Podríamos haber usado cualquier valor para estas direcciones en lugar de usar una variable constante. Por ejemplo, podrías usar la cadena 'abajoizquierda' para representar la dirección diagonal hacia abajo y a la izquierda. Sin embargo, si alguna vez te equivocaras al escribir 'abajoizquierda' (y escribieras por ejemplo 'sbajoizquierda'), Python no reconocería que tu intención fue escribir 'abajoizquierda' en lugar de 'sbajoizquierda'. Esto haría que tu programa se comportase en forma extraña, pero no ocasionaría un fallo del programa.

Pero si usas variables constantes y accidentalmente escribes el nombre SBAJOIZQUIERDA en lugar de ABAJOIZQUIERDA, Python se dará cuenta de que no existe una variable llamada SBAJOIZQUIERDA y este error causaría un fallo. Seguiría siendo un error bastante feo, pero al menos te darías cuenta inmediatamente y podrías arreglarlo.

```
19. VELOCIDADMOVIMIENTO = 4
```

Usamos una variable constante para determinar qué tan rápido se mueve el bloque. Un valor de 4 significa que el bloque se moverá 4 píxeles por cada iteración del bucle del juego.

Estableciendo Variables Constantes para los Colores

```
21. # Establece los colores
22. NEGRO = (0, 0, 0)
23. ROJO = (255, 0, 0)
24. VERDE = (0, 255, 0)
25. AZUL = (0, 0, 255)
```

Las líneas 22 a 25 establecen variables constantes para los colores. Recuerda que Python usa una tupla de tres valores enteros para las cantidades de rojo, verde y azul, a la cual llamamos valor RVA. Los enteros van desde 0 hasta 255.

Las variables constantes se usan por legibilidad. A la computadora no le preocupa si usas una variable llamada VERDE para el color verde. Simplemente es más fácil recordar que VERDE corresponde al color verde, en lugar de (0, 255, 0).

Estableciendo la Estructura de Datos del Bloque

```
27. # Establece la estructura de datos de los bloques.
28. b1 = {'rect':pygame.Rect(300, 80, 50, 100), 'color':ROJO,
'dir':ARRIBADERECHA}
```

Establece un diccionario como la estructura de datos que representa cada bloque. (El Capítulo 9½ introdujo los diccionarios.) El diccionario tendrá las claves 'rect' (con un objeto Rect por valor), 'color' (con una tupla de tres enteros por valor) y 'dir' (con una de las variables constantes de dirección por valor).

La variable b1 guardará la estructura de datos de un bloque. La esquina superior izquierda de este bloque en la coordenada X 300 y en la coordenada Y 80. Tiene un ancho de 50 píxeles y una altura de 100 píxeles. Su color es rojo y su dirección es ARRIBADERECHA.

```
29. b2 = {'rect':pygame.Rect(200, 200, 20, 20), 'color':VERDE,
'dir':ARRIBAIZQUIERDA}
30. b3 = {'rect':pygame.Rect(100, 150, 60, 60), 'color':AZUL,
'dir':ABAJOIZQUIERDA}
```

Las líneas 29 y 30 crean dos estructuras de datos similares para bloques que tienen diferente tamaño, posición, color y dirección.

```
31. bloques = [b1, b2, b3]
```

La línea 31 pone todas estas estructuras de datos en una lista, y guarda la lista en una variable llamada `bloques`.

La variable bloques guarda una lista. `bloques[0]` corresponde al diccionario guardado en b1. `bloques[0]['color']` sería la clave `'color'` en b1, de modo que la expresión `bloques[0]['color']` se evaluaría a `(255, 0, 0)`. De este modo puedes referirte a cualquiera de los valores de cualquiera de las estructuras de datos empezando con bloques.

Ejecutando el Bucle del Juego

```
33. # Corre el ciclo de juego
34. while True:
35.     # Busca un evento QUIT.
36.     for evento in pygame.event.get():
37.         if evento.type == QUIT:
38.             pygame.quit()
39.             sys.exit()
```

Dentro del bucle del juego, los bloques se moverán alrededor de la pantalla en la dirección en la que traen y rebotarán cuando choquen contra alguno de los lados. También hay código para dibujar todos los bloques sobre la superficie superficieVentana y llamar a `pygame.display.update()`.

El bucle for para comprobar todos los eventos en la lista devuelta por `pygame.event.get()` es el mismo que en nuestro programa "!Hola mundo!".

```
41.     # Dibuja el fondo negro sobre la superficie
42.     superficieVentana.fill(NEGRO)
```

Primero, la línea 42 rellena toda la superficie con negro de modo que todo lo que ha sido dibujado anteriormente sea borrado.

Moviendo Cada Bloque

```
44.     for b in bloques:
```

A continuación, el código debe actualizar la posición de cada bloque, así que itera sobre la lista de bloques. Dentro del bucle, nos referiremos al bloque actual simplemente como b, para que sea más fácil de escribir.

```
45.         # mueve la estructura de datos de bloques
46.         if b['dir'] == ABAJOIZQUIERDA:
```

```
47.             b['rect'].left -= VELOCIDADMOVIMIENTO
48.             b['rect'].top += VELOCIDADMOVIMIENTO
49.         if b['dir'] == ABAJODERECHA:
50.             b['rect'].left += VELOCIDADMOVIMIENTO
51.             b['rect'].top += VELOCIDADMOVIMIENTO
52.         if b['dir'] == ARRIBAIZQUIERDA:
53.             b['rect'].left -= VELOCIDADMOVIMIENTO
54.             b['rect'].top -= VELOCIDADMOVIMIENTO
55.         if b['dir'] == ARRIBADERECHA:
56.             b['rect'].left += VELOCIDADMOVIMIENTO
57.             b['rect'].top -= VELOCIDADMOVIMIENTO
```

El nuevo valor que se asigna a los atributos top y left depende de la dirección del bloque. Si la dirección del bloque (que se guarda en la clave 'dir') es ABAJOIZQUIERDA o ABAJODERECHA, se *aumentará* el atributo top. Si la dirección es ARRIBAIZQUIERDA o ARRIBADERECHA, se *reducirá* el atributo top.

Si la dirección del bloque es ABAJODERECHA o ARRIBADERECHA, se *aumentará* el atributo left. Si la dirección es ABAJOIZQUIERDA o ARRIBAIZQUIERDA, se *reducirá* el atributo left.

El valor en que cambian estor atributos es el entero guardado en VELOCIDADMOVIMIENTO. VELOCIDADMOVIMIENTO guarda cuántos píxeles se mueven los bloques en cada iteración del bucle del juego, y fue establecido en la línea 19.

Comprobando si el Bloque ha Rebotado

```
59.          # Verifica si el bloque se movió fuera de la ventana
60.          if b['rect'].top < 0:
61.              # el bloque se movió por arriba de la ventana
62.              if b['dir'] == ARRIBAIZQUIERDA:
63.                  b['dir'] = ABAJOIZQUIERDA
64.              if b['dir'] == ARRIBADERECHA:
65.                  b['dir'] = ABAJODERECHA
```

Luego de que las líneas 44 a 57 muevan el bloque, se comprobará si el bloque ha cruzado el borde de la ventana. Si es así, queremos que el bloque "rebote". En el código esto significa asignar un nuevo valor a su clave 'dir'. El bloque se moverá en una nueva dirección en la siguiente iteración del bucle del juego. Esto se ve como si el bloque hubiese rebotado contra el lado de la ventana.

En la sentencia if de la línea 60, consideramos que el bloque se ha movido por encima del borde superior de la ventana si el atributo top del objeto Rect del bloque es menor que 0. En ese caso, se cambia la dirección dependiendo de la dirección en la cual el bloque se estaba moviendo (ARRIBAIZQUIERDA o ARRIBADERECHA).

Cambiando la Dirección del Bloque que Rebota

Observa el diagrama de rebotes más atrás en este capítulo. Para llegar más allá del borde superior de la ventana, el bloque tiene que haber estado moviéndose en dirección ARRIBAIZQUIERDA o ARRIBADERECHA. Si el bloque estaba moviéndose en dirección ARRIBAIZQUIERDA, la nueva dirección (de acuerdo con el diagrama de rebotes) será ABAJOIZQUIERDA. Si el bloque venía moviéndose en la dirección ARRIBADERECHA, la nueva dirección será ABAJODERECHA.

```
66.         if b['rect'].bottom > ALTOVENTANA:
67.             # el bloque se movió por debajo de la ventana
68.             if b['dir'] == ABAJOIZQUIERDA:
69.                 b['dir'] = ARRIBAIZQUIERDA
70.             if b['dir'] == ABAJODERECHA:
71.                 b['dir'] = ARRIBADERECHA
```

Las líneas 66 a 71 actúan si el bloque ha cruzado el borde inferior de la ventana. Comprueban si el atributo bottom (no el atributo top) es *mayor* que el atributo en ALTOVENTANA. Recuerda que la coordenada Y comienza en 0 en el borde superior de la ventana y aumenta hasta llegar a ALTOVENTANA en el borde inferior.

El resto del código cambia la dirección basándose en lo que dice el diagrama de rebotes de la Figura 17-7.

```
72.         if b['rect'].left < 0:
73.             # el bloque se movió por la izquierda de la ventana
74.             if b['dir'] == ABAJOIZQUIERDA:
75.                 b['dir'] = ABAJODERECHA
76.             if b['dir'] == ARRIBAIZQUIERDA:
77.                 b['dir'] = ARRIBADERECHA
78.         if b['rect'].right > ANCHOVENTANA:
79.             # el bloque se movió por la derecha de la ventana
80.             if b['dir'] == ABAJODERECHA:
81.                 b['dir'] = ABAJOIZQUIERDA
82.             if b['dir'] == ARRIBADERECHA:
83.                 b['dir'] = ARRIBAIZQUIERDA
```

Las líneas 78 a 83 son similares a las líneas 72 a 77, pero comprueban si el lado izquierdo del bloque ha cruzado el borde izquierdo de la ventana. Recuerda, la coordenada X comienza en 0 en el borde izquierdo de la ventana y aumenta hasta ANCHOVENTANA en el borde izquierdo de la ventana.

Dibujando los Bloques en la Ventana en Sus Nuevas Posiciones

```
85.          # Dibuja el bloque en la superficie
86.          pygame.draw.rect(superficieVentana, b['color'], b['rect'])
```

Ahora que los bloques se han movido, deberían ser dibujados en sus nuevas posiciones en la superficie superficieVentana llamando a la función pygame.draw.rect(). Pasamos superficieVentana porque es el objeto Surface sobre el cual dibujaremos el rectángulo. Pasamos b['color'] porque es el color del rectángulo. Pasamos b['rect'] porque es el objeto Rect que contiene la posición y el tamaño del rectángulo a dibujar.

La línea 86 es la última línea del bucle for. Si quieres agregar nuevos bloques, sólo tienes que modificar la lista de bloques en la línea 31 y el resto del código seguirá funcionando.

Dibujando la Ventana en la Pantalla

```
88.          # Dibuja la ventana en la pantalla
89.          pygame.display.update()
90.          time.sleep(0.02)
```

Luego de que cada bloque de la lista de bloques ha sido dibujado, se llama a pygame.display.update() para que superficieVentana se dibuje sobre la pantalla.

Luego de esta línea, la ejecución regresa al comienzo del bucle del juego y comienza el proceso otra vez. De esta forma, los bloques están constantemente moviéndose un poquito, rebotando contra las paredes y siendo dibujados sobre la pantalla en sus nuevas posiciones.

La llamada a la función time.sleep() está allí porque la computadora es capaz de mover, rebotar y dibujar los bloques tan rápido que si el programa corriera a toda velocidad los bloques no podrían verse. (Prueba ejecutar el programa comentando la línea time.sleep(0.02) para ver esto.)

Esta llamada a time.sleep() detendrá el programa por 0.02 segundos, o 20 milisegundos.

Dibujando Recorridos de Bloques

Comenta la línea 42 (la línea superficieVentana.fill(NEGRO)) agregando # al comienzo de la línea. Ahora ejecuta el programa.

Sin la llamada a superficieVentana.fill(NEGRO), no vuelves a pintar de negro la ventana completa antes de dibujar los rectángulos en su nueva posición. Los recorridos de los rectángulos aparecen porque los viejos rectángulos dibujados en iteraciones previas del bucle del juego ya no se borran.

Recuerda que los bloques no están realmente moviéndose. En cada iteración del bucle del juego, el código vuelve a dibujar la ventana completa con nuevos bloques desplazados unos pocos píxeles de la posición de los bloques anteriores.

Resumen

Este capítulo ha presentado una forma completamente nueva de crear programas de computadora. Los programas de los capítulos anteriores simplemente se detenían y esperaban a que el jugador ingresara un texto. Sin embargo, en nuestro programa de animación, el programa está constantemente actualizando las estructuras de datos de las cosas sin esperar información del jugador.

Recuerda cómo en nuestros juegos Ahorcado y Ta Te Ti teníamos estructuras de datos que representaban el estado del tablero, y estas estructuras de datos eran pasadas a una función dibujarTablero() para ser mostradas en la pantalla. Nuestro programa de animación es similar. La variable bloques contiene una lista de estructuras que representan bloques a dibujar en la pantalla, y estos son dibujados sobre la pantalla dentro del bucle del juego.

Pero sin las llamadas a input(), ¿cómo obtendremos información del jugador? En nuestro próximo capítulo, cubriremos cómo los programas pueden saber cuándo el jugador pulsa teclas del teclado. También aprenderemos un concepto llamado detección de colisiones.

Capítulo 18

DETECCIÓN DE COLISIONES Y ENTRADAS DE TECLADO/RATÓN

Temas Tratados En Este Capítulo:
- Detección de Colisiones
- No Modifiques una Lista Mientras Iteras Sobre Ella
- Entrada de Teclado en Pygame
- Entrada de Ratón en Pygame

Detección de colisiones es darse cuenta cuando dos cosas en la pantalla se han tocado (es decir, han colisionado). Por ejemplo, si el jugador toca un enemigo puede perder salud. O quizá el programa necesita saber cuando el jugador toca una moneda para recogerla automáticamente. Detección de colisiones puede ayudar a determinar si el personaje del juego está parado sobre el suelo o si no hay nada más que aire debajo de él.

En nuestros juegos, la detección de colisiones determinará si dos rectángulos se superponen o no. Nuestro próximo programa de ejemplo cubrirá esta técnica básica.

Más adelante en este capítulo, veremos cómo nuestros programas Pygame pueden recibir entradas del usuario a través del teclado o del ratón. Es un poco más complicado que llamar a la función `input()` como hicimos para nuestros programas de texto. Pero usar el teclado es mucho más interactivo en programas GUI. Y usar el ratón ni siquiera es posible en nuestros juegos de texto. Estos dos conceptos harán que tus juegos sean mucho más emocionantes.

Código Fuente del Programa de Detección de Colisiones

Gran parte de este código es similar al programa de animación, de modo que omitiremos la explicación del movimiento y los rebotes. (Ve el programa de animación en el Capítulo 17 para esta explicación). Un rebotín rebotará contra los bordes de la ventana. Una lista de objetos Rect representará cuadrados de comida.

En cada interacción durante el bucle del juego, el programa leerá cada objeto Rect en la lista y dibujará un cuadrado verde en la ventana. Cada cuarenta iteraciones del bucle del juego agregaremos un nuevo objeto Rect a la lista de modo que aparezcan constantemente nuevos cuadrados de comida en la pantalla.

El rebotín es representado por un diccionario. El diccionario tiene una clave llamada 'rect' (cuyo valor es un objeto pygame.Rect) y una clave llamada 'dir' (cuyo valor es una de las variables constantes de dirección como en el programa de Animación del capítulo anterior).

A medida que el rebotín rebota por la ventana, comprobamos si colisiona con alguno de los cuadrados de comida. Si es así, borramos ese cuadrado de comida de modo que ya no sea dibujado en la pantalla. Esto dará la impresión de que el rebotín "se come" los cuadrados de comida en la ventana.

Escribe lo siguiente en un nuevo archivo y guárdalo como *detecciónColisión.py*. Si obtienes errores después de haber copiado el código, compara el código que has escrito con el código del libro usando la herramienta online diff en http://invpy.com/es/diff/deteccionColision.

```
detecciónColisión.py
1. import pygame, sys, random
2. from pygame.locals import *
3.
4. def verifSuperposiciónRects(rect1, rect2):
5.     for a, b in [(rect1, rect2), (rect2, rect1)]:
6.         # Verifica si las esquinas de a se encuentran dentro de b
7.         if ((puntoDentroDeRect(a.left, a.top, b)) or
8.             (puntoDentroDeRect(a.left, a.bottom, b)) or
9.             (puntoDentroDeRect(a.right, a.top, b)) or
10.            (puntoDentroDeRect(a.right, a.bottom, b))):
11.            return True
12.
13.     return False
14.
15. def puntoDentroDeRect(x, y, rect):
16.     if (x > rect.left) and (x < rect.right) and (y > rect.top) and (y <
rect.bottom):
17.         return True
18.     else:
19.         return False
20.
21.
22. # establece el juego
23. pygame.init()
24. relojPrincipal = pygame.time.Clock()
25.
```

```
26. # establece la ventana
27. ANCHOVENTANA = 400
28. ALTOVENTANA = 400
29. superficieVentana = pygame.display.set_mode((ANCHOVENTANA, ALTOVENTANA),
0, 32)
30. pygame.display.set_caption('Deteccion de Colisiones')
31.
32. # establece las variables de dirección
33. ABAJOIZQUIERDA = 1
34. ABAJODERECHA = 3
35. ARRIBAIZQUIERDA = 7
36. ARRIBADERECHA = 9
37.
38. VELOCIDADMOVIMIENTO = 4
39.
40. # establece los colores
41. NEGRO = (0, 0, 0)
42. VERDE = (0, 255, 0)
43. BLANCO = (255, 255, 255)
44.
45. # establece las estructuras de datos de comida y rebotín
46. contadorComida = 0
47. NUEVACOMIDA = 40
48. TAMAÑOCOMIDA = 20
49. rebotín = {'rect':pygame.Rect(300, 100, 50, 50), 'dir':ARRIBAIZQUIERDA}
50. comidas = []
51. for i in range(20):
52.     comidas.append(pygame.Rect(random.randint(0, ANCHOVENTANA -
TAMAÑOCOMIDA), random.randint(0, ALTOVENTANA - TAMAÑOCOMIDA), TAMAÑOCOMIDA,
TAMAÑOCOMIDA))
53.
54. # corre el bucle de juego
55. while True:
56.     # busca un evento QUIT
57.     for evento in pygame.event.get():
58.         if evento.type == QUIT:
59.             pygame.quit()
60.             sys.exit()
61.
62.     contadorComida += 1
63.     if contadorComida >= NUEVACOMIDA:
64.         # añade nueva comida
65.         contadorComida = 0
66.         comidas.append(pygame.Rect(random.randint(0, ANCHOVENTANA -
TAMAÑOCOMIDA), random.randint(0, ALTOVENTANA - TAMAÑOCOMIDA), TAMAÑOCOMIDA,
TAMAÑOCOMIDA))
67.
```

```
68.     # Dibuja el fondo NEGRO sobre la superficie
69.     superficieVentana.fill(NEGRO)
70.
71.     # Mueve la estructura de datos rebotín
72.     if rebotín['dir'] == ABAJOIZQUIERDA:
73.         rebotín['rect'].left -= VELOCIDADMOVIMIENTO
74.         rebotín['rect'].top += VELOCIDADMOVIMIENTO
75.     if rebotín['dir'] == ABAJODERECHA:
76.         rebotín['rect'].left += VELOCIDADMOVIMIENTO
77.         rebotín['rect'].top += VELOCIDADMOVIMIENTO
78.     if rebotín['dir'] == ARRIBAIZQUIERDA:
79.         rebotín['rect'].left -= VELOCIDADMOVIMIENTO
80.         rebotín['rect'].top -= VELOCIDADMOVIMIENTO
81.     if rebotín['dir'] == ARRIBADERECHA:
82.         rebotín['rect'].left += VELOCIDADMOVIMIENTO
83.         rebotín['rect'].top -= VELOCIDADMOVIMIENTO
84.
85.     # Verifica si rebotín se movió fuera de la ventana
86.     if rebotín['rect'].top < 0:
87.         # rebotín se movió por arriba de la ventana
88.         if rebotín['dir'] == ARRIBAIZQUIERDA:
89.             rebotín['dir'] = ABAJOIZQUIERDA
90.         if rebotín['dir'] == ARRIBADERECHA:
91.             rebotín['dir'] = ABAJODERECHA
92.     if rebotín['rect'].bottom > ALTOVENTANA:
93.         # rebotín se movió por debajo de la ventana
94.         if rebotín['dir'] == ABAJOIZQUIERDA:
95.             rebotín['dir'] = ARRIBAIZQUIERDA
96.         if rebotín['dir'] == ABAJODERECHA:
97.             rebotín['dir'] = ARRIBADERECHA
98.     if rebotín['rect'].left < 0:
99.         # rebotín se movió por la izquierda de la ventana
100.        if rebotín['dir'] == ABAJOIZQUIERDA:
101.            rebotín['dir'] = ABAJODERECHA
102.        if rebotín['dir'] == ARRIBAIZQUIERDA:
103.            rebotín['dir'] = ARRIBADERECHA
104.    if rebotín['rect'].right > ANCHOVENTANA:
105.        # rebotín se movió por la derecha de la ventana
106.        if rebotín['dir'] == ABAJODERECHA:
107.            rebotín['dir'] = ABAJOIZQUIERDA
108.        if rebotín['dir'] == ARRIBADERECHA:
109.            rebotín['dir'] = ARRIBAIZQUIERDA
110.
111.    # Dibuja a rebotín en la superficie
112.    pygame.draw.rect(superficieVentana, BLANCO, rebotín['rect'])
113.
114.    # Verifica si rebotín intersectó algún cuadrado de comida
```

```
115.      for comida in comida[:]:
116.          if verifSuperposiciónRects(rebotín['rect'], comida):
117.              comidas.remove(comida)
118.
119.      # Dibuja la comida
120.      for i in range(len(comidas)):
121.          pygame.draw.rect(superficieVentana, VERDE, comidas[i])
122.
123.      # Dibuja la ventana en la pantalla
124.      pygame.display.update()
125.      relojPrincipal.tick(40)
```

El programa se verá como la Figura 18-1. El cuadrado rebotín irá rebotando por toda la pantalla. Al colisionar con los cuadrados de comida verdes estos desaparecerán de la pantalla.

Figura 18-1: Una captura de pantalla alterada del programa Detección de Colisiones.

Importando los Módulos

```
1.  import pygame, sys, random
2.  from pygame.locals import *
```

El programa de detección de colisiones importa las mismas cosas que el programa de animación del capítulo anterior, junto con el módulo random.

El Algoritmo de Detección de Colisiones

```
4.  def verifSuperposiciónRects(rect1, rect2):
```

Para detectar colisiones, necesitas una función que pueda determinar si dos rectángulos se superponen o no. La Figura 18-2 muestra ejemplos de rectángulos superpuestos y no superpuestos.

Figura 18-2: Ejemplos de rectángulos que colisionan (izquierda) y rectángulos que no colisionan (derecha).

verifSuperposiciónRects() recibe dos objetos pygame.Rect. La función devuelve True si colisionan y False si no lo hacen. Hay una regla simple a seguir para determinar si los rectángulos colisionan. Mira cada una de las cuatro esquinas de ambos rectángulos. Si al menos una de estas ocho esquinas está dentro del otro rectángulo, quiere decir que los rectángulos han colisionado. Podemos usar esto para determinar si verifSuperposiciónRects() debe devolver True o False.

```
 5.        for a, b in [(rect1, rect2), (rect2, rect1)]:
 6.            # Verifica si las esquinas de a se encuentran dentro de b
 7.          if ((puntoDentroDeRect(a.left, a.top, b)) or
 8.              (puntoDentroDeRect(a.left, a.bottom, b)) or
 9.              (puntoDentroDeRect(a.right, a.top, b)) or
10.              (puntoDentroDeRect(a.right, a.bottom, b))):
11.              return True
```

Las líneas 5 a 11 comprueban si las esquinas de un rectángulo están dentro del otro. Más tarde, crearemos una función llamada puntoDentroDeRect() que devuelve True si las coordenadas XY del punto está dentro del rectángulo. Llamaremos a esta función para cada una de las ocho esquinas, y si alguna de estas llamadas devuelve True, los operadores or harán que toda la condición sea True.

Los parámetros de verifSuperposiciónRects() son rect1 y rect2. Primero comprueba si las esquinas de rect1 están dentro de rect2, y después si las esquinas de rect2 están dentro de rect1.

No necesitas repetir para rect1 y rect2 el código que comprueba las cuatro esquinas. En cambio, puedes usar a y b en las líneas 7 a 10. El bucle for en la línea 5 usa asignación múltiple. En la primera iteración, a toma el valor rect1 y b toma el valor rect2. En la segunda iteración del bucle, es lo opuesto: a adquiere el valor rect2 y b toma rect1.

```
13.        return False
```

Si la línea 11 nunca devuelve True, entonces nuinguna de las ocho esquinas comprobadas está dentro del otro rectángulo. En ese caso, los rectángulos no han colisionado y la línea 13 devuelve False.

Determinando si un Punto está Dentro de un Rectángulo

```
15. def puntoDentroDeRect(x, y, rect):
16.     if (x > rect.left) and (x < rect.right) and (y > rect.top) and (y <
rect.bottom):
17.         return True
```

La función puntoDentroDeRect() es llamada desde verifSuperposiciónRects(). La función puntoDentroDeRect() devolverá True si las coordenadas XY pasadas se encuentran dentro del objeto pygame.Rect pasado como tercer parámetro. De otro modo, esta función devuelve False.

La Figura 18-3 es un ejemplo de un rectángulo y varios puntos. Los puntos y las esquinas del rectángulo están etiquetados con sus coordenadas.

Un punto está dentro del rectángulo si se cumplen las siguientes cuatro afirmaciones:

- La coordenada X del punto es mayor que la coordenada X del borde izquierdo del rectángulo.

- La coordenada X del punto es menor que la coordenada X del borde derecho del rectángulo.

- La coordenada Y del punto es mayor que la coordenada Y del borde inferior del rectángulo.

- La coordenada Y del punto es menor que la coordenada Y del borde superior del rectángulo.

Si alguna de estas es False, entonces el punto está fuera del rectángulo. La línea 16 combina estas cuatro afirmaciones en la condición de la sentencia if utilizando operadores and.

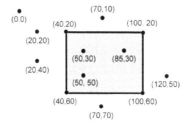

Figura 18-3: Ejemplo de coordenadas dentro y fuera de un rectángulo. Los puntos (50, 30), (85, 30) y (50, 50) están dentro del rectángulo, el resto están afuera del mismo.

```
18.      else:
19.          return False
```

Esta función es llamada desde la función verifSuperposiciónRects() para ver si alguna de las esquinas de los objetos pygame.Rect está dentro del otro. Estas dos funciones te permiten detectar colisiones entre dos rectángulos.

El Objeto *pygame.time.Clock Object y el Método tick()*

La mayor parte de las líneas 22 a 43 hace lo mismo que hacía el programa de Animación del capítulo anterior: inicializar Pygame, establecer ANCHOVENTANA y ALTOVENTANA, y asignar las constantes de color y dirección.

Sin embargo, la línea 24 es nueva:

```
24.   relojPrincipal = pygame.time.Clock()
```

En el programa anterior de Animación, una llamada a time.sleep(0.02) reducía la velocidad del programa de modo que no corriese demasiado rápido. El problema con time.sleep() es que puede representar una pausa demasiado larga para computadoras lentas y demasiado corta para computadoras rápidas.

Un objeto pygame.time.Clock puede generar una pausa que sea adecuada para cualquier computadora. La línea 125 llama a mainClock.tick(40) dentro del bucle del juego. Esta llamada al método tick() del objeto Clock calcula la pausa adecuada para que el bucle ejecute unas 40 iteraciones por segundo, sin importar cuál sea la velocidad de la computadora. Esto asegura que el juego nunca se ejecute más rápido de lo esperado. La llamada a tick() debe hacerse sólo una vez en el bucle del juego.

Configurando la Ventana y las Estructuras de Datos

```
45. # establece las estructuras de datos de comida y rebotin
46.  contadorComida = 0
47.  NUEVACOMIDA = 40
48.  TAMAÑOCOMIDA = 20
```

Las líneas 46 a 48 configuran algunas variables para los bloques de comida que aparecen en la pantalla. contadorComida comenzará en el valor 0, NUEVACOMIDA en 40, y TAMAÑOCOMIDA en 20.

```
49. rebotín = {'rect':pygame.Rect(300, 100, 50, 50), 'dir':ARRIBAIZQUIERDA}
```

La línea 49 configura una nueva estructura de datos llamada rebotín. rebotín es un diccionario con dos claves. La clave 'rect' contiene un objeto pygame.Rect que representa el tamaño y la posición del rebotín.

La clave 'dir' contiene la dirección en la cual el rebotín se está moviendo. El rebotín se moverá de la misma forma en que se movían los bloques en el programa de animación del Capítulo 17.

```
50. comidas = []
51. for i in range(20):
52.     comidas.append(pygame.Rect(random.randint(0, ANCHOVENTANA -
TAMAÑOCOMIDA), random.randint(0, ALTOVENTANA - TAMAÑOCOMIDA), TAMAÑOCOMIDA,
TAMAÑOCOMIDA))
```

El programa lleva un registro de todos los cuadrados de comida con una lista de objetos Rect en comidas. Las líneas 51 y 52 crean veinte cuadrados de comida ubicados aleatoriamente en la pantalla. Puedes usar la función random.randint() para generar coordenadas XY aleatorias.

En la línea 52, llamamos a la función constructor pygame.Rect() para que devuelva un nuevo objeto pygame.Rect. Este objeto representará la posición y el tamaño del cuadrado de comida. Los primeros dos parámetros para pygame.Rect() son las coordenadas XY de la esquina superior izquierda. Queremos que la coordenada aleatoria esté entre 0 y el tamaño de la ventana menos el tamaño del cuadrado de comida. Si la coordenada aleatoria estuviese simplemente entre 0 y el tamaño de la ventana, el cuadrado de comida podría quedar fuera de la ventana, como en la Figura 18-4.

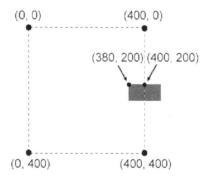

Figura 18-4: Para un rectángulo de 20 por 20, tener su esquina superior izquierda en (400, 200) en una ventana de 400 por 400 significaría estar fuera de la ventana. Para que el cuadrado esté contenido en de la ventana, la esquina superior izquierda debería estar en (380, 200).

El tercer parámetro de `pygame.Rect()` es una tupla que contiene el ancho y la altura del cuadrado de comida. Tanto el ancho como la altura corresponden al valor en la constante TAMAÑOCOMIDA.

Dibujando el Rebotín en la Pantalla

Las líneas 71 a 109 hacen que el rebotín se mueva por la ventana y rebote contra los bordes de la misma. Este código es similar a las líneas 44 a 83 del programa de Animación del capítulo anterior, por lo que omitiremos su explicación.

```
111.        # Dibuja a rebotin en la superficie
112.        pygame.draw.rect(superficieVentana, BLANCO, rebotín['rect'])
```

Luego de desplazar al rebotín, la línea 112 lo dibuja en su nueva posición. La superficieVentana pasada como primer parámetro indica a Python sobre cuál objeto Surface dibujar el rectángulo. La variable BLANCO, que almacena la tupla (255, 255, 255), indica a Python que dibuje un rectángulo blanco. El objeto Rect guardado en el diccionario rebotín en la clave 'rect' indica la posición y el tamaño del rectángulo a dibujar.

Colisionando con los Cuadrados de Comida

```
114.        # Verifica si rebotin intersectó algun cuadrado de comida
115.        for comida in comida[:]:
```

Antes de dibujar los cuadrados de comida, se comprueba si el rebotín se superpone con alguno de los cuadrados de comida. Si es así, quita ese cuadrado de comida de la lista de comidas. De esta forma, Python no dibujará los cuadrados de comida que el rebotín se halla "comido".

En cada iteración del bucle for, el cuadrado de comida actual de la lista de comidas (plural) se asigna a la variable comida (singular).

No Agregues o Borres elementos de una Lista mientras Iteras Sobre Ella

Nota que hay una pequeña diferencia en este bucle for. Si observas detalladamente la línea 116, verás que no está iterando sobre comidas, sino sobre comidas[:].

Recuerda como funcionan las operaciones de rebanado. comidas[:2] se evalúa a una copia de la lista con los ítems desde el principio hasta el ítem en el índice 2 (sin incluir a este último). comidas[3:] se evalúa a una copia de la lista con los ítems desde el índice 3 y hasta el final de la lista.

comidas[:] develve una copia de la lista con todos sus ítems (del primero al último). Básicamente, comidas[:] crea una nueva lista con una copia de todos los ítems en comidas. Esta es una forma de copiar la lista más corta que, por ejemplo, lo que hace la función obtenerDuplicadoTablero() en el juego de Ta Te Ti.

No puedes agregar o quitar ítems de una lista mientras estás iterando sobre ella. Python puede perder la cuenta de cuál debería ser el próximo valor de la variable comida si el tamaño de la lista comidas está cambiando. Piensa en lo difícil que sería contar el número de caramelos en un frasco mientras alguien está agregando o quitando caramelos.

Pero si iteras sobre una copia de la lista (y la copia no cambia mientras lo haces), agregar o quitar ítems de la lista original no será un problema.

Quitando los Cuadrados de Comida

```
116.            if verifSuperposiciónRects(rebotín['rect'], comida):
117.                comidas.remove(comida)
```

La línea 116 es donde verifSuperposiciónRects() resulta útil. Si el rebotín y el cuadrado de comida se superponen, entonces verifSuperposiciónRects() devuelve True y la línea 117 quita el cuadrado de comida superpuesto de la lista de comidas.

Dibujando los Cuadrados de Comida en la Pantalla

```
119.        # Dibuja la comida
120.        for i in range(len(comidas)):
121.            pygame.draw.rect(superficieVentana, VERDE, comidas[i])
```

El código en las líneas 120 y 121 es similar a la forma en que dibujamos el cuadrado blanco para el jugador. La línea 120 pasa por cada cuadrado de comida sobre la superficie de superficieVentana. Este programa es similar al programa del rebotín en el capítulo anterior, sólo que ahora el cuadrado que rebota se "come" a los otros cuadrados si pasa por encima de ellos.

Estos últimos programas son interesantes para observar, pero el usuario no puede controlar nada. En el siguiente programa, aprenderemos a obtener entradas desde el teclado.

Código Fuente del Programa de Entradas de Teclado

Crea un archivo nuevo y escribe el siguiente código, luego guárdalo como *pygameEntrada.py*. Si obtienes errores luego de haber escrito el código, compara el código que has escrito con el del libro usando la herramienta digg online en http://invpy.com/es/diff/pygameEntrada.

pygameEntrada.py

```python
1. import pygame, sys, random
2. from pygame.locals import *
3.
4. # configurar pygame
5. pygame.init()
6. relojPrincipal = pygame.time.Clock()
7.
8. # configurar la ventana
9. ANCHOVENTANA = 400
10. ALTURAVENTANA = 400
11. superficieVentana = pygame.display.set_mode((ANCHOVENTANA, ALTURAVENTANA),
0, 32)
12. pygame.display.set_caption('Entrada')
13.
14. # configurar los colores
15. NEGRO = (0, 0, 0)
16. VERDE = (0, 255, 0)
17. BLANCO = (255, 255, 255)
18.
19. # configurar estructura de datos del jugador y la comida
20. contadorDeComida = 0
21. NUEVACOMIDA = 40
22. TAMAÑOCOMIDA = 20
23. jugador = pygame.Rect(300, 100, 50, 50)
24. comidas = []
25. for i in range(20):
26.     comidas.append(pygame.Rect(random.randint(0, ANCHOVENTANA -
TAMAÑOCOMIDA), random.randint(0, ALTURAVENTANA - TAMAÑOCOMIDA), TAMAÑOCOMIDA,
TAMAÑOCOMIDA))
27.
28. # configurar variables de movimiento
29. moverseIzquierda = False
30. moverseDerecha = False
31. moverseArriba = False
32. moverseAbajo = False
33.
34. VELOCIDADMOVIMIENTO = 6
35.
```

```
36.
37. # ejecutar el bucle del juego
38. while True:
39.     # comprobar eventos
40.     for evento in pygame.event.get():
41.         if evento.type == QUIT:
42.             pygame.quit()
43.             sys.exit()
44.         if evento.type == KEYDOWN:
45.             # cambiar las variables del teclado
46.             if evento.key == K_LEFT or evento.key == ord('a'):
47.                 moverseDerecha = False
48.                 moverseIzquierda = True
49.             if evento.key == K_RIGHT or evento.key == ord('d'):
50.                 moverseIzquierda = False
51.                 moverseDerecha = True
52.             if evento.key == K_UP or evento.key == ord('w'):
53.                 moverseAbajo = False
54.                 moverseArriba = True
55.             if evento.key == K_DOWN or evento.key == ord('s'):
56.                 moverseArriba = False
57.                 moverseAbajo = True
58.         if evento.type == KEYUP:
59.             if evento.key == K_ESCAPE:
60.                 pygame.quit()
61.                 sys.exit()
62.             if evento.key == K_LEFT or evento.key == ord('a'):
63.                 moverseIzquierda = False
64.             if evento.key == K_RIGHT or evento.key == ord('d'):
65.                 moverseDerecha = False
66.             if evento.key == K_UP or evento.key == ord('w'):
67.                 moverseArriba = False
68.             if evento.key == K_DOWN or evento.key == ord('s'):
69.                 moverseAbajo = False
70.             if evento.key == ord('x'):
71.                 jugador.top = random.randint(0, ALTURAVENTANA - jugador.height)
72.                 jugador.left = random.randint(0, ANCHOVENTANA - jugador.width)
73.
74.         if evento.type == MOUSEBUTTONUP:
75.             comidas.append(pygame.Rect(evento.pos[0], evento.pos[1], TAMAÑOCOMIDA, TAMAÑOCOMIDA))
76.
77.     contadorDeComida += 1
78.     if contadorDeComida >= NUEVACOMIDA:
79.         # agregar nueva comida
```

```
80.           contadorDeComida = 0
81.           comidas.append(pygame.Rect(random.randint(0, ANCHOVENTANA -
TAMAÑOCOMIDA), random.randint(0, ALTURAVENTANA - TAMAÑOCOMIDA), TAMAÑOCOMIDA,
TAMAÑOCOMIDA))
82.
83.      # dibujar el fondo negro sobre la superficie
84.      superficieVentana.fill(NEGRO)
85.
86.      # mover al jugador
87.      if moverseAbajo and jugador.bottom < ALTURAVENTANA:
88.          jugador.top += VELOCIDADMOVIMIENTO
89.      if moverseArriba and jugador.top > 0:
90.          jugador.top -= VELOCIDADMOVIMIENTO
91.      if moverseIzquierda and jugador.left > 0:
92.          jugador.left -= VELOCIDADMOVIMIENTO
93.      if moverseDerecha and jugador.right < ANCHOVENTANA:
94.          jugador.right += VELOCIDADMOVIMIENTO
95.
96.      # dibujar al jugador sobre la superficie
97.      pygame.draw.rect(superficieVentana, BLANCO, jugador)
98.
99.      # comprobar si el jugador ha intersectado alguno de los cuadrados de
comida
100.     for comida in comidas[:]:
101.         if jugador.colliderect(comida):
102.             comidas.remove(comida)
103.
104.     # dibujar la comida
105.     for i in range(len(comidas)):
106.         pygame.draw.rect(superficieVentana, VERDE, comidas[i])
107.
108.     # dibujar la ventana sobre la pantalla
109.     pygame.display.update()
110.     relojPrincipal.tick(40)
```

Este programa es idéntico al programa de detección de colisiones. Pero en este programa, el rebotín sólo se mueve mientras el jugador mantiene pulsadas las flechas del teclado.

También puedes hacer clic en cualquier lugar de la ventana y crear nuevos objetos comida. Además, la tecla ESC sale del programa y la "X" teletransporta al jugador a un lugar aleatorio en la pantalla.

Configurando la Ventana y las Estructuras de Datos

Comenzando en la línea 29, el código configura algunas variables que registran el movimiento del rebotín.

```
28. # configurar variables de movimiento
29. moverseIzquierda = False
30. moverseDerecha = False
31. moverseArriba = False
32. moverseAbajo = False
```

Las cuatro variables tiene valores Booleanos para registrar cuáles de las flechas del teclado están siendo pulsadas. Por ejemplo, cuando el usuario pulsa la flecha izquierda en su teclado, se asigna True a moverseIzquierda. Cuando el usuario suelta la tecla, moverseIzquierda vuelve a ser False.

Las líneas 34 a 43 son idénticas al código en los programas Pygame anteriores. Estas líneas gestionan el comienzo del bucle de juego y qué hacer cuando el usuario sale del programa. Omitiremos la explicación de este código que ya ha sido cubierto en el capítulo anterior.

Eventos y Manejo del Evento KEYDOWN

El código para manejar los eventos de tecla pulsada y tecla liberada comienza en la línea 44. Al comienzo del programa, se asigna False a todos estos eventos.

```
44.         if evento.type == KEYDOWN:
```

Pygame tiene un tipo de evento llamado KEYDOWN. Este es uno de los otros eventos que Pygame puede generar. La Tabla 18-1 muestra una breve lista de los eventons que pueden ser devueltos por pygame.event.get().

Tabla 18-1: Eventos y cuándo son generados.

Tipo de Evento	Descripción
QUIT	Se genera cuando el usuario cierra la ventana.
KEYDOWN	Se genera cuando el usuario pulsa una tecla. Tiene un atributo key que indica cuál fue la tecla pulsada. También tiene un atributo mod que indica si las teclas Shift, Ctrl, Alt u otras teclas estaban siendo pulsadas en el momento en que se generó el evento.
KEYUP	Se genera cuando el usuario suelta una tecla. Tiene atributos key y mod similares a los del evento KEYDOWN.
MOUSEMOTION	Se genera cada vez que el ratón se desplaza sobre la ventana. Tiene un atributo pos que devuelve la tupla (x, y) con las coordenadas del ratón sobre la ventana. El atributo rel también devuelve una tupla (x, y), pero da coordenadas relativas a las del último evento MOUSEMOTION. Por ejemplo, si el mouse se mueve cuatro píxeles hacia la izquierda desde (200, 200) hasta (196, 200), el atributo rel será el valor de tupla (-4, 0).
	El atributo buttons devuelve una tupla de tres enteros. El primer entero de la tupla corresponde al botón izquierdo del ratón, el segundo entero al botón central del ratón (en caso de que haya un botón central), y el tercero al botón derecho del ratón. Estos enteros serán 0 si los botones no están siendo pulsados y 1 en caso de que los botones estén siendo pulsados.
MOUSEBUTTONDOWN	Se genera cuando un botón del ratón es pulsado sobre la ventana. Este evento tiene un atributo pos que consiste en una tupla (x, y) con las coordenadas del lugar donde el botón del ratón fue pulsado. También hay un atributo button que es un entero comprendido entre 1 y 5 e indica qué botón del ratón fue pulsado, como se explica en la Tabla 18-2.
MOUSEBUTTONUP	Se genera al soltar el botón del ratón. Tiene los mismos atributos que el evento MOUSEBUTTONDOWN.

Tabla 18-2: Los valores del atributo button y su correspondiente botón del ratón.

Valor de button	Botón del ratón
1	Botón izquierdo
2	Botón central
3	Botón derecho
4	Rueda de desplazamiento movida hacia arriba
5	Rueda de desplazamiento movida hacia abajo

Asignando las Cuatro Variables del Teclado

```
45.              # cambiar las variables del teclado
46.          if evento.key == K_LEFT or evento.key == ord('a'):
47.              moverseDerecha = False
48.              moverseIzquierda = True
49.          if evento.key == K_RIGHT or evento.key == ord('d'):
50.              moverseIzquierda = False
51.              moverseDerecha = True
52.          if evento.key == K_UP or evento.key == ord('w'):
53.              moverseAbajo = False
54.              moverseArriba = True
55.          if evento.key == K_DOWN or evento.key == ord('s'):
56.              moverseArriba = False
57.              moverseAbajo = True
```

Si el tipo de evento es KEYDOWN, el objeto evento tendrá un atributo key que indica qué tecla ha sido pulsada. La línea 46 compara este atributo con K_LEFT, que es la constante de pygame.locals que representa la flecha izquierda del teclado. Las líneas 49 a 57 realizan comprobaciones similares para cada una de las otras flechas del teclado: K_RIGHT, K_UP, K_DOWN.

Cuando una de estas teclas es pulsada, se asigna True a la variable de movimiento correspondiente. Además, se asigna False a la variable de movimiento en la dirección opuesta.

Por ejemplo, el programa ejecuta las líneas 47 y 48 cuando se pulsa la flecha izquierda. En este caso, se asigna True a moverseIzquierda y False a moverseDerecha (es posible que moverseDerecha ya sea False desde antes, pero le asignamos False sólo para estar seguros).

En la línea 46, evento.key puede ser igual a K_LEFT u ord('a'). El valor en evento.key corresponde al valor ordinal entero de la tecla que fue pulsada en el teclado. (No hay valores ordinales para las flechas del teclado, por eso es que usamos la variable constante K_LEFT.) Puedes usar la función ord() para obtener el valor ordinal de cualquier caracter y compararlo con evento.key.

Al ejecutar el código en las líneas 47 y 48 en caso de que la tecla pulsada haya sido K_LEFT u ord('a'), estamos haciendo que la flecha izquierda y la tecla A hagan la misma cosa. El conjunto de teclas W, A, S y D es una alternativa a las flechas del teclado para jugadores que prefieren utilizar la mano izquierda para jugar.

Figura 18-5: Las teclas WASD pueden ser programadas para hacer lo mismo que las flechas del teclado.

Manipulando el Evento KEYUP

```
58.         if evento.type == KEYUP:
```

Cuando el usuario libera la tecla que mantenía pulsada, se genera un evento KEYUP.

```
59.             if evento.key == K_ESCAPE:
60.                 pygame.quit()
61.                 sys.exit()
```

Si la tecla que el usuario liberó es la tecla ESC, se termina el programa. Recuerda, en Pygame debes llamar a la función pygame.quit() antes de llamar a la función sys.exit().

Las líneas 62 a 69 asignan False a una variable de movimiento si la tecla correspondiente a esa dirección ha sido liberada.

```
62.             if evento.key == K_LEFT or evento.key == ord('a'):
63.                 moverseIzquierda = False
64.             if evento.key == K_RIGHT or evento.key == ord('d'):
```

```
65.                    moverseDerecha = False
66.               if evento.key == K_UP or evento.key == ord('w'):
67.                    moverseArriba = False
68.               if evento.key == K_DOWN or evento.key == ord('s'):
69.                    moverseAbajo = False
```

Teletransportando al Jugador

```
70.                    if evento.key == ord('x'):
71.                         jugador.top = random.randint(0, ALTURAVENTANA -
jugador.height)
72.                         jugador.left = random.randint(0, ANCHOVENTANA -
jugador.width)
```

También podemos agregar teletransporte al juego. Si el usuario pulsa la tecla "X", las líneas 71 y 72 asignarán a la posición del cuadrado del jugador un lugar aleatorio de la ventana. Esto dará al jugador la habilidad de teletransportarse por la ventana pulsando la tecla "X". Si bien no puede controlar a dónde se teletransportará; es completamente aleatorio.

Manipulando el evento MOUSEBUTTONUP

```
74.          if evento.type == MOUSEBUTTONUP:
75.               comidas.append(pygame.Rect(evento.pos[0], evento.pos[1],
TAMAÑOCOMIDA, TAMAÑOCOMIDA))
```

Las entradas del ratón son manipuladas a través de eventos, igual que las entradas del teclado. El evento MOUSEBUTTONUP ocurre cuando el usuario suelta el botón del ratón luego de hacer clic. Se asigna al atributo pos del objeto Event una tupla de dos enteros correspondientes a las coordenadas XY de la posición del ratón en el momento del clic.

En la línea 75, la coordenada X se almacena en evento.pos[0] y la coordenada Y se almacena en evento.pos[1]. La línea 75 crea un nuevo objeto Rect que representa una nueva comida y la ubica donde ha ocurrido el evento MOUSEBUTTONUP. Al agregar un nuevo objeto Rect a la lista de comidas se muestra en la pantalla un nuevo cuadrado de comida.

Desplazando al Jugador por la Pantalla

```
86.     # mover al jugador
87.     if moverseAbajo and jugador.bottom < ALTURAVENTANA:
88.          jugador.top += VELOCIDADMOVIMIENTO
89.     if moverseArriba and jugador.top > 0:
90.          jugador.top -= VELOCIDADMOVIMIENTO
```

```
91.         if moverseIzquierda and jugador.left > 0:
92.             jugador.left -= VELOCIDADMOVIMIENTO
93.         if moverseDerecha and jugador.right < ANCHOVENTANA:
94.             jugador.right += VELOCIDADMOVIMIENTO
```

Hemos asignado a las variables de movimiento (moverseAbajo, moverseArriba, moverseIzquierda y moverseDerecha) True o False dependiendo de qué teclas haya presionado el jugador. Ahora desplazaremos el cuadrado del jugador (representado por el objeto pygame.Rect almacenado en jugador) ajustando las coordenadas XY del jugador.

Si se ha asignado True a moverseAbajo (y el borde inferior del cuadrado del jugador no está por debajo del borde inferior de la pantalla), la línea 88 moverá el cuadrado del jugador hacia abajo agregando VELOCIDADMOVIMIENTO al valor actual del atributo top del jugador. Las líneas 89 a 94 hacen lo mismo para las otras tres direcciones.

El Método colliderect()

```
99.       # comprobar si el jugador ha intersectado alguno de los cuadrados de
comida
100.      for comida in comidas[:]:
101.          if jugador.colliderect(comida):
102.              comidas.remove(comida)
```

En el programa anterior Detección de Colisiones, la función verifSuperposiciónRects() comprobaba si un rectángulo había colisionado con otro. Esta función fue incluida en este libro para que entendieras cómo funciona el código detrás de la detección de colisiones.

En este programa, puedes usar la función de detección de colisiones que viene con Pygame. El método colliderect() de los objetos pygame.Rect recibe como argumento otro objeto pygame.Rect y devuelve True en caso de que los dos rectángulos colisionen y False si no colisionan.

```
110.      relojPrincipal.tick(40)
```

El resto del código es similar al de los programas de Entrada y Detección de Colisiones.

Resumen

Este capítulo presentó el concepto de detección de colisiones, el cual se encuentra en muchos juegos gráficos. Detectar colisiones entre dos rectángulos es fácil: se comprueba si alguna de las esquinas de cada rectángulo está dentro del otro rectángulo. Esta comprobación es tan común que

Pygame incluye su propio método de detección de colisiones para objetos `pygame.Rect` llamado `colliderect()`.

Los primeros juegos de este libro utilizaban la consola de texto. La salida del programa se escribía en la pantalla y la entrada era texto que el jugador escribía con el teclado. Los programas gráficos, en cambio, pueden aceptar entradas del teclado y del ratón.

Por otra parte, estos programas pueden responder a los eventos generados cuando el jugador pulsa o libera teclas individuales. El usuario no necesita escribir una respuesta completa y pulsar INTRO. Esto permite que el programa responda instantáneamente, lo que resulta en juegos mucho más interactivos.

Chapter 19

SONIDOS E IMÁGENES

Temas Tratados en Este Capítulo:
- Archivos de Sonido e Imagen
- Dibujando Sprites
- La Función pygame.image.load()
- El Tipo de Datos pygame.mixer.Sound
- El Módulo pygame.mixer.music

En los últimos dos capítulos, hemos aprendido cómo hacer programas GUI que muestran gráficos y pueden aceptar entradas del teclado y del ratón. También hemos aprendido cómo dibujar diferentes formas. En este capítulo aprenderemos cómo mostrar fotos e imágenes (llamadas sprites) y reproducir sonidos y música en nuestros juegos.

Sprite es el nombre dado a una imagen individual bidimensional que se usa como parte de los gráficos en la pantalla. La Figura 19-1 muestra algunos ejemplos de sprites.

Figura 19-1: Algunos ejemplos de sprites.

La Figura 19-2 muestra sprites utilizados en una escena completa.

Figura 19-2: Un ejemplo de una escena completa, con sprites dibujados sobre una imagen de fondo.

Los sprites se dibujan sobre una imagen de fondo. Nota que puedes invertir el sprite horizontalmente o verticalmente de modo que las imágenes se den vuelta. Puedes dibujar el mismo sprite múltiples veces en la misma ventana. También puedes redimensionar los sprites para que sean más grandes o más pequeños que la imagen original. Podemos considerar a la imagen de fondo como un gran sprite.

El siguiente programa demostrará cómo reproducir sonidos y dibujar sprites usando Pygame.

Archivos de Sonido e Imagen

Los sprites son almacenados en archivos de imagen en tu computadora. Pygame puede usar varios formatos diferentes de imagen. Puedes darte cuenta cuál es el formato de un archivo mirando al final del nombre de **archivo** (después del último punto). Esto se denomina la extensión del archivo. Por ejemplo, el archivo *jugador.png* tiene formato PNG. Los formatos de imagen soportados por Pygame incluyen BMP, PNG, JPG, y GIF.

Puedes descargar imágenes de tu navegador. En la mayoría de los navegadores, tienes que hacer clic con el botón derecho sobre una imagen en una página web y seleccionar Guardar del menú que aparece. Recuerda en qué lugar de tu disco guardas el archivo de imagen. Copia el archivo de la imagen descargada a la misma carpeta que el archivo *.py* de tu programa de Python. También puedes crear tus propias imágenes con un programa de dibujo como MS Paint o Tux Paint.

Los formatos de archivos de sonido que Pygame soporta son MID, WAV y MP3. Puedes descargar efectos de sonido de Internet igual que los archivos de imagen. Deben estar en uno de estos tres formatos. Si tu computadora tiene un micrófono, también puedes grabar sonidos y crear tus propios archivos WAV para usar en tus juegos.

Programa Sprites y Sonidos

Este programa es igual que el programa de entradas del teclado y del ratón del capítulo anterior. Sin embargo, en este programa usaremos sprites en lugar de cuadrados sin dibujos. Usaremos un sprite de una personita en lugar del cuadrado blanco del jugador, y un sprite de cerezas reemplazando a los cuadrados verdes de comida. También reproduciremos música de fondo y un efecto de sonido cuando el sprite del jugador se coma una de las cerezas.

Código Fuente del Programa Sprites y Sonidos

Si sabes cómo usar software de gráficos como Photoshop o MS Paint, puedes dibujar tus propias imágenes. Si no sabes usar estos programas, puedes descargar gráficos de sitios web y usar esos archivos de imagen. Lo mismo vale para archivos de música y sonido. También puedes usar imágenes de sitios web o de una cámara digital. Puedes descargar los archivos de imagen y sonido del sitio web de este libro en http://invpy.com/es.

Si obtienes errores luego de escribir este código, compara lo que has escrito con el código del libro usando la herramienta diff online en http://invpy.com/es/diff/spritesYsonidos.

```
                                          spritesYsonidos.py
 1. import pygame, sys, time, random
 2. from pygame.locals import *
 3.
 4. # configurar pygame
 5. pygame.init()
 6. relojPrincipal = pygame.time.Clock()
 7.
 8. # configurar la ventana
 9. ANCHOVENTANA = 400
10. ALTOVENTANA = 400
11. superficieVentana = pygame.display.set_mode((ANCHOVENTANA, ALTOVENTANA),
0, 32)
12. pygame.display.set_caption('Sprites y Sonido')
13.
14. # configurar los colores
15. NEGRO = (0, 0, 0)
16.
17. # configurar la estructura de bloque de datos
```

```
18. jugador = pygame.Rect(300, 100, 40, 40)
19. imagenJugador = pygame.image.load('jugador.png')
20. imagenEstiradaJugador = pygame.transform.scale(imagenJugador, (40, 40))
21. imagenComida = pygame.image.load(cereza.png')
22. comidas = []
23. for i in range(20):
24.     comidas.append(pygame.Rect(random.randint(0, ANCHOVENTANA - 20),
random.randint(0, ALTOVENTANA - 20), 20, 20))
25.
26. contadorComida = 0
27. NUEVACOMIDA = 40
28.
29. # configurar variables del teclado
30. moverseIzquierda = False
31. moverseDerecha = False
32. moverseArriba = False
33. moverseAbajo = False
34.
35. VELOCIDADMOVIMIENTO = 6
36.
37. # configurar música
38. sonidoRecolección = pygame.mixer.Sound('recolección.wav')
39. pygame.mixer.music.load('musicaDeFondo.mid')
40. pygame.mixer.music.play(-1, 0.0)
41. músicaSonando = True
42.
43. # ejecutar el bucle del juego
44. while True:
45.     # comprobar si se ha disparado el evento QUIT (salir)
46.     for evento in pygame.event.get():
47.         if evento.type == QUIT:
48.             pygame.quit()
49.             sys.exit()
50.         if evento.type == KEYDOWN:
51.             # cambiar las variables del teclado
52.             if evento.key == K_LEFT or evento.key == ord('a'):
53.                 moverseDerecha = False
54.                 moverseIzquierda = True
55.             if evento.key == K_RIGHT or evento.key == ord('d'):
56.                 moverseIzquierda = False
57.                 moverseDerecha = True
58.             if evento.key == K_UP or evento.key == ord('w'):
59.                 moverseAbajo = False
60.                 moverseArriba = True
61.             if evento.key == K_DOWN or evento.key == ord('s'):
62.                 moverseArriba = False
63.                 moverseAbajo= True
```

```
64.            if evento.type == KEYUP:
65.                if evento.key == K_ESCAPE:
66.                    pygame.quit()
67.                    sys.exit()
68.                if evento.key == K_LEFT or evento.key == ord('a'):
69.                    moverseIzquierda = False
70.                if evento.key == K_RIGHT or evento.key == ord('d'):
71.                    moverseDerecha = False
72.                if evento.key == K_UP or evento.key == ord('w'):
73.                    moverseArriba = False
74.                if evento.key == K_DOWN or evento.key == ord('s'):
75.                    moverseAbajo = False
76.                if evento.key == ord('x'):
77.                    jugador.top = random.randint(0, ALTOVENTANA-
jugador.height)
78.                    jugador.left = random.randint(0, ANCHOVENTANA-
jugador.width)
79.                if evento.key == ord('m'):
80.                    if músicaSonando:
81.                        pygame.mixer.music.stop()
82.                    else:
83.                        pygame.mixer.music.play(-1, 0.0)
84.                    músicaSonando = not músicaSonando
85.
86.            if evento.type == MOUSEBUTTONUP:
87.                comidas.append(pygame.Rect(evento.pos[0] - 10, evento.pos[1] -
10, 20, 20))
88.
89.        contadorComida += 1
90.        if contadorComida >= NUEVACOMIDA:
91.            # agregar nueva comida
92.            contadorComida = 0
93.            comidas.append(pygame.Rect(random.randint(0, ANCHOVENTANA - 20),
random.randint(0, ALTOVENTANA - 20), 20, 20))
94.
95.        # pintar el fondo negro sobre la superficie
96.        superficieVentana.fill(NEGRO)
97.
98.        # move the player
99.        if moverseAbajo and jugador.bottom < ALTOVENTANA:
100.            jugador.top += VELOCIDADMOVIMIENTO
101.        if moverseArriba and jugador.top > 0:
102.            jugador.top -= VELOCIDADMOVIMIENTO
103.        if moverseIzquierda and jugador.left > 0:
104.            jugador.left -= VELOCIDADMOVIMIENTO
105.        if moverseDerecha and jugador.right < ANCHOVENTANA:
106.            jugador.right += VELOCIDADMOVIMIENTO
```

```
107.
108.
109.      # dibujar el bloque sobre la superficie
110.      superficieVentana.blit(imagenEstiradaJugador, jugador)
111.
112.      # comprobar si el jugador ha intersectado alguno de los cuadrados de
comida
113.      for comida in comidas[:]:
114.          if jugador.colliderect(comida):
115.              comidas.remove(comida)
116.              jugador = pygame.Rect(jugador.left, jugador.top, jugador.width
+ 2, jugador.height + 2)
117.              imagenEstiradaJugador = pygame.transform.scale(imagenJugador,
(jugador.width, jugador.height))
118.              if músicaSonando:
119.                  sonidoRecolección.play()
120.
121.      # dibujar la comida
122.      for comida in comidas:
123.          superficieVentana.blit(imagenComida, comida)
124.
125.      # dibujar la ventana sobre la pantalla
126.      pygame.display.update()
127.      relojPrincipal.tick(40)
```

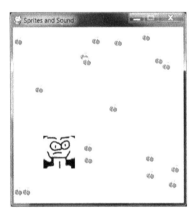

Figura 19-3: Una captura de pantalla modificada del juego Sprites y Sonidos.

Configurando la Ventana y la Estructura de Datos

La mayoría del código de este programa es igual al programa Detección de Colisiones del capítulo anterior. Nos enfocaremos sólo en las partes que agregan sprites y sonido.

```
12. pygame.display.set_caption('Sprites y Sonido')
```

Primero, configuramos la leyenda de la barra de título a una cadena que describa este programa en la línea 12. Pasamos la cadena 'Sprites y Sonido' a la función pygame.display.set_caption().

```
17. # configurar la estructura de bloque de datos
18. jugador = pygame.Rect(300, 100, 40, 40)
19. imagenJugador = pygame.image.load('jugador.png')
20. imagenEstiradaJugador = pygame.transform.scale(imagenJugador, (40, 40))
21. imagenComida = pygame.image.load(cereza.png')
```

Vamos a usar tres variables diferentes para representar al jugador, a diferencia de los programas anteriores que sólo usaban una.

La variable jugador en la línea 18 almacenará un objeto rect que registra el tamaño y la posición del jugador. La variable no contiene la imagen del jugador, sólo su tamaño y posición. Al principio del programa, la esquina superior izquierda del jugador se ubica en (300, 100) y el jugador tiene una altura y un ancho de 40 píxeles para empezar.

La segunda variable de la línea 19 que representa al jugador es imagenJugador. la función pygame.image.load() recibe una cadena con el nombre de archivo de la imagen a cargar. El valor de retorno es un objeto Surface que tiene el gráfico del archivo dibujado sobre su superficie. Guardamos este objeto Surface dentro de imagenJugador.

La tercera variable se explica en la próxima sección.

La Función pygame.transform.scale()

En la línea 20, utilizamos una nueva función en el módulo pygame.transform. La función pygame.transform.scale() puede reducir o agrandar un sprite. El primer argumento es un objeto pygame.Surface con la imaten dibujada sobre él. El segundo argumento es una tupla con los nuevos ancho y altura de la imagen en el primer argumento. La función The pygame.transform.scale() devuelve un objeto pygame.Surface con la imagen dibujada en un nuevo tamaño. Almacenaremos la imagen original en la variable imagenJugador, y la imagen estirada se guardará en la variable imagenEstiradaJugador.

En la línea 21, llamamos nuevamente a pygame.image.load() para crear un objeto Surface con la imagen de una cereza dibujada sobre él. Asegúrate de tener los archivos *jugador.png* y *cereza.png* en la misma carpeta que el archivo *spritesYsonido.py*, pues de otro modo Pygame no podrá encontrarlos y dará un error.

Activando y Desactivando el Sonido

```
37. # configurar música
38. sonidoRecolección = pygame.mixer.Sound('recolección.wav')
39. pygame.mixer.music.load('musicaDeFondo.mid')
40. pygame.mixer.music.play(-1, 0.0)
41. músicaSonando = True
```

A continuación necesitas cargar los archivos de sonido. Hay dos módulos para sonido en Pygame. El módulo pygame.mixer puede reproducir efectos de sonido breves durante el juego. El módulo pygame.mixer.music puede reproducir música de fondo.

Llamamos a la función constructor `pygame.mixer.Sound()` para crear un objeto `pygame.mixer.Sound` (llamado objeto Sound por brevedad). Este objeto tiene un método `play()` que reproducirá el efecto de sonido al ser llamado.

La línea 39 llama a `pygame.mixer.music.load()` para cargar la música de fondo. La línea 40 llama a `pygame.mixer.music.play()` para comenzar a reproducir la música de fondo. El primer parámetro indica a Pygame cuántas veces repetir la música de fondo luego de la primera vez que se reproduce. Es decir que pasar 5 como argumento hará que Pygame reproduzca la música de fondo 6 veces. -1 es un valor especial, y pasarlo como el primer parámetro hace que la música de fondo se repita siempre.

El segundo parámetro de `pygame.mixer.music.play()` es el punto en que el archivo de sonido comienza su reproducción. Pasar 0.0 hace que la música comience desde el principio. Pasar 2.5 como segundo parámetro hace que la música de fondo comience dos segundos y medio después del principio.

Finalmente, la variable musicPlaying tendrá un valor Booleano que indica al programa si debe reproducir la música de fondo y los efectos o no. Es bueno dar al jugador la opción de poder ejecutar el programa en modo silencioso.

Activando y Desactivando el Sonido

```
79.             if evento.key == ord('m'):
80.                 if músicaSonando:
81.                     pygame.mixer.music.stop()
82.                 else:
83.                     pygame.mixer.music.play(-1, 0.0)
84.                 músicaSonando = not músicaSonando
```

La tecla M activa y desactiva la música de fondo. Si músicaSonando tiene asignado el valor True, la música de fondo está reproduciéndose y debemos desactivar la música llamando a pygame.mixer.music.stop(). Si músicaSonando tiene asignado False, entonces la música de fondo no está sonando y debería activarse llamando a pygame.mixer.music.play().

Finalmente, sin importar el estado actual, queremos conmutar el valor de músicaSonando. **Conmutar** un Booleano significa asignar el opuesto a su valor. La línea músicaSonando = not músicaSonando asigna False a la variable si tiene el valor True, o le asigna True si tiene el valor False. Piensa en esta conmutación como lo que ocurre cuando accionas un interruptor de luz: mover el interruptor cambia al estado opuesto.

Dibujando al Jugador sobre la Ventana

```
109.      # dibujar el bloque sobre la superficie
110.      superficieVentana.blit(imagenEstiradaJugador, jugador)
```

Recuerda que el valor almacenado en imagenEstiradaJugador es un objeto Surface. La línea 110 dibuja el sprite del jugador sobre el objeto Surface de la ventana (el cual se almacena en superficieVentana).

El segundo parámetro del método blit() es un objeto Rect que especifica dónde en el objeto Surface se dibujará el sprite. El objeto Rect almacenado en jugador es el que registra la posición del jugador en la ventana.

Comprobando si el Jugador Ha Colisionado con Cerezas

```
114.         if jugador.colliderect(comida):
115.             comidas.remove(comida)
116.             jugador = pygame.Rect(jugador.left, jugador.top, jugador.width
+ 2, jugador.height + 2)
117.             imagenEstiradaJugador = pygame.transform.scale(imagenJugador,
(jugador.width, jugador.height))
118.             if músicaSonando:
119.                 sonidoRecolección.play()
```

Este código es similar al de programas anteriores, pero hay un par de líneas nuevas. Llamamos al método play() sobre el objeto Sonido almacenado en la variable sonidoRecolección. Pero sólo lo hacemos si el valor de músicaSonando es True (lo que significa que el sonido está activado).

Cuando el jugador se come una de las cerezas, su altura y ancho se incrementan en dos píxeles. En la línea 116 se asigna a jugador un nuevo objeto Rect que es 2 píxeles más grande que el viejo objeto Rect.

Aunque el objeto Rect representa la posición y el tamaño del jugador, la imagen del jugador se almacena en `imagenEstiradaJugador` como un objeto Surface. Crearemos una nueva imagen estirada llamando a `pygame.transform.scale()`. Asegúrate de pasarle a esta función el objeto Surface original en `imagenJugador` y no `imagenEstiradaJugador`.

Estirar una imegen suele distorsionarla un poco. Si continuamos estirando la misma imagen una y otra vez, las distorsiones se acumulan rápidamente. Pero si estiramos la imagen original a un nuevo tamaño, distorsionamos la imagen una sola vez. Es por esto que usamos `imagenJugador` como primer argumento de `pygame.transform.scale()`.

Dibujando las Cerezas sobre la Ventana

```
121.        # dibujar la comida
122.        for comida in comidas:
123.            superficieVentana.blit(imagenComida, comida)
```

En los programas anteriores llamamos a la función `pygame.draw.rect()` para dibujar un cuadrado verde por cada objeto Rect guardado en la lista de comidas. En cambio, en este programa queremos dibujar el sprite cereza en su lugar. Llamamos al método `blit()` y le pasamos el objeto Surface almacenado en `imagenComida`. (Este es el objeto Surface con la imagen de las cerezas).

La variable `comida` (la cual contiene una vez a cada uno de los objetos Rect en la lista `comidas` por cada iteración del bucle) indica al método blit() dónde dibujar `imagenComida`.

Resumen

Este capítulo ha agregado imágenes y sonido a tus juegos. Las imágenes (llamadas sprites) se ven mucho mejor que las siluetas de formas simples usadas en los programas anteriores. El juego presentado en este capítulo también reproduce música de fondo y efectos de sonido.

Los sprites pueden ser escalados (es decir, estirados) a tamaños mayores o menores. De este modo podemos mostrar sprites de cualquier tamaño que queramos. Esto será útil para el juego presentado en el próximo capítulo.

Ahora que sabemos cómo crear una ventana, mostrar sprites, dibujar primitivas, recibir entradas de teclado y ratón, reproducir sonidos e implementar detección de colisiones, estamos listos para crear un juego gráfico en Pygame. El próximo capítulo combinará todos estos elementos para crear el más avanzado de nuestros juegos hasta ahora.

Capítulo 20

EVASOR

Temas Tratados En Este Capítulo:
- La bandera `pygame.FULLSCREEN`
- Variables constantes de Pygame para las teclas
- El método `Rect.move_ip()`
- La función `pygame.mouse.set_pos()`
- Implementando códigos de trucos
- Modificando el juego Evasor

En los últimos tres capítulos hemos repasado el módulo Pygame y demostrado cómo usar sus múltiples características. En este capítulo, usaremos ese conocimiento para crear un juego gráfico llamado Evasor.

En el juego Evasor el jugador controla a una pequeña persona (a quien llamamos el personaje del jugador) que debe evadir a un montón de villanos que caen desde el borde superior de la pantalla. Cuanto más tiempo consiga el jugador evadir a los villanos mejor puntaje obtendrá en el juego.

Sólo por diversión, hemos agregado también al juego algunos trucos. Si el jugador mantiene pulsada la tecla "x", los villanos comienzan a moverse super lento. Si el jugador mantiene pulsada la tecla "z", los villanos revertirán su trayectoria y se moverán hacia arriba en lugar de hacia abajo.

Revisión de los Tipos de Datos Básicos Pygame

Revisemos algunos de los tipos de datos básicos usados en Pygame:

- `pygame.Rect` - Los objetos Rect representan la ubicación y el tamaño de un espacio rectangular. La ubicación puede determinarse a partir de su atributo `topleft` (o los atributos `topright`, `bottomleft` y `bottomright`). Estos atributos esquina son una tupla de enteros corresopndientes a las coordenadas X e Y. El tamaño puede determinarse a partir de los atributos `width` y `height`, números enteros que indican cuántos píxeles de ancho y cuántos de alto tiene el área rectangular. Los objetos Rect tienen un método `colliderect()` para comprobar si colisionan con otro objeto Rect.

- `pygame.Surface` - Los objetos Surface son áreas de píxeles coloreados. Los objetos Surface representan una imagen rectangular, mientras que los objetos Rect sólo representan un espacio rectangular y su ubicación. Los objetos Surface tienen un método blit() que se usa para dibujar la imagen de un objeto Surface sobre otro objeto Surface. El objeto Surface devuelto por la función pygame.display.set_mode() es especial porque cualquier cosa que dibujemos sobre ese objeto Surface se muestra en la pantalla del usuario al llamar a pygame.display.update().

- pygame.event.Event - El módulo pygame.event genera objetos Event cada vez que el usuario provee entradas de teclado, ratón o cualquier otro tipo de entradas. La función pygame.event.get() devuelve una lista de estos objetos Event. Puedes ver a qué tipo de evento corresponde el objeto Event mirando su atributo type. QUIT, KEYDOWN y MOUSEBUTTONUP son algunos ejemplos de tipos de eventos.

- pygame.font.Font - El módulo pygame.font tiene el tipo de datos Font que representa la fuente (tipografía) del texto en Pygame. Los argumentos que recibe pygame.font.SysFont() son una cadena con el nombre de la fuente y un entero con el tamaño de letra. Sin embargo es común ingresar None como nombre de la fuente para utilizar la fuente por defecto del sistema.

- pygame.time.Clock - El objeto Clock del módulo pygame.time es útil para evitar que nuestros juegos se ejecuten a la máxima velocidad posible. El objeto Clock tiene un método tick(), al cual le pasamos a cuántos cuadros por segundo (FPS) queremos que se ejecute el juego. Cuanto más alto sea el valor FPS, más rápido se ejecutará el juego.

Código Fuente de Evasor

Escribe el siguiente código y guárdalo en un archivo llamado *evasor.py*. Este juego requiere además otros archivos de sonido e imagen que puedes descargar de la URL http://invpy.com/es/diff/dodger.

```
evasor.py
1. import pygame, random, sys
2. from pygame.locals import *
3.
4. ANCHOVENTANA = 600
5. ALTOVENTANA = 600
6. COLORVENTANA = (255, 255, 255)
7. COLORFONDO = (0, 0, 0)
8. FPS = 40
9. TAMAÑOMINVILLANO = 10
10. TAMAÑOMAXVILLANO = 40
11. VELOCIDADMINVILLANO = 1
12. VELOCIDADMAXVILLANO = 8
13. TASANUEVOVILLANO = 6
14. TASAMOVIMIENTOJUGADOR = 5
```

```
15.
16.  def terminar():
17.      pygame.quit()
18.      sys.exit()
19.
20.  def esperarTeclaJugador():
21.      while True:
22.          for evento in pygame.event.get():
23.              if evento.type == QUIT:
24.                  terminar()
25.              if evento.type == KEYDOWN:
26.                  if evento.key == K_ESCAPE:  # Sale del juego al presionar
ESCAPE
27.                      terminar()
28.                  return
29.
30.  def jugadorGolpeaVillano(rectanguloJugador, villanos):
31.      for v in villanos:
32.          if rectanguloJugador.colliderect(v['rect']):
33.              return True
34.      return False
35.
36.  def dibujarTexto(texto, fuente, superficie, x, y):
37.      objetotexto = fuente.render(texto, 1, COLORVENTANA)
38.      rectangulotexto = objetotexto .get_rect()
39.      rectangulotexto.topleft = (x, y)
40.      superficie.blit(objetotexto, rectangulotexto)
41.
42.  # establece un pygame, la ventana y el cursor del raton
43.  pygame.init()
44.  relojPrincipal = pygame.time.Clock()
45.  superficieVentana = pygame.display.set_mode((ANCHOVENTANA, ALTOVENTANA))
46.  pygame.display.set_caption('Evasor')
47.  pygame.mouse.set_visible(False)
48.
49.  # establece las fuentes
50.  fuente = pygame.font.SysFont(None, 48)
51.
52.  # establece los sonidos
53.  sonidoJuegoTerminado = pygame.mixer.Sound('juegoterminado.wav')
54.  pygame.mixer.music.load('musicaDeFondo.mid')
55.
56.  # establece las imagenes
57.  imagenJugador = pygame.image.load('jugador.png')
58.  rectanguloJugador = imagenJugador.get_rect()
59.  imagenVillano = pygame.image.load('villano.png')
60.
```

```
61. # Muestra la pantalla inicial
62. dibujarTexto('Evasor', fuente, superficieVentana, (ANCHOVENTANA / 3)+40,
(ALTOVENTANA / 3))
63. dibujarTexto('Presione una tecla para comenzar.', fuente,
superficieVentana, (ANCHOVENTANA / 3) - 180, (ALTOVENTANA / 3) + 50)
64. pygame.display.update()
65. esperarTeclaJugador()
66.
67.
68. puntajeMax = 0
69. while True:
70.     # establece el comienzo del juego
71.     villanos = []
72.     puntaje = 0
73.     rectanguloJugador.topleft = (ANCHOVENTANA / 2, ALTOVENTANA - 50)
74.     moverIzquierda = moverDerecha = moverArriba = moverAbajo = False
75.     trucoReversa = trucoLento = False
76.     contadorAgregarVillano = 0
77.     pygame.mixer.music.play(-1, 0.0)
78.
79.     while True: # el ciclo del juego se mantiene mientras se este jugando
80.         puntaje += 1 # incrementa el puntaje
81.
82.         for evento in pygame.event.get():
83.             if evento.type == QUIT:
84.                 terminar()
85.
86.             if evento.type == KEYDOWN:
87.                 if evento.key == ord('z'):
88.                     trucoReversa = True
89.                 if evento.key == ord('x'):
90.                     trucoLento = True
91.                 if evento.key == K_LEFT or evento.key == ord('a'):
92.                     moverDerecha = False
93.                     moverIzquierda = True
94.                 if evento.key == K_RIGHT or evento.key == ord('d'):
95.                     moverIzquierda = False
96.                     moverDerecha = True
97.                 if evento.key == K_UP or evento.key == ord('w'):
98.                     moverAbajo = False
99.                     moverArriba = True
100.                 if evento.key == K_DOWN or evento.key == ord('s'):
101.                     moverArriba = False
102.                     moverAbajo = True
103.
104.             if evento.type == KEYUP:
105.                 if evento.key == ord('z'):
```

```
106.                         trucoReversa = False
107.                         puntaje = 0
108.                     if evento.key == ord('x'):
109.                         trucoLento = False
110.                         puntaje = 0
111.                     if evento.key == K_ESCAPE:
112.                             terminar()
113.
114.                     if evento.key == K_LEFT or evento.key == ord('a'):
115.                         moverIzquierda = False
116.                     if evento.key == K_RIGHT or evento.key == ord('d'):
117.                         moverDerecha = False
118.                     if evento.key == K_UP or evento.key == ord('w'):
119.                         moverArriba = False
120.                     if evento.key == K_DOWN or evento.key == ord('s'):
121.                         moverAbajo = False
122.
123.             if evento.type == MOUSEMOTION:
124.                     # Si se mueve el ratón, este se mueve al lugar donde esté
el cursor.
125.                     rectanguloJugador.move_ip(evento.pos[0] -
rectanguloJugador.centerx, evento.pos[1] - rectanguloJugador.centery)
126.
127.         # Añade villanos en la parte superior de la pantalla, de ser
necesarios.
128.         if not trucoReversa and not trucoLento:
129.             contadorAgregarVillano += 1
130.         if contadorAgregarVillano == TASANUEVOVILLANO:
131.             contadorAgregarVillano = 0
132.             tamañoVillano = random.randint(TAMAÑOMINVILLANO,
TAMAÑOMAXVILLANO)
133.             nuevoVillano = {'rect': pygame.Rect(random.randint(0,
ANCHOVENTANA-tamañoVillano), 0 - tamañoVillano, tamañoVillano, tamañoVillano),
134.                         'velocidad': random.randint(VELOCIDADMINVILLANO,
VELOCIDADMAXVILLANO),
135.                         'superficie':pygame.transform.scale(imagenVillano,
(tamañoVillano, tamañoVillano)),
136.                         }
137.
138.             villanos.append(nuevoVillano)
139.
140.         # Mueve el jugador.
141.         if moverIzquierda and rectanguloJugador.left > 0:
142.             rectanguloJugador.move_ip(-1 * TASAMOVIMIENTOJUGADOR, 0)
143.         if moverDerecha and rectanguloJugador.right < ANCHOVENTANA:
144.             rectanguloJugador.move_ip(TASAMOVIMIENTOJUGADOR, 0)
145.         if moverArriba and rectanguloJugador.top > 0:
```

```
146.                  rectanguloJugador.move_ip(0, -1 * TASAMOVIMIENTOJUGADOR)
147.             if moverAbajo and rectanguloJugador.bottom < ALTOVENTANA:
148.                  rectanguloJugador.move_ip(0, TASAMOVIMIENTOJUGADOR)
149.
150.             # Mueve el cursor del ratón hacia el jugador.
151.             pygame.mouse.set_pos(rectanguloJugador.centerx,
rectanguloJugador.centery)
152.
153.             # Mueve los villanos hacia abajo.
154.             for v in villanos:
155.                 if not trucoReversa and not trucoLento:
156.                     v['rect'].move_ip(0, v['velocidad'])
157.                 elif trucoReversa:
158.                     v['rect'].move_ip(0, -5)
159.                 elif trucoLento:
160.                     v['rect'].move_ip(0, 1)
161.
162.             # Elimina los villanos que han caído por debajo.
163.             for v in villanos[:]:
164.                 if v['rect'].top > ALTOVENTANA:
165.                     villanos.remove(v)
166.
167.             # Dibuja el mundo del juego en la ventana.
168.             superficieVentana.fill(COLORFONDO)
169.
170.             # Dibuja el puntaje y el puntaje máximo
171.             dibujarTexto('Puntaje: %s' % (puntaje), fuente, superficieVentana,
10, 0)
172.             dibujarTexto('Puntaje Máximo: %s' % (puntajeMax), fuente,
superficieVentana, 10, 40)
173.
174.             # Dibuja el rectángulo del jugador
175.             superficieVentana.blit(imagenJugador, rectanguloJugador)
176.
177.             # Dibuja cada villano
178.             for v in villanos:
179.                 superficieVentana.blit(v['superficie'], v['rect'])
180.
181.             pygame.display.update()
182.
183.             # Verifica si algún villano impactó en el jugador.
184.             if jugadorGolpeaVillano(rectanguloJugador, villanos):
185.                 if puntaje > puntajeMax:
186.                     puntajeMax = puntaje # Establece nuevo puntaje máximo
187.                 break
188.
189.             relojPrincipal.tick(FPS)
```

```
190.
191.     # Detiene el juego y muestra "Juego Terminado"
192.     pygame.mixer.music.stop()
193.     sonidoJuegoTerminado.play()
194.
195.     dibujarTexto('Juego Terminado', fuente, superficieVentana,
(ANCHOVENTANA / 3), (ALTOVENTANA / 3))
196.     dibujarTexto('Presione una tecla jugar de nuevo.', fuente,
superficieVentana, (ANCHOVENTANA / 3) - 80, (ALTOVENTANA / 3) + 50)
197.     pygame.display.update()
198.     esperarTeclaJugador()
199.
200.     sonidoJuegoTerminado.stop()
```

Cuando ejecutes este programa, el juego se verá como en la Figura 20-1.

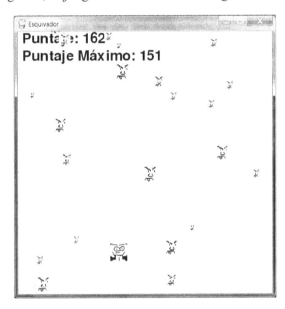

Figura 20-1: Una captura de pantalla modificada del juego Evasor.

Importando los módulos

```
1.  import pygame, random, sys
2.  from pygame.locals import *
```

El juego Evasor importa los mismos módulos que nuestros programas anteriores de Pygame:
pygame, random, sys y pygame.locals. El módulo pygame.locals contiene unas cuantas
variables constantes que Pygame usa, tales como tipos de eventos (QUIT, KEYDOWN, etc.) y botones

del teclado (K_ESCAPE, K_LEFT, etc.). Usando la sintáxis `from pygame.locals import *`, podemos escribir QUIT en el código fuente en lugar de `pygame.locals.QUIT`.

Configurando las Variables Constantes

```
4.  ANCHOVENTANA = 600
5.  ALTOVENTANA = 600
6.  COLORVENTANA = (255, 255, 255)
7.  COLORFONDO = (0, 0, 0)
```

Las variables constantes de las líneas 4 a 14 son mucho más descriptivas que lo que sería simplemente escribir sus valores. Por ejemplo, la línea `superficieVentana.fill(COLORFONDO)` es mucho más entendible que `superficieVentana.fill((0, 0, 0))`.

Puedes modificar fácilmente el juego cambiando las variables constantes. Al cambiar ANCHOVENTANA en la línea 4, automáticamente modificas el código en cualquier lugar donde se use ANCHOVENTANA. Si hubieras usado en su lugar el valor 600, tendrías que cambiar cada ocurrencia del valor 600 en el código. Es más fácil cambiar una vez valor en la constante.

```
8.  FPS = 40
```

La llamada al método `relojPrincipal.tick()` en la línea 189 reducirá la velocidad del juego lo suficiente para que sea jugable. Debes pasar un entero a `relojPrincipal.tick()` para que la función sepa cuánto tiempo debe pausar el programa. Este entero (que se almacena en FPS) es el número de cuadros por segundo en el que quieres que se ejecute el juego.

Un "cuadro" es el proceso de dibujar los gráficos en la pantalla durante una iteración del bucle del juego. Puedes establecer un valor FPS de 40, y llamar siempre a `relojPrincipal.tick(FPS)`. Entonces puedes cambiar FPS por un valor más alto para hacer que el juego se ejecute más rápido, o por un valor más bajo para reducir la velocidad del juego.

```
9.  TAMAÑOMINVILLANO = 10
10. TAMAÑOMAXVILLANO = 40
11. VELOCIDADMINVILLANO = 1
12. VELOCIDADMAXVILLANO = 8
13. TASANUEVOVILLANO = 6
```

Las líneas 9 a 13 establecen más variables constantes que describen a los villanos que caen. El ancho y alto de los villanos estará comprendido entre TAMAÑOMINVILLANO y TAMAÑOMAXVILLANO. La velocidad a la que los villanos bajan por la pantalla estará entre VELOCIDADMINVILLANO y VELOCIDADMAXVILLANO píxeles por iteración del bucle del juego. Y un nuevo villano será agregado en la parte superior de la ventana cada TASANUEVOVILLANO iteraciones del bucle de juego.

```
14.   TASAMOVIMIENTOJUGADOR = 5
```

La TASAMOVIMIENTOJUGADOR almacenará el número de píxeles que el personaje del jugador se desplaza sobre la ventana por cada iteración del bucle de juego si es que el personaje está moviéndose. Incrementando este número puedes aumentar la velocidad a la que el jugador se mueve.

Definiendo Funciones

Hay varias funciones que crearás para el juego:

```
16.   def terminar():
17.       pygame.quit()
18.       sys.exit()
```

Pygame requiere que llames a pygame.quit() y sys.exit(). Coloca a ambos en una función llamada terminar(). Ahora sólo necesitas llamar a terminar(), en lugar de tener que llamar a las dos funciones pygame.quit() y sys.exit().

```
20.   def esperarTeclaJugador():
21.       while True:
22.           for evento in pygame.event.get():
```

En ocasiones desearás poner el juego en pausa hasta que el jugador pulse una tecla. Crea una nueva función llamada esperarTeclaJugador(). Dentro de esta función, hay un bucle infinito del que sólo se sale al recibir un evento KEYDOWN o QUIT. Al comienzo del bucle, pygame.event.get() regresa una lista de objetos Event a revisar.

```
23.               if evento.type == QUIT:
24.                   terminar()
```

Si el jugador cierra la ventana mientras el programa espera que el jugador pulse una tecla, Pygame generará un evento QUIT. En ese caso, la línea 24 llama a la función terminar().

```
25.               if evento.type == KEYDOWN:
26.                   if evento.key == K_ESCAPE: # Sale del juego al presionar
ESCAPE
27.                       terminar()
28.                   return
```

Si recibes un evento KEYDOWN, deberías primero comprobar si la tecla pulsada ha sido ESC. Si el jugador pulsa la tecla ESC, el programa debería terminar. Si no ha sido ese el caso, entonces la ejecución omitirá el bloque if de la línea 27 y proseguirá directamente a la sentencia return, la cual sale de la función esperarTeclaJugador().

Si no se genera ningún evento QUIT o KEYDOWN, el código continúa recorriendo el bucle. Como el bucle no hace nada, esto dará la impresión de que el juego se ha congelado hasta que el jugador pulse una tecla.

```
30. def jugadorGolpeaVillano(rectanguloJugador, villanos):
31.     for v in villanos:
32.         if rectanguloJugador.colliderect(v['rect']):
33.             return True
34.     return False
```

La función jugadorGolpeaVillano() devolverá True si el personaje del jugador ha colisionado con uno de los villanos. El parámetro villanos es una lista de estructuras de datos "villano". Cada uno de estos diccionarios contiene una clave 'rect', y el valor correspondiente a esa clave es un objeto Rect que representa el tamaño y la ubicación del villano.

rectanguloJugador también es un objeto Rect. Los objetos Rect tienen un método llamado colliderect() que devuelve True si este objeto Rect ha colisionado con el objeto Rect que se le pasa como parámetro. En caso contrario, colliderect() devuelve False.

El bucle for de la línea 31 itera sobre cada diccionario villano en la lista. Si alguno de estos villanos colisiona con el personaje del jugador, entonces jugadorGolpeaVillano() devolverá True. Si el código consigue iterar por toda la lista de villanos en la lista sin detectar una colisión con alguno de ellos, devolverá False.

```
36. def dibujarTexto(texto, fuente, superficie, x, y):
37.     objetotexto = fuente.render(texto, 1, COLORVENTANA)
38.     rectangulotexto = objetotexto .get_rect()
39.     rectangulotexto.topleft = (x, y)
40.     superficie.blit(objetotexto, rectangulotexto)
```

Dibujar texto en la ventana involucra varios pasos. Primero, la llamada al método render() en la línea 37 crea un objeto Surface sobre el cual se dibuja el texto con una fuente específica.

A continuación necesitas saber el tamaño y la ubicación del objeto Surface. Puedes obtener un objeto Rect con esta información a partir del método get_rect() de la clase Surface.

El objeto Rect devuelto en la línea 38 por la función get_rect() tiene una copia de la información de ancho y alto del objeto Surface. La línea 39 cambia la ubicación del objeto Rect estableciendo un nuevo valor de tupla para su atributo topleft.

Finalmente, la línea 40 dibuja el objeto Surface del texto renderizado sobre el objeto Surface que recibió como argumento la función dibujarTexto(). Mostrar texto en Pygame requiere más pasos que simplemente llamar a la función print(). Pero si encapsulas este código dentro de una sola función llamada dibujarTexto(), entonces sólo necesitas llamar a esta función para mostrar texto en la pantalla.

Iniciando Pygame y Configurando la Ventana

Ahora que las variables constantes y las funciones han sido definidas, comenzamos a llamar a las funciones de Pygame que configuran la ventana y el reloj.

```
42. # establece un pygame, la ventana y el cursor del ratón
43. pygame.init()
44. relojPrincipal = pygame.time.Clock()
```

La línea 43 configura Pygame llamando a la función pygame.init(). La línea 44 crea un objeto pygame.time.Clock() y lo almacena en la variable relojPrincipal. Este objeto nos ayudará a evitar que el programa se ejecute demasiado rápido.

```
45. superficieVentana = pygame.display.set_mode((ANCHOVENTANA, ALTOVENTANA))
```

La línea 45 crea un nuevo objeto Surface el cual es utilizado por la ventana mostrada en la pantalla. Puedes especificar el ancho y la altura de este objeto Surface (y de la ventana) pasando como argumento una tupla con las variables constantes ANCHOVENTANA y ALTOVENTANA. Observa que pygame.display.set_mode() recibe sólo un argumento: una tupla. El argumento de pygame.display.set_mode() no consiste en dos enteros sino una tupla de dos enteros.

```
46. pygame.display.set_caption('Evasor')
```

La línea 46 establece la cadena 'Evasor' como título de la ventana. Este título aparecerá en la barra de título en la parte superior de la ventana.

```
47. pygame.mouse.set_visible(False)
```

En Evasor, el cursor del ratón no debería ser visible. La razón de esto es que quieres usar el ratón para mover el personaje del jugador por la pantalla, pero el cursor del ratón interferiría con la imagen del personaje en la pantalla. Llamando a `pygame.mouse.set_visible(False)` indicamos a Pygame que el cursor no debe ser visible.

Modo Pantalla Completa

La función `pygame.display.set_mode()` recibe opcionalmente un segundo parámetro. Puedes pasar la constante `pygame.FULLSCREEN` para hacer que la ventana tome la pantalla completa en lugar de ser una ventana. Observa esta modificación en la línea 45:

```
45. superficieVentana = pygame.display.set_mode((ANCHOVENTANA, ALTOVENTANA),
pygame.FULLSCREEN)
```

El ancho y la altura de la ventana en píxeles seguirán siendo ANCHOVENTANA y ALTOVENTANA, pero la imagen se estirará hasta el tamaño de la pantalla. Prueba ejecutar el programa con y sin el modo pantalla completa.

```
49. # establece las fuentes
50. fuente = pygame.font.SysFont(None, 48)
```

La línea 49 crea un objeto Font a utilizar llamando a `pygame.font.SysFont()`. El argumento None denota la fuente por defecto del sistema. El entero 48 hace que la fuente tenga un tamaño de 48 puntos.

```
52. # establece los sonidos
53. sonidoJuegoTerminado = pygame.mixer.Sound('juegoterminado.wav')
54. pygame.mixer.music.load('musicaDeFondo.mid')
```

A continuación, creamos los objetos Sound y establecemos la música de fondo. La música de fondo se reproducirá constantemente durante el juego, pero los objetos Sound se reproducirán sólo cuando el jugador pierda.

Puedes usar cualquier archivo *.wav* o *.mid* para este juego. Algunos archivos de sonido están disponibles en el sitio web de este libro en http://invpy.com/es. O también puedes usar tus propios archivos de sonido para este programa, siempre que los nombres de archivo sean *juegoterminado.wav* y *musicaDeFondo.mid*. (Puedes cambiar las cadenas usadas en las líneas 53 y 54 para que coincidan con los nombres de los archivos.)

La función constructor `pygame.mixer.Sound()` crea un nuevo objeto Sound y guarda una referencia a este objeto en la variable `sonidoJuegoTerminado`. Puedes crear tantos objetos Sound como quieras en tus juegos, cada uno con un archivo de sonido diferente.

La función `pygame.mixer.music.load()` carga un archivo de sonido para que sea reproducido como música de fondo. Esta función no devuelve ningún objeto, y sólo puede cargarse un archivo de música de fondo a la vez

```
56. # establece las imagenes
57. imagenJugador = pygame.image.load('jugador.png')
58. rectanguloJugador = imagenJugador.get_rect()
59. imagenVillano = pygame.image.load('villano.png')
```

A continuación cargaremos los archivos de imagen a utilizar para el personaje del jugador y los villanos en la pantalla. La imagen para el personaje se encuentra en *jugador.png* y la imagen para los villanos está en el archivo *villano.png*. Todos los villanos son iguales, por lo que sólo necesitarás un archivo de imagen para ellos. Puedes descargar estas imagenes del sitio web de este libro en http://invpy.com/es.

Mostrando la Pantalla de Inicio

Cuando el juego se inicia por primera vez, debemos mostrar el nombre "Evasor" en la pantalla. También queremos indicar al jugador que puede comenzar a jugar pulsando cualquier tecla. Esta pantalla aparece para que el jugador tenga tiempo de prepararse para empezar a jugaro luego de ejecutar el programa.

```
61. # Muestra la pantalla inicial
62. dibujarTexto('Evasor', fuente, superficieVentana, (ANCHOVENTANA / 3)+40,
(ALTOVENTANA / 3))
63. dibujarTexto('Presione una tecla para comenzar.', fuente,
superficieVentana, (ANCHOVENTANA / 3) - 180, (ALTOVENTANA / 3) + 50)
64. pygame.display.update()
65. esperarTeclaJugador()
```

En las líneas 62 y 63, llamamos a la función `dibujarTexto()` y le pasamos cinco argumentos:

1) La cadena del texto que quieres que aparezca en pantalla.

2) La fuente en que quieres que aparezca la cadena.

3) El objeto Surface sobre el cual dibujar el texto.

4) La coordenada X del objeto Surface en la cual dibujar el texto.

5) La coordenada Y del objeto Surface en la cual dibujar el texto.

Esto puede parecer como demasiados argumentos a pasar para una sola función, pero ten en cuenta que esta función reemplaza a cinco líneas de código cada vez que la llamamos. Esto reduce la extensión del programa y hace más fácil encontrar bugs ya que hay menos código que revisar.

La función esperarTeclaJugador() pondrá al juego en pausa ejecutando sin parar un bucle hasta que se genere un evento KEYDOWN. Entonces la ejecución sale del bucle y el programa continúa ejecutándose.

Inicio del Código Principal del Juego

```
68. puntajeMax = 0
69. while True:
```

El valor en la variable puntajeMax comienza siendo 0 cuando el programa se ejecuta por primera vez. Cada vez que el jugador pierde y su puntaje es mayor que el puntaje máximo actual, el puntaje máximo es reemplazado por este puntaje mayor.

El bucle infinito que comienza en la línea 69 no es técnicamente el "bucle del juego". El bucle del juego gestiona los eventos y dibujar la ventana mientras el juego está ejecutándose. En cambio, este bucle while sumará una iteración cada vez que el jugador comience un nuevo juego. Cuando el jugador pierda y el juego se reinicie, la ejecución del programa volverá a la línea 69.

```
70.     # establece el comienzo del juego
71.     villanos = []
72.     puntaje = 0
```

Al comienzo, quieres que villanos sea una lista vacía. La variable villanos es una list de objetos diccionario con las siguientes claves:

- 'rect' - El objeto Rect que describe la posición y el tamaño del villano.
- 'velocidad' - Qué tan rápido los villanos caen por la pantalla. Este entero representa píxeles por iteración del bucle del juego.
- 'superficie' - El objeto Surface que tiene dibujada la imagen estirada del villano. Este es el objeto Surface que se dibuja sobre el objeto Surface devuelto por pygame.display.set_mode().

La línea 72 reinicia el puntaje del jugador a 0.

```
73.     rectanguloJugador.topleft = (ANCHOVENTANA / 2, ALTOVENTANA - 50)
```

La ubicación inicial del jugador es en el centro de la pantalla y 50 píxeles arriba del borde inferior. El primer elemento en la tupla de la línea 73 es la coordenada X de su borde izquierdo. El segundo elemento es la coordenada Y de su borde superior.

```
74.        moverIzquierda = moverDerecha = moverArriba = moverAbajo = False
75.        trucoReversa = trucoLento = False
76.        contadorAgregarVillano = 0
```

Se asigna False a las variables de movimiento moverIzquierda, moverDerecha, moverArriba y moverAbajo. Tamién se asigna False a las variables trucoReversa y trucoLento. Estas últimas recibirán el valor True sólo cuando el jugador active estos trucos manteniendo presionadas las teclas "z" y "x", respectivamente.

La variable contadorAgregarVillano es un contador para indicar al programa cuándo añadir un nuevo villano en el borde superior de la pantalla. El valor en contadorAgregarVillano se incrementa en uno cada vez que el bucle del juego itera.

Cuando contadorAgregarVillano es igual a TASANUEVOVILLANO, la variable contadorAgregarVillano se reinicia a 0 y se agrega un nuevo villano al borde superior de la pantalla. (Esta comprobación se realiza más adelante en la línea 130.)

```
77.        pygame.mixer.music.play(-1, 0.0)
```

La música de fondo comienza a reproducirse en la línea 77 con una llamada a pygame.mixer.music.play(). El primer argumento es el número de veces que la música se repetirá. -1 es un valor especial que indica a Pygame que quieres que la música se repita sin parar.

El segundo argumento es un float que dice a partir de cuántos segundos quieres que comience a reproducirse la música. Al pasar 0.0 determinamos que la música comience a reproducirse desde el principio.

El Bucle del Juego

El código del bucle del juego actualiza constantemente el estado del universo del juego cambiando la posición del jugador y de los villanos, gestionando eventos generados por Pygame, y dibujando el universo del juego en la pantalla. Todo esto ocurre varias docenas de veces por segundo, lo que hace que se vea en "tiempo real".

```
79.        while True: # el ciclo del juego se mantiene mientras se este jugando
80.            puntaje += 1 # incrementa el puntaje
```

La línea 79 es el inicio del principal bucle del juego. La línea 80 incrementa el puntaje del jugador en cada iteración del bucle del juego. Cuanto más tiempo permanezca el jugador sin perder, mayor será su puntaje. La ejecución sólo saldrá del bucle cuando el jugador pierda o salga del programa.

Gestión de Eventos

Hay cuatro tipos diferentes de eventos que el programa gestionará: QUIT, KEYDOWN, KEYUP y MOUSEMOTION.

```
82.            for evento in pygame.event.get():
83.                if evento.type == QUIT:
84.                    terminar()
```

La línea 82 es el comienzo del código de gestión de eventos. Llama a `pygame.event.get()`, la cual devuelve una lista de todos los objetos Event. Cada objeto Event representa un evento que ha ocurrido desde la última llamada a `pygame.event.get()`. El código comprobará el atributo type del objeto Event para ver de qué tipo de evento se trata y operar con él de forma acorde.

Si el atributo type del objeto Event es igual a QUIT, significa que el usuario ha cerrado el programa. La variable constante QUIT se importa del módulo `pygame.locals`.

```
86.                if evento.type == KEYDOWN:
87.                    if evento.key == ord('z'):
88.                        trucoReversa = True
89.                    if evento.key == ord('x'):
90.                        trucoLento = True
```

Si el tipo de evento es KEYDOWN, el jugador ha pulsado una tecla. El objeto Event para eventos del teclado tiene un atributo key que corresponde al valor ordinal entero de la tecla pulsada. La función `ord()` devuelve el valor ordinal de la letra pasada como argumento.

Por ejemplo, la línea 87 comprueba si el evento corresponde a la tecla "z" mediante `event.key == ord('z')`. Si esta condición es True, se asigna True a `trucoReversa` para indicar que este truco ha sido activado. La línea 89 comprueba si la tecla "x" ha sido pulsada para activar el truco lento.

Por ejemplo, la línea 87 comprueba si el evento corresponde a la tecla "z" mediante `evento.key == ord('z')`. Si esta condición es True, se asigna True a `trucoReversa` para indicar que este truco ha sido activado. La línea 89 comprueba si la tecla "x" ha sido pulsada para activar el truco lento.

Los eventos de teclado de Pygame siempre usan los valores ordinales de teclas minúsculas, no mayúsculas. Siempre se usa evento.key == ord('z') en lugar de evento.key == ord('Z'). De otra forma, el programa no registrará que la tecla ha sido pulsada.

```
91.                    if evento.key == K_LEFT or evento.key == ord('a'):
92.                        moverDerecha = False
93.                        moverIzquierda = True
94.                    if evento.key == K_RIGHT or evento.key == ord('d'):
95.                        moverIzquierda = False
96.                        moverDerecha = True
97.                    if evento.key == K_UP or evento.key == ord('w'):
98.                        moverAbajo = False
99.                        moverArriba = True
100.                   if evento.key == K_DOWN or evento.key == ord('s'):
101.                       moverArriba = False
102.                       moverAbajo = True
```

Las líneas 91 a 102 comprueban si el evento ha sido generado por el jugador presionando una de las flechas del teclado o las teclas WASD. No hay valores ordinales para cada botón del teclado, como las flechas de dirección o la tecla ESC. El módulo pygame.locals provee variables constantes para usar en lugar de ordinales.

La línea 91 comprueba si el jugador ha pulsado la flecha izquierda con el evento evento.key == K_LEFT. Observa que pulsar una flecha del teclado no sólo asigna True a una variable de movimiento, sino que además asigna False a la variable de movimiento en la dirección opuesta.

Por ejemplo, si se pulsa la flecha izquierda, el código en la línea 93 asigna True a moverIzquierda, pero también asigna False a moverDerecha. Esto previene que el programa se confunda y piense que el personaje del jugador debe moverse en dos direcciones opuestas a la vez.

La Tabla 20-1 lista variables constantes de uso común para el atributo key de los objetos Event relacionados al teclado.

Tabla 20-1: Variables Constantes para teclas comunes

Variable Constante Pygame	Tecla	Variable Constante Pygame	Tecla
K_LEFT	Flecha izquierda	K_HOME	Inicio
K_RIGHT	Flecha derecha	K_END	Fin
K_UP	Flecha arriba	K_PAGEUP	Re pág
K_DOWN	Flecha abajo	K_PAGEDOWN	Av pág

K_ESCAPE	Esc	K_F1	F1
K_BACKSPACE	Retroceso	K_F2	F2
K_TAB	Tab	K_F3	F3
K_RETURN	Intro	K_F4	F4
K_SPACE	Barra espaciadora	K_F5	F5
K_DELETE	Supr	K_F6	F6
K_LSHIFT	Shift izquierda	K_F7	F7
K_RSHIFT	Shift derecha	K_F8	F8
K_LCTRL	Ctrl izquierda	K_F9	F9
K_RCTRL	Ctrl derecha	K_F10	F10
K_LALT	Alt izquierda	K_F11	F11
K_RALT	Alt derecha	K_F12	F12

```
104.            if evento.type == KEYUP:
105.                if evento.key == ord('z'):
106.                    trucoReversa = False
107.                    puntaje = 0
108.                if evento.key == ord('x'):
109.                    trucoLento = False
110.                    puntaje = 0
```

El evento KEYUP se crea cuando el jugador libera una tecla que estaba pulsando. Los objetos Event de tipo KEYUP también tienen un atributo key, igual que los eventos KEYDOWN.

La línea 105 comprueba si el jugador ha liberado la tecla "z", lo que desactivará el truco reversa. En ese caso, la línea 106 asigna False a trucoReversa y la línea 107 reinicia el puntaje a 0. Reiniciamos el puntaje para desalentar al jugador de usar los trucos.

Las líneas 108 a 110 hacen lo mismo para la tecla "x" y el truco lento. Cuando la tecla "x" es liberada, se asigna False a trucoLento y el puntaje del jugador se reinicia a 0.

```
111.            if evento.key == K_ESCAPE:
112.                terminar()
```

En cualquier momento del juego, el jugador puede pulsar la tecla ESC para salir del juego. La línea 111 comprueba si la tecla liberada ha sido ESC evaluando evento.key == K_ESCAPE. En ese caso, la línea 112 llama a la función terminar() para salir del programa.

```
114.            if evento.key == K_LEFT or evento.key == ord('a'):
115.                moverIzquierda = False
116.            if evento.key == K_RIGHT or evento.key == ord('d'):
117.                moverDerecha = False
118.            if evento.key == K_UP or evento.key == ord('w'):
119.                moverArriba = False
120.            if evento.key == K_DOWN or evento.key == ord('s'):
121.                moverAbajo = False
```

Las líneas 114 a 121 comprueban si el jugador ha liberado una flecha o alguna de las teclas WASD. En ese caso, el código asigna False a la variable de movimiento correspondiente.

Por ejemplo, si el jugador hubiese estado pulsando la flecha izquierda, la variable moverIzquierda habría recibido el valor True en la línea 93. Al soltar la tecla, la condición de la línea 114 habría sido evaluada a True, y se habría asignado False a la variable moverseIzquierda.

El Método move_ip()

```
123.            if evento.type == MOUSEMOTION:
124.                # Si se mueve el ratón, este se mueve al lugar donde esté el cursor.
125.                rectanguloJugador.move_ip(evento.pos[0] - rectanguloJugador.centerx, evento.pos[1] - rectanguloJugador.centery)
```

Ahora que hemos manipulado los eventos del teclado, vamos a manipular los eventos del ratón que se hayan generado. El juego Evasor no hace nada si el jugador ha pulsado un botón del ratón, pero responde al mover el ratón. Esto da al jugador dos formas de controlar al personaje del jugador en el juego: el teclado o el ratón.

El evento MOUSEMOTION (movimiento del ratón) se genera cuando el ratón se mueve. Los objetos Event cuyo atributo type es MOUSEMOTION también tienen un atributo llamado pos para la posición del evento. Este atributo pos almacena una tupla de coordenadas X e Y que indican a qué parte de la ventana se ha movido el cursor del ratón. Si el tipo del evento es MOUSEMOTION, el personaje del jugador se mueve a la posición del cursor del ratón.

El método move_ip() para objetos Rect modificará horizontal o verticalmente la posición del objeto Rect en un número de píxeles. Por ejemplo, rectanguloJugador.move_ip(10, 20) desplaza al objeto Rect 10 píxeles a la derecha y 20 píxeles hacia abajo. Para mover al objeto Rect hacia la izquierda o hacia arriba, debes pasar valores negativos. Por ejemplo, rectanguloJugador.move_ip(-5, -15) mueve al objeto Rect 5 píxeles hacia la izquierda y 15 píxeles hacia arriba.

El "ip" al final del método move_ip() es la abreviatura de "in place" (que en español significa "en el lugar"). Esto quiere decir que el método modifica al propio objeto Rect, y no devuelve un nuevo objeto Rect con los cambios. También existe un método move() que no modifica al objeto Rect sino que crea y devuelve un nuevo objeto Rect en la nueva ubicación.

Agregando Nuevos Villanos

```
127.         # Añade villanos en la parte superior de la pantalla, de ser
necesarios.
128.         if not trucoReversa and not trucoLento:
129.             contadorAgregarVillano += 1
```

En cada iteración del bucle del juego se incrementa en uno la variable contadorAgregarVillano. Esto sólo ocurre si los trucos no están activados. Recuerda que trucoReversa y trucoLento tienen asignado el valor True en tanto que las teclas "z" y "x", respectivamente, estén siendo pulsadas.

Y mientras esas teclas estén siendo pulsadas, no se incrementa contadorAgregarVillano. Luego, no aparecerán nuevos villanos en el borde superior de la pantalla.

```
130.         if contadorAgregarVillano == TASANUEVOVILLANO:
131.             contadorAgregarVillano = 0
132.             tamañoVillano = random.randint(TAMAÑOMINVILLANO,
TAMAÑOMAXVILLANO)
133.             nuevoVillano = {'rect': pygame.Rect(random.randint(0,
ANCHOVENTANA-tamañoVillano), 0 - tamañoVillano, tamañoVillano, tamañoVillano),
134.                             'velocidad': random.randint(VELOCIDADMINVILLANO,
VELOCIDADMAXVILLANO),
135.                             'superficie':pygame.transform.scale(imagenVillano,
(tamañoVillano, tamañoVillano)),
136.                             }
```

Cuando contadorAgregarVillano alcanza el valor en TASANUEVOVILLANO, es hora de agregar un nuevo villano al borde superior de la pantalla. Pero antes, se reinicia contadorAgregarVillano a 0.

La línea 132 genera un tamaño para el villano en píxeles. El tamaño será un entero aleatorio entre TAMAÑOMINVILLANO y TAMAÑOMAXVILLANO, que son constantes que han recibido los valores 10 y 40 en las líneas 9 y 10.

La línea 133 es donde se crea una nueva estructura de datos villano. Recuerda, la estructura de datos para los villanos es simplemente un diccionario con claves 'rect', 'velocidad' y 'superficie'. La clave 'rect' contiene una referencia a un objeto Rect que almacena la ubicación y el tamaño del villano. La llamada a la función constructor pygame.Rect() tiene cuatro parámetros: la coordenada X del borde superior del área, la coordenada Y del borde izquierdo del área, el ancho en píxeles y la altura en píxeles.

El villano debe aparecer en una posición aleatoria sobre el borde superior de la pantalla, de modo que pasamos pygame.Rect(random.randint(0, ANCHOVENTANA-tamañoVillano) como la coordenada X del borde izquierdo. La razón de que pasemos ANCHOVENTANA-tamañoVillano en lugar de ANCHOVENTANA es que este valor es para el borde izquierdo del villano. Si el borde izquierdo del villano queda demasiado hacia la derecha, parte del villano quedará fuera de la pantalla y no será visible.

El borde inferior del villano debería estar justo por sobre el borde superior de la ventana. La coordenada Y del borde superior de la ventana es 0. Para colocar allí el borde inferior del villano, asignamos 0 - tamañoVillano al borde superior del mismo

El ancho y la altura del villano deberían ser iguales (la imagen es un cuadrado), de modo que pasamos tamañoVillano como tercer y cuarto argumentos.

La velocidad a la cual el villano se mueve hacia abajo en la pantalla corresponde al valor en la clave 'velocidad'. Le asignaremos un entero aleatorio comprendido entre VELOCIDADMINVILLANO y VELOCIDADMAXVILLANO.

```
138.            villanos.append(nuevoVillano)
```

La línea 138 agrega la recientemente creada estructura de datos villano a la lista de villanos. El programa usará esta lista para comprobar si el jugador ha colisionado con alguno de ellos, y para saber en qué lugar de la pantalla dibujar los villanos.

Moviendo el Personaje del Jugador

```
140.          # Mueve el jugador.
141.          if moverIzquierda and rectanguloJugador.left > 0:
142.              rectanguloJugador.move_ip(-1 * TASAMOVIMIENTOJUGADOR, 0)
```

Las cuatro variables de movimiento moverIzquierda, moverDerecha, moverArriba y moverAbajo reciben los valores True y False cuando Pygame genera los eventos KEYDOWN y KEYUP respectivamente.

Si el personaje del jugador está moviéndose hacia la izquierda y la coordenada de su borde izquierdo es mayor que 0 (que corresponde al borde izquierdo de la ventana), entonces rectanguloJugador se desplazará hacia la izquierda.

El desplazamiento del objeto rectanguloJugador será siempre un múltiplo del número de píxeles en TASAMOVIMIENTOJUGADOR. Para obtener la forma negativa de un entero, debemos multiplicarlo por -1. En la línea 142, siendo que TASAMOVIMIENTOJUGADOR contiene al valor 5, la expresión -1 * TASAMOVIMIENTOJUGADOR se evalúa a -5.

Por lo tanto, la llamada a rectanguloJugador.move_ip(-1 * TASAMOVIMIENTOJUGADOR, 0) cambiará la ubicación de rectanguloJugador desplazándolo 5 píxeles hacia la izquierda de su ubicación actual.

```
143.        if moverDerecha and rectanguloJugador.right < ANCHOVENTANA:
144.            rectanguloJugador.move_ip(TASAMOVIMIENTOJUGADOR, 0)
145.        if moverArriba and rectanguloJugador.top > 0:
146.            rectanguloJugador.move_ip(0, -1 * TASAMOVIMIENTOJUGADOR)
147.        if moverAbajo and rectanguloJugador.bottom < ALTOVENTANA:
148.            rectanguloJugador.move_ip(0, TASAMOVIMIENTOJUGADOR)
```

Las líneas 143 a 148 hacen lo mismo para las otras tres direcciones: derecha, arriba y abajo. Cada uno de las tres sentencias if en las líneas 143 a 148 comprueba que su variable de movimiento contenga el valor True y que el borde del objeto Rect del jugador esté dentro de la ventana. Entonces llama a move_ip() para desplazar al objeto Rect.

La Función pygame.mouse.set_pos()

```
150.        # Mueve el cursor del ratón hacia el jugador.
151.        pygame.mouse.set_pos(rectanguloJugador.centerx,
rectanguloJugador.centery)
```

La línea 151 mueve el cursor a la misma posición que el personaje del jugador. La función pygame.mouse.set_pos() mueve el cursor del ratón a las coordenadas X e Y que le pases. Esto es para que el cursor del ratón y el personaje del jugador estén siempre en el mismo lugar.

Específicamente, el cursor estará justo en el medio del objeto Rect del personaje ya que recibe como coordenadas los atributos centerx y centery de rectanguloJugador. El cursor del ratón

sigue existiendo y puede ser desplazado, a pesar de que sea invisible a causa de la llamada a
pygame.mouse.set_visible(False) en la línea 47.

```
153.        # Mueve los villanos hacia abajo.
154.        for v in villanos:
```

Ahora recorre cada estructura villano en la lista de villanos para desplazarlos ligeramente hacia
abajo.

```
155.            if not trucoReversa and not trucoLento:
156.                v['rect'].move_ip(0, v['velocidad'])
```

Si ninguno de los trucos ha sido activado, cada villano se desplaza hacia abajo en un número de
píxeles igual a su velocidad, la cual se almacena en la clave 'velocidad'.

Implementando los Trucos

```
157.            elif trucoReversa:
158.                v['rect'].move_ip(0, -5)
```

Si se activa el truco reversa, el villano se moverá cinco píxeles hacia arriba. Para lograr este
desplazamiento del objeto Rect, pasamos -5 como segundo argumento a la función move_ip().

```
159.            elif trucoLento:
160.                v['rect'].move_ip(0, 1)
```

Si el truco lento ha sido activado, los villanos seguirán moviéndose hacia abajo pero su velocidad
se reducirá a un píxel por iteración del bucle del juego. La velocidad normal del villano
(almacenada en la clave 'velocidad' de la estructura de datos del villano) es ignorada mientras
el truco lento está activado.

Quitando los Villanos

```
162.        # Elimina los villanos que han caído por debajo.
163.        for v in villanos[:]:
```

Cada villano que caiga por debajo del borde inferior de la ventana debe ser quitado de la lista de
villanos. Recuerda que mientras iteramos sobre una lista no debemos modificar su contenido
agregando o quitando elementos. Entonces en lugar de iterar sobre la lista de villanos con el bucle
for, iteramos sobre una copia de la misma. Esta copia se crea usando una rebanada sin
argumentos [:].

El bucle for de la línea 163 usa una variable v para el elemento actual en la iteración sobre villanos[:].

```
164.            if v['rect'].top > ALTOVENTANA:
165.                villanos.remove(v)
```

Evaluemos la expresión v['rect'].top. v es la estructura de datos actual de la lista villanos[:]. Cada estructura de datos villano en la lista es un diccionario con una clave 'rect', que almacena un objeto Rect. Entonces v['rect'] es el objeto Rect correspondiente al villano.

Finalmente, el atributo top es la coordenada Y del borde superior del área rectangular. Recuerda que las coordenadas Y aumentan cuando vamos hacia abajo. Entonces v['rect'].top > ALTOVENTANA comprobará si el borde superior el villano está por debajo del borde inferior de la ventana.

Si esta condición es True, entonces la línea 165 quita la estructura de datos villano de la lista de villanos.

Dibujando la Ventana

Después de haber actualizado todas las estructuras de datos, debemos dibujar el universo del juego usando las funciones gráficas de Pygame. Dado que el bucle del juego se ejecuta varias veces por segundo, simplemente dibujar a los villanos y al jugador en nuevas posiciones hace que su movimiento se vea suave y natural.

```
167.        # Dibuja el mundo del juego en la ventana.
168.        superficieVentana.fill(COLORFONDO)
```

Primero, antes de dibujar cualquier otra cosa, la línea 168 pinta de negro toda la pantalla para borrar todo lo anterior.

Recuerda que el objeto Surface en superficieVentana es especial porque es el objeto Surface devuelto por pygame.display.set_mode(). Cualquier cosa que dbujemos sobre este objeto Surface aparecerá en la pantalla al llamar a pygame.display.update().

Dibujando el Puntaje del Jugador

```
170.        # Dibuja el puntaje y el puntaje máximo
171.        dibujarTexto('Puntaje: %s' % (puntaje), fuente, superficieVentana,
10, 0)
172.        dibujarTexto('Puntaje Máximo: %s' % (puntajeMax), fuente,
superficieVentana, 10, 40)
```

Las líneas 171 y 172 muestran el texto con el puntaje y el puntaje máximo en la esquina superior izquierda de la ventana. La expresión 'Puntaje: %s' % (puntaje) usa interpolación de cadenas para insertar el valor de la variable puntaje en la cadena.

Pasamos como argumentos esta cadena, el objeto Font guardado en la variable fuente, el objeto Surface sobre el cual dibujar el texto y las coordenadas X e Y de donde deseamos colocar el texto. La función dibujarTexto() gestionará la llamada a los métodos render() y blit().

Hacemos lo mismo para el puntaje máximo. Sólo pasamos 40 como coordenada Y en lugar de 0 de modo que el puntaje máximo aparezca debajo del puntaje actual.

Dibujando el Personaje del Jugador

```
174.        # Dibuja el rectángulo del jugador
175.        superficieVentana.blit(imagenJugador, rectanguloJugador)
```

La información acerca del jugador se guarda en dos variables diferentes. imagenJugador es un objeto Surface que contiene todos los píxeles de colores que conforman la imagen del personaje del jugador. rectanguloJugador es un objeto Rect que guarda la información con el tamaño y la ubicación del personaje del jugador.

El método blit() dibuja la imagen del personaje del jugador (en imagenJugador) sobre superficieVentana en la ubicación contenida en rectanguloJugador.

```
177.        # Dibuja cada villano
178.        for v in villanos:
179.            superficieVentana.blit(v['superficie'], v['rect'])
```

El bucle for de la línea 178 dibuja cada villano en el objeto superficieVentana. Cada elemento en la lista de villanos es un diccionario. Las claves 'superficie' y 'rect' del diccionario contienen al objeto Surface con la imagen del villano y al objeto Rect con información sobre su tamaño y ubicación, respectivamente.

```
181.        pygame.display.update()
```

Ahora que todo se ha dibujado sobre `superficieVentana`, dibujamos esta superficie sobre la ventana llamando a `pygame.display.update()`.

Detección de Colisiones

```
183.          # Verifica si algún villano impactó en el jugador.
184.          if jugadorGolpeaVillano(rectanguloJugador, villanos):
185.              if puntaje > puntajeMax:
186.                  puntajeMax = puntaje # Establece nuevo puntaje máximo
187.              break
```

La línea 184 comprueba si el jugador ha colisionado con algún villano llamando a `jugadorGolpeaVillano()`. Esta función devuelve `True` si el personaje del jugador ha colisionada con alguno de los `villanos` de la lista. De lo contrario, la función devuelve `False`.

Si el personaje del jugador ha chocado con algún villano, las líneas 185 y 186 actualizan el puntaje máximo si es menor que el puntaje actual. Entonces la sentencia break de la línea 187 sale del bucle del juego. La ejecución del programa se mueve entonces a la línea 191.

```
189.          relojPrincipal.tick(FPS)
```

Para evitar que la computadora recorra el bucle del juego a su máxima velocidad (lo cual sería demasiado rápido incluso para las habilidades del mejor jugador), llamamos a `relojPrincipal.tick()` para pausar el juego por un instante. La pausa será suficiente para asegurar que se realizarán alrededor de 40 (el valor almacenado en la variable FPS) iteraciones sobre el bucle del juego.

La Pantalla de Fin del Juego

```
191.      # Detiene el juego y muestra "Juego Terminado"
192.      pygame.mixer.music.stop()
193.      sonidoJuegoTerminado.play()
```

Cuando el jugador pierde, el juego deja de reproducir la música de fondo y reproduce el efecto de sonido de "Juego Terminado". La línea 192 llama a la función `stop()` en el módulo `pygame.mixer.music` para detener la música de fondo. La línea 193 llama al método `play()` del objeto Sound guardado en `sonidoJuegoTerminado`.

```
195.      dibujarTexto('Juego Terminado', fuente, superficieVentana,
(ANCHOVENTANA / 3), (ALTOVENTANA / 3))
196.      dibujarTexto('Presione una tecla jugar de nuevo.', fuente,
superficieVentana, (ANCHOVENTANA / 3) - 80, (ALTOVENTANA / 3) + 50)
```

```
197.    pygame.display.update()
198.    esperarTeclaJugador()
```

Las líneas 195 y 196 llaman a la función `dibujarTexto()` para dibujar el texto "Juego Terminado" sobre el objeto `superficieVentana`. La línea 197 llama a `pygame.display.update()` para dibujar este objeto Surface sobre la pantalla. Después de mostrar el texto, el juego se detiene mediante la función `esperarTeclaJugador()` hasta que el jugador presione una tecla.

```
200.    sonidoJuegoTerminado.stop()
```

Luego de que el jugador pulse una tecla, la ejecución del programa regresará de la llamada a `esperarTeclaJugador()` en la línea 198. Dependiendo de cuánto demore el jugador en pulsar una tecla, el efecto de sonido de "Juego Terminado" habrá terminado de reproducirse o no. En el segundo caso, para detener el efecto de sonido antes de comenzar un nuevo juego, la línea 200 llama a `sonidoJuegoTerminado.stop()`.

Modificando el Juego Evasor

Con esto concluimos nuestro juego gráfico. Puede que halles este juego demasiado fácil o demasiado difícil. Afortunadamente esto es fácil de modificar ya que nos tomamos el trabajo de usar variables constantes en lugar de escribir los valores directamente. Ahora todo lo que tenemos que hacer para ajustar la dificultad del juego es modificar el valor de las variables constantes.

Por ejemplo, si quieres reducir la velocidad de todo el juego, cambia el valor FPS de la línea 8 a un valor menor como por ejemplo 20. Esto hará que tanto los villanos como el personaje del jugador se muevan más lento ya que el bucle del juego se ejecutará sólo 20 veces por segundo en lugar de 40.

Si sólo quieres reducir la velocidad de los villanos y no la del jugador, puedes cambiar VELOCIDADMAXVILLANO a un valor más pequeño como 4. Esto hará que todos los villanos se muevan entre 1 (el valor en VELOCIDADMINVILLANO) y 4 píxeles por iteración del bucle del juego, en lugar de entre 1 y 8.

Si prefieres que el juego tenga pocos villanos grandes en lugar de muchos villanos pequeños, puedes aumentar TASANUEVOVILLANO a 12, TAMAÑOMINVILLANO a 40 y TAMAÑOMAXVILLANO a 80. Ahora que los villanos aparecen cada 12 iteraciones del bucle del juego en lugar de cada 6 iteraciones, habrá la mitad de villanos que antes. Pero para mantener el juego interesante, los villanos son ahora mucho más grandes que antes.

Aunque la base del juego sigue siendo la misma, puedes modificar cualquiera de las variables constantes para cambiar drásticamente el comportamiento del juego. Prueba con tus propios nuevos valores para las variables constantes hasta que encuentres el conjunto de parámetros que más te guste.

Resumen

A diferencia de nuestros juegos anteriores basados en texto, Evasor realmente se ve como los tipos de juego de computadora modernos que usualmente jugamos. Tiene gráficos y música y usa el ratón. Aunque Pygame provee funciones y tipos de datos como bloques constructivos, eres tú el programador quien los combina para crear juegos divertidos e interactivos.

Y todo esto es posible gracias a que sabes cómo dar instrucciones paso a paso, línea por línea, a la computadora para que lo haga. Puedes hablar el lenguaje de la computadora, y pedirle que haga por tí enormes cantidades de dibujos y procesamiento de números. Esta es una habilidad muy útil, y espero que te motive a continuar aprendiendo más acerca de programación en Python. (¡Y todavía hay mucho por aprender!)

Aquí hay una lista de sitios web que pueden enseñarte más sobre programación en Python:

- http://inventwithpython.com/es – El sitio web de este libro, que incluye todo el código fuente de estos programas e información adicional. Este sitio también tiene los archivos de imagen y sonido usados en nuestros programas Pygame.
- http://inventwithpython.com/pygame – Mi segundo libro, *Making Games with Python & Pygame* (Creando Juegos con Python & Pygame), que cubre Pygame en mayor detalle. Es gratis descargarlo e incluye el código fuente de muchos más juegos.

O puedes encontrar más información sobre Python buscando en la web. Ve a http://google.com y busca "Programación en Python" o "Tutoriales Python" para encontrar sitios web que te enseñen más acerca de programación en Python.

Ahora ponte en marcha y comienza a inventar tus propios juegos. ¡Buena suerte!

www.ingramcontent.com/pod-product-compliance
Lightning Source LLC
Chambersburg PA
CBHW080148060326
40689CB00018B/3898